_____ 님께 드립니다.
당신의 교육과정-수업-평가를 응원합니다.

당신의
**교육과정-수업-평가를**
응원합니다

# 당신의
# 교육과정-수업-평가를
# 응원합니다

학교 혁신을 위한 교사들의 입문서

**발행일**  2017년 2월 13일 초판 1쇄 발행
        2019년 8월 20일 초판 5쇄 발행
**지은이**  천정은
**발행인**  방득일
**편 집**  신윤철, 박현주, 문지영
**디자인**  강수경
**마케팅**  김지훈

**발행처**  맘에드림
**주 소**  서울시 도봉구 노해로 379 대성빌딩 902호
**전 화**  02-2269-0425
**팩 스**  02-2269-0426
**e-mail**  momdreampub@naver.com

ISBN  978-89-97206-50-6 03370

# 당신의
# 교육과정-수업-평가를
# 응원합니다

천정은 지음

맘에드림

# 혁신학교에 전입해 오신 여러분을 환영합니다

이 책의 초고가 된 원고는 5년 차 빛고을 혁신학교[1]인 신가중학교[2] 전입 교사를 위한 자료집이었다. 자료집의 초판본 제목은 '혁신학교인 신가중학교 전입 교사가 2월에 읽고 안심하는 책'이었는데 그 제목이 자료집의 성격을 잘 말해 준다.

전입 교사들은 새 환경에 적응하느라고 불안 수치도 높고 에너지 소모도 많은 채 한 해를 보낸다. 그래서 전입한 첫해 2월에 읽으면 3월부터는 좀 더 편안한 마음으로 수업할 수 있는 도움 자료를 기획했다. 혁신학교가 낯선 이들에게는 '혁신학교란 무엇인가'라는 이야기는 너무 거대한 화제일 수

---

1. 광주형 혁신학교를 빛고을 혁신학교라고 한다.
2. 광주광역시의 신도심에 있으면서 30개가 넘는 학급을 가진 비교적 큰 중학교이다. 2012학년도부터 혁신학교로 지정되어 현재까지 빛고을 혁신학교로 운영되고 있다.

있다. 그래서 '그 속에서 나는 어떻게 살면 좋겠는가?'에 초점을 맞추어 서술하였다.

또 혁신학교 전입 교사들 중에서는 미리 혁신학교에 대해 알아보기 위해 독서를 하고 오는 이들이 있었다. 그들은 학교의 변화에 감동받기도 하지만 동시에 두려움을 느꼈으며 '그렇다면 나는 여기서 어떻게 해야 하는가?'에 대해서는 감을 잘 잡지 못하곤 했다. 이 책은 그런 이들에게 '차근차근 이렇게 해 보시면 됩니다.'라고 안내하고 응원하기 위해 만들어진 자료다.

이번에 출판을 준비하면서 신가중학교 전입 교사뿐 아니라 다른 혁신학교 전입 교사들을 독자로 상정하고 초고 상태에서 조금 손을 보기는 했다. 하지만 저자의 역량이 부족하여 한 학교의 자료집 상태에서 많이 벗어나지는 못했다. 또한 혁신학교에서 살아가는 교사의 모습을 가능한 한 구체적으로 설명하기 위해 한 교과에서 실제로 실천했던 사례를 많이 들었다. 책에 사용된 대부분의 사례는 신가중학교 국어과 교사들의 사례이고, 글에 보이는 '우리'라는 단어나 〈생각자람 국어교실〉이라는 표현은 대부분 '기존에 근무하고 있던 신가중학교 국어과 교사들'을 말한다.

〈생각자람 국어교실〉이라는 말에 대해서도 설명을 해야겠다. 나는 수업이라는 시공간이 '생각의 근육을 기르는 장'이 되기를 바란다. 생각의 근육은 애매함을 견디는 순간에 길러진다고 생각한다. 정답이 던져지는 순간보다 애매함을 누릴 수 있는 시간이 더 많은 수업을 만들기를, 그런 수업을 통해 학생들의 생각이 자라기를 바란다. 그래서 학생들이 국어 시간에 사용하는 공책도 '생각자람'이라고 이름 붙였다.

'우리'라는 단어의 사용 때문에 전입 교사들이 '우리가 하던 대로 빨리 따라오라는 말이구나.'로 오해할까 봐 염려도 된다. 하지만 '우리'라는 단어를 쓰지 않을 수가 없었다. 우리는 개인의 역량으로 각자 수업하지 않았고 '우리 함께'의 역량으로 수업했기 때문이다. 우리가 엄청난 '어벤져스 군단'이었던 것은 아니다. 지쳐 가던 고경력 교사도 있었고 신규 교사와 기간제 교사도 있었으며 타교과에서 전과한 교사도 있었다. 하지만 불안해하는 개인들이 모여 '교육과정 - 수업 - 평가'에 대해 이야기하고 생각하고 이야기 나누고 생각하고 또 이야기를 나누면서 점점 '우리'가 되어 갔고 〈생각자람 국어교실〉이 되어 갔다.

그렇다고 해서 내가 근무했던 혁신학교나 〈생각자람 국어교실〉이 변하지 않은 채 영원히 지속되기를 바라는 것은 아니다. 우리가 하는 수업은 앞으로도 교육의 본질에 더 가깝게 계속 혁신되었으면 좋겠다. 교육은 사람이 하는 일이다. 그래서 혁신학교에 전입과 전출이 반복되면 고민하는 사람이 달라질 것이다. 고민하는 사람이 달라지면 교육의 양상도 달라질 것이다.

'돌담이 왜 그 자리에 있게 되었는지 이유를 알기 전에는 무너뜨리지 말라.'는 경구를 빌려 이 책의 역할을 말하자면 혁신학교 전입 교사에게 돌담이 왜 그 자리에 있게 되었는지 설명하는 것이다. 이유를 충분히 듣는다면 그 돌담을 어떻게 하고 싶은지에 대해 독자들이 더 현명한 판단을 하리라 믿고 있다. 더불어 이 책을 읽는 당신이 만들어 가는 혁신학교를 기대하고 있다.

만약 당신이 이 책이 예상하고 있는 독자 ―혁신학교에 처음 전입하는 교사― 유형에 속하지 않는다면 이 책을 덮고 다른 책을 고르라고 권하고 싶다. 이 책에는 많은 혁신학교에서 이미 일상적으로 실천하고 있는 일들이 적혀 있어서 전혀 새로울 것이 없기 때문이다. 〈생각자람 국어교실〉은 탁월한 개인이 만든 것이 아니라 '평범한 우리'가 함께 만들어 갔기 때문에 대단한 상상력과 엄청난 실천력이 필요한 사례는 그다지 없다. 오히려 동료에게 기댈 수 있는 교사라면 누구나 해 볼 수 있는 '교육과정 - 수업 - 평가' 이야기일 것이다.

그러함에도 읽기로 마음먹었다면 다음 사실을 기억하고

읽어 주기를 바란다. 그것은 책의 내용이 전반적으로 소박하다는 점이다. 특별하고 완성도 높으며 감동적인 수업 이야기를 기대한다면 이 책은 그 기대를 충족시킬 수 없을 것이다. 이 책은 몹시 소박하다.

> 고바야시 선생은 한 가지 중요한 결단을 내렸다. 그것은 '1년에 한 차례 굉장한 프랑스 요리를 만들려던 교사에서 매일 세 번 정확하게 쌀을 씻어 맛있는 요리를 만들 수 있는 교사가 되자.' 는 결단이며, '학생들의 극적인 변화를 기대하는 수업에서 쉬지 않고 계속 성장하는 수업으로' 의 전환이다.[3]

교사이기도 하고 주부이기도 한 나는 고바야시 선생님이 했던 결단의 의미를 이해했고 깊이 공감한다. 나도 '일상적으로 잘 지어진 밥' 같은 수업을 통해 학생들이 계속 성장하기를 바란다. 그래서 이 책은 '손님맞이용 특식'이라기보다는 '일상적인 밥 짓기'를 잘하고픈 우리들의 염원과 경험이 담겨 있다. 그런 염원이 담겨 있고 일상적인 실천이 담겨 있기는 하다. 하지만 이 책은 아직은 맛은 덜 찬 소박한 경험이

---

3. 사토 마나부, 《수업이 바뀌면 학교가 바뀐다》, 손우정 옮김, 에듀케어, 2006, 14쪽

담겨 있다. 부끄러움을 무릅쓰고 내놓는 것은 나도 다른 교사들의 수업 이야기로 공부를 하기 때문이다. 교사들은 서로의 수업 경험을 나누고 그 공부를 통해서 더 좋은 교사로 자라 간다. 다른 교사들의 경험담을 귀하게 듣고 귀하게 여기는 것은 이 때문이다.

혁신학교에 전입하는 모든 교사들의 성장을 기원하고 응원한다. 다음 책은 당신의 '교육과정-수업-평가' 이야기였으면 좋겠다. 나도 당신의 이야기를 듣고 싶다.

〈생각자람 국어교실〉을 대표하여

천정은 드림

차 례

# 1장

# 여는 말
# — '신비'의 메모

## 의사와 교사의 공통점

학창 시절 국어 수업 시간에 박지원의 〈호질〉을 배울 때였다. 선생님께서는 학생들이 쓴 독후감을 발표하게 한 후 당신 자신의 독후감을 이야기해 주셨다. 교탁에 계시던 선생님의 얼굴은 떠오르지 않지만 우리에게 하셨던 말씀 중 일부가 아직까지 기억난다.

이 글에는 호랑이가 먹잇감에 대해 귀신들과 의논한다. 귀신들이 세 부류의 인간을 먹이로 추천했으나 호랑이는 더럽다며 안 먹겠다고 한다. 그들이 누구지? (학생들: 의원, 무당, 선비요) 그래. 현대로 치자면 의사, 영적 지도자, 지식인 정도일 것 같다. 이런 사람들이 어떨 때 타락하는지 그 공통점에 대해 생각해 봤다. 남을 인도할 수 있는 자리에 있다는 점, 그런 자리에 있을 때는 두려움을 가져야 하는데 그것을 잃었다는 점이다.

나는 선생님의 말씀을 들으면서 의사가 하는 '몸을 다루는 일'과 지적·영적인 지도자가 하는 '정신을 다루는 일'이 결국은 비슷하다는 것을 생각하고 새삼스럽게 놀랐다. 그 당시 나는 가까운 이가 의료 사고를 겪어서인지 의사가 하는 일을 무서워하는 마음이 컸다. 그런데 국어 선생님의 말씀을 들으니 의사만 무서운 일을 하는 게 아니라는 생각이 들었다. 남을 가르치는 위치에 있는 사람도 의료 사고처럼 남에게 실제적인 위해를 끼칠 수 있는 무서운 자리에 있는 것 같았다. 가르치는 이와 의사를 같은 위치에 놓아 본 이 기억 때문인지 몰라도 교사가 된 뒤로는 의사를 보면 자연스레 교사로 바꿔 생각하는 버릇이 생겼다. 의학 드라마에 나오는 의사가 환자를 '사물화'하지 않고 한 인간이자 귀한 친구로 대하는 모습을 보면 나도 학생들을 저렇게 대해야지 하고 생각한다. 집 근처 병원 의사가 감기에 항생제를 처방하는 것에 대해 투덜거리다가 나 역시 학생들에게 당장 손쉬운 해결책을 사용하려 든 적은 없는지 생각해 보곤 한다. 특히 TV 드라마 《대장금》의 33회와 34회 차 이야기에 나오는 다음 장면을 보고 나서 교사의 태도와 자세가 어떠해야 하는지 더욱 깊이 생각하게 되었다.

# 뛰어난 장금이 불통(不通)을?

### 장면1

장금은 의녀 교육장에서 신비라는 아이와 짝을 지어 같이 공부하고 있다. 장금은 앞에 놓인 약초의 이름과 그 약초를 어느 병증에 쓰는지 막힘없이 줄줄 말한다. 신비는 한두 개만 더듬더듬 말하고 더는 모르겠다고 한다. 교육을 맡은 전의감 의학교수인 신익필은 곧바로 성적을 발표한다. 신비는 '조통'[1]을 받았고 장금은 '대통'[2]을 받았다. 다른 교육생들은 장금의 실력에 놀라 부러움 섞인 눈으로 쳐다본다. 뒤이어 약재 구분 시험이 이어진다. 백지에 자신이 아는 약재와 독재를 구분하여 쓰면 되는 시험이다. 장금은 자신이 있는 듯 거침없이 써내려 간다.

며칠 뒤 약재 구분 시험 성적이 발표된다. 교육생들은 모두 깜짝 놀란다. 늘 자신 없어 하던 신비만 통과했고 나머지는 모두 불통을 받았기 때문이다. 특히 뛰어난 실력을 가진 장금의 불통에 대해서는 모두가 납득하지 못한다. 사람들은 신비의 합격과 장금

---

1. 대강은 알고 있으나 설명이 미진한 경우에 주는 성적
2. 두루 분명하고 막힘없이 알고 있는 경우에 주는 최고 등급의 성적

의 불통에 대해서 한참을 수군댔다.

### 장면2

직접 환자를 시료하는 사례 공부 시간이다. 신익필 교수는 장금과 신비에게 환자를 살펴보라고 한다. 장금은 환자들의 안색을 살피고 맥을 짚어 보더니 단번에 환자들의 병명과 치료법을 말한다. 신비는 잘 모르겠다며 시간이 더 필요하다고 하고 신익필 교수는 신비에게 열흘의 말미를 준다. 장금은 신익필 교수가 자신에게만 혹독하고 신비에게는 관대하다고 생각한다. 하지만 신비는 왜 자신이 관대한 대우를 받는지 이유를 모르겠다고 한다. 주어진 열흘 동안 신비는 환자들에게 묻고 적고 묻고 적기를 계속한다. 그것을 지켜보던 어느 날 장금은 문득 어떤 것을 깨닫는다. 장금은 신비에게 그동안 적어 놓은 것을 보여 달라고 부탁한다. 신비의 메모를 보면서 장금은 자신의 진단이 틀렸다는 것을 알아낸다.

며칠 후 신익필 교수는 수련생들에게 시료했던 환자들의 병명과 치료법을 말해 보라고 한다. 신비와 장금만 정확하게 답한다. 신익필 교수가 어떻게 알아냈느냐고 묻자 장금은 신비가 알아냈다고 답한다. 자신은 얄팍한 지식에 기대어 너무 가벼이 보려 했지만 신비는 병자들에게 섬세하게 물었다는 이유에서였다.

# 총명한 사람이 아니라 깊은 사람이 되거라

## 장면3

신익필 교수는 약재 구분 시험을 다시 치르겠다고 한다. 이번 시험에서 불통을 받으면 장금은 의녀가 되지 못하는 상황이다. 답안지를 제출하자 신익필 교수는 장금의 답안지를 살펴보더니 장금에게 약재와 독재를 구분하여 말해 보라고 한다. 장금은 약재와 독재를 따로 구분할 수 없다고 답한다.

"약이란 모두 각각의 효능이 있어 병에 맞추어 그 약을 쓰면 약재요, 잘못 진단하여 잘못 쓰면 독이 됩니다. 물조차도 모두에게 언제나 이로운 듯이 보이나 밤늦게, 새벽에 먹는 물은 독이 됩니다."라는 이유에서였다.

이에 신익필 교수가 말한다.

"그렇다. 하여 첫 번째 약재와 독재 구분 시험에서 비록 몇 개 쓰지는 못했으나 약재마다 효능과 부작용을 나열한 신비만 통과한 것이다. 같은 변비라 하여도 한(寒)으로 인한 변비에 쓰는 파두는 약이 되나 열로 인한 변비에 파두를 쓰면 사람을 죽일 수 있는 독이 된다. 의원이란 그런 것이다. 같은 약으로 사람을 죽일 수도 살릴 수도 있다. 하여 의원에겐 무식도 실수도 용납되지 않는다. 특히나 '나는 안다'는 자만은 더더욱 용납되지 않는다. 자만이 단정을 낳는 것이고 의원의 단정에는 사람이 달려 있다. 명의는 없다. 병에 대해 겸허하여 병의 모든 것을 알아내려 하는 의원, 사람에 대해 겸허하여 사람의 모든 것을 알아내려는 의원, 자연에 대해 겸허하여 자연의 모든 것을 알아내려는 의원, 즉 겸의만이 의원이다."

자만을 반성하는 장금에게 신익필 교수는,

"의원은 총명한 사람이 하는 것이 아니라 깊은 사람이 해야 한다. 깊어지거라."

라고 조언한다.


장면3의 신익필 교수가 한 말은 영락없이 교사에게 하는 이야기로 들렸다. 교사란 그런 것이다. 같은 대응으로 학생을 죽일 수도 살릴 수도 있다. 하여 교사에겐 무식도 실수도 용납되지 않는다.

특히나 '나는 안다'는 자만은 더더욱 용납되지 않는다. 자만이 단정을 낳고, 교사의 단정에는 사람이 달려 있다. 우수 교사, 명강사는 없다. 배움에 대해 겸허하여 배움의 모든 것을 알아내려하는 교사, 학생에 대해 겸허하여 학생의 모든 면을 살피려는 교사, 수업에 대해 겸허하여 수업의 모든 것을 알아내려는 교사, 즉 겸손한 교사만이 교사이다. 교사는 총명한 사람이 하는 것이 아니라 깊은 사람이 해야 한다.

'깊어지거라.'

# 혁신학교에 발령받다

난데없이 오래된 드라마 얘기를 했다. 나는 신익필 교수처럼 지혜와 따뜻함을 두루 갖춘 교사도 아니고 장금이처럼 강렬한 동기와 뛰어난 실력을 가진 교사도 아니다. 사실 내가 어떤 교사인지 별로 생각해 본 적도 없는 것 같다. 그러던 내가 '나는 어떤 교사인가, 어떤 교사이고 싶은가.'와 같은 생각을 자주 하게 된 것은 혁신학교에 근무하면서부터이다.

혁신학교에 발령 통지를 받자마자 학교에서 연락이 왔다. 2월 전체 교사 연수에 참석해 달라는 내용이었다. 3월부터 정식 근무인데 2월부터 전입 교사를 포함한 전체 교사가 연수를 받는다니 생소하고 신기했다. 연수를 받으러 학교에 가 보니 인근의 다른 혁신학교 교사들도 와 있었다. 연합 연수라고 했다. 다른 학교 교사들도 와 있어서 수강자 수가 많은 데다 아는 이도 거의 없어 그런지 낯설고 어색했다. 모두 3일 동안 연수를 받았는데 혁신학교에 대한 기대감과 두려움이 함께 들었다. 발령받기 전에 읽었던 책[3]에 나오는 혁신학교는 모든 구성원들이 행복한 학교였다. 기존에 근무하시던 선생님들이 따뜻하게 대해 주니 '나도 출근이 행복해질까?' 하는 기대감이 점점 올라갔다. 하지만 한편으로는 '내게 무엇을 해내라고 요구할까, 나는 그것을 감당할 수 있을까?' 하는 생각이 들어 겁이 나기도 했다.

---

3. 김성천, 《혁신학교란 무엇인가》, 맘에드림, 2011

# '신비'처럼 적기로 하다

연수 일정 중 수업에 관한 강의를 들을 때였다. 강사는 인근 혁신학교에 근무하는 교사였다. 혁신학교에서 왜 'ㄷ'자로 교실 좌석을 배치하고 수업을 하는지 설명하는 것으로 강의가 시작됐다. 아이들이 생각하고 협력하고 탐구하고 표현하는 수업을 하기 위해서라는 내용의 강의였다. 강의 중간 잠깐 쉬는 시간에 우연히 내 앞쪽 줄에 앉아 있던 두 교사의 대화를 듣게 되었다. 한 사람은 나처럼 전입 교사인 모양이었고 다른 한 사람은 기존에 근무하던 교사였다.

> **전입 교사** 선생님, 정말로 이 학교에서는 수업을 저렇게 다 바꿔야 해요?
> **기존에 근무하던 교사** 아니에요. 그냥 하시던 대로 하면서 조용히 4년 있다 나가면 됩니다.

전입 교사의 두려움을 다독여 주려는 마음이었을지 모르겠으나 그 선배 교사의 말은 나를 멍하게 만들었다. 나의 실천 여부와 상관없이 강의에서 그려지던 수업의 모습은 아름다웠고 이상적이었기 때문이다. '이런 이상적인 수업을 실천해 볼 수 있는 좋은 곳에 근무하면서도 과거에 하던 대로 하면서 조용히 있다 나간다고?', '나도 4년 뒤에 이 학교를 떠날 때 저런 상태면 어쩌지?'

같은 생각들이 꼬리를 물었다. 그때 '신비'의 메모가 퍼뜩 떠올랐다. '앞으로 4년 동안 혁신학교에 근무하면서 무의미하게 보내고 싶지는 않다. 신비처럼 적고 또 적어야겠다. 적고 적다 보면 뭔가 보이겠지. 보고 배운 점을 흘리지 말자. 무의미로부터 나를 건지자.' 하고 마음먹었다.

## 신가중학교는 왜 혁신학교를 시작했는가?

무작정 메모를 시작하니 맥락도 없고 주제도 없고 재미도 없었다. 뭘 적어야 하는지도 잘 떠오르지 않았다. 뭔가 메모 주제가 필요하다는 생각이 들었다. 그때 개인적으로 정한 탐구 주제가 '학교는 도대체 어떻게 바뀌는가?'였다. 사실 생각해 보면 학교가 바뀌는 것은 쉬운 일이 아니다. 그런데 책에서 본 혁신학교들은 신기하게도 학교를 바꾸어 냈다. 그러니 궁금해질 수밖에. 학교는 도대체 어떻게 해서 바뀐단 말인가?

당시만 해도 신가중학교는 내가 전입한다는 소식에 주위 사람들이 위로를 해 주던 학교였다. "그 학교 힘들다더라. 애들이 많이 거칠대. 마음 단단히 먹고 가." 친구가 전화해서 한 말이었다. 이런 학교 안에 들어왔으니, 만약 이 학교에 변화가 생긴다면 어떻게 바뀌는지 알아보기에 참 좋겠다는 생각이 들었다. 신가중학교는 내가 전입하기 1년 전 혁신학교에 공모했다고 했다. 기존에 근무하던 선생님께 그 즈음의 이야기를 들을 수 있었다. 다음 글은 당시에 근무 중이던 신민경 선생님이 해 준 이야기를 받아 적었다가 학교 교직원 신문에 실으려고 정리했던 내용이다.

　　신가중은 제가 세 번째로 발령받은 학교였어요. 그때 학교의 모습은 충격적이었어요. 그 당시 어떤 선생님은 지인들이 "신가중 애들 어때?"라고 물으면 "반에서 1~2명은 진짜 싸○지가 없고, 반절 정도는 싸○지가 없어."라고 답하신다 하더라고요. 그 말이 공감되었어요. 너무 힘들었어요. 선생님들은 모두 '빨리 떠나고 싶다.', '1년? 아니 2년? 아무튼 조금만 있다가 나가야지.'를 생각하며 지냈어요. 금요일 퇴근길에 월요일 출근길이 두려웠으니까요. 뭐가 그렇게 힘들었냐고요? 학교에는 늘 담배 연기가 자욱했고, 9시에 학교에 없는 애들이 전교 100여 명 될 정도로 출석 상황도 엉망이었어요. 그런 아이들을 데리고 어렵게 수업 분위기 잡아 놓으면 위장 전입생이 와요. 다른 학교에서 신가중에 오면 놀 만하다고 생각한 사고뭉치 아이들이 오는 거죠. 그런 애들이 다수 전입해 와 다시 분위기 흐리고……. 이런 악순환이 반복되었어요. 그래서 '이 학교를 떠나긴 해야겠다.'고 생각하며 살았지요.

　　그러던 어느 날이었어요. 급식실에서 저랑 몇몇 선생님들이 밥을 먹고 나오는 길에 영양사 선생님께서 펑펑 울고 계신 것을 봤어요. 우리는 놀라서 그분께 다가갔어요. 그때 듣게 되었지요, 영양사 선생님의 하소연을. "우리 아이들이 급식 줄 안 서고 식판 정리 안 하는 것은 기본이다. 물컵은 운동장 곳곳에서 발견된다. 좋아하는 소시지 적게 준다고 눈을 부라리고, 입에 담을 수 없는 욕을 한다. 잔반 없는 날에는 식탁 위에 그대로 식판의 음식을 쏟아붓고 간다. 너무 힘들다. 우리가 신가중에 근무한다는 이유로 어린애들에게 이렇게 당해야 하는 거냐."고 울면서 말씀하셨어요.

　이야기를 듣는 내내 너무 부끄러웠어요. '학교가 무너지고 있는데 뭘 하고 있는 거지?' 하는 생각이 들더라고요. 그래서 교감 선생님, 교무부장 선생님과 몇몇 선생님들과 임시 교직원 회의를 하자고 제안을 했어요. 선생님들이 모였지요. "영양사 선생님이 울고 계십니다. 우리는 무엇을 해야 할까요?"라고 첫 마디를 뗀 후에 그간의 상황을 알렸어요. 많은 이야기들이 오고갔지요. 교직 생활을 하면서 그렇게 건설적이고 현실적인 회의는 처음이었어요. 그 회의에 참석한 선생님들은 "급식실에서 한쪽 구석에 있던 교사용 좌석을 없애고 급식을 아이들과 함께 먹자.", "아이들이 다 먹을 때까지 기다리자.", "기한 없이 될 때까지 해 보자.", "모든 교사들이 함께 다 그렇게 해 보자."라고 결의하고 모든 선생님들이 함께 실천하기 시작했어요. 두 달 정도 아이들과 그렇게 먹으니 '뭔가 좀 바뀌네……'라는 생각이 들었어요. 아이들이 조금 달라져 있더라고요. 그때 우리들은 일종의 성취감을 느꼈어요. "아~ 하니까 되구나!"라는 생각이 들어 감동적이었어요.

  그때 독서 모임 선생님들과 이야기를 나누며 '혁신학교 하면 어떨까?'라는 생각을 하게 되었습니다. 급식실 사건을 겪으면서 '해 보니까 되더라.'라는 생각을 가지게 되었고 그 일이 용기를 주었던 거지요. 전체 선생님들께 "혁신학교 공모 해 볼까요?" 했을 때 선생님들의 반응은 "혁신학교 힘들지 않겠어요?"였어요. 그때 한 선생님이 말씀하셨죠. "지금은 안 힘드세요?" 그 말에 다들 '쿵~~' 하는 것 같았어요. 우리는 모두 많이 힘들었고 각자 그 힘듦을 혼자 견디면서 살고 있었거든요. '우리가 급식실 바꾼 것부터 혁신이었던 것 아니냐. 그렇게 하나씩 하면 되지 않겠냐.' 하는 의견들이 모아졌어요. 우리는 그때 간절함이 컸어요. '그래. 급식실의 경험처럼 우리가 힘을 모아서 학교를 좀 살려 보자.' 하는 마음들이 모아졌고 유례없이 교직원 100% 찬성으로 혁신학교를 시작하게 되었어요.[4]

---

4. 신민경, 〈신가중학교는 어떻게 혁신학교를 시작하게 되었는가〉, 《신가중학교 교직원 신문》, 2015-9호, 2015

# 4년이 지난 후

지금의 신가중학교는 신민경 선생님의 증언에 나오는 모습과 많이 다르다. 만기가 되지도 않았는데 학교를 옮기려는 교사들이 많았던 과거와는 달리 지금은 이 학교에 근무해서 참 좋았다고 고백하는 교사들이 많다. 아이들은 차분해졌고 졸업을 할 때는 감사했다며 교실을 울음바다로 만들곤 한다. 학교 인근에서 오래 산 지역 주민들은 학교가 많이 바뀌었다고 말한다. 학교가 이렇게 많이 좋아졌는데도 난 아직도 탐구 주제였던 '학교는 도대체 어떻게 바뀌는가?'에 대한 선명한 답을 내리지 못했다. 메모를 했으되 그것을 분석하고 종합하는 힘은 부족한가 보다. 다만 분명한 것은 내가 4년 전과 똑같지 않다는 것이다. 나는 4년 전보다 성장해 있다. 교육과정과 수업과 평가를 구상하는 일이 자연스러워졌다. 4년 전의 나는 나이 들어서는 교사로 살 수 없겠다고 생각하던 사람이었다. 그런데 지금은 앞으로도 오랫동안 교사로 살 것이라는 용기와 희망을 가지고 있다. 나는 소위 '개국공신'이 아니다. 혁신학교를 시작할 때 동참한 사람이 아니었다. 내 수업이 나쁘지 않기를 바라는 소심하고 평범한 교사이다. 그런 사람이 이제 막 혁신학교에 들어오는 사람들에게 조금의 도움이라도 될 만한 책을 쓰기로 마음을 냈다.

이 책의 제목 때문에 독자 여러분 중에는 혁신학교에 이제 막 전입해 온 교사들이 많을 것이라고 예상한다. 배움의 최적지에 오신 것을 환영한다. '나는 결코 변하지도, 움직이지도 않을 테다.'라고 결심하지 않는 한 혁신학교는 교사로서의 정체성을 가지기에도, 교사로서 성장하기에도 참 좋은 곳이다. 이 책을 읽는다는 것은 읽는 이가 앞서 소개한 〈대장금〉의 장면2에 등장하는 신비처럼 '묻고 또 묻는 교사'이고 장금이처럼 '신비의 메모를 보며 배우려는 교사'라는 증거일 것이다. 묻고 또 묻는 독자 여러분의 배움을 응원한다. 배우려는 교사는 성장하는 법이다.

# 2장

# '수업 짝꿍'
# 동료로 협력하기

## 반 떼기 vs 단원 떼기

'반 떼기'와 '단원 떼기'라는 단어가 낯선 독자들을 위해 용어부터 설명해 보자. 예를 들어 어느 중학교의 2학년이 10개 학급으로 이루어져 있다. 국어 시간이 주 4회 필요하다면 한 명의 국어 교사가 그 학년을 모두 담당할 수는 없다. 대개 두 명의 국어 교사가 한 학년을 맡게 된다. 그 두 명의 교사를 장금과 신비라고 부르겠다. 장금이 1반부터 5반까지 국어 수업을 맡고, 신비가 6반부터 10반까지 국어 수업을 맡는 구조를 '반 떼기'라고 부른다.

**[표 1] 반 떼기 구조**

|  | 1반 | 2반 | 3반 | 4반 | 5반 | 6반 | 7반 | 8반 | 9반 | 10반 |
|---|---|---|---|---|---|---|---|---|---|---|
| 1단원 | | | | | | | | | | |
| 2단원 | | | 장금 | | | | | 신비 | | |
| 3단원 | | | | | | | | | | |
| 4단원 | | | | | | | | | | |

이와는 달리 두 교사 모두 1반부터 10반까지 들어가면서 각자 다른 단원을 수업하는 경우가 있다. 가령 신비는 홀수 단원을, 장금은 짝수 단원을 수업하는 것이다. 이런 구조를 '단원 떼기'라고 부른다.

**[표 2] 단원 떼기 구조**

|  | 1반 | 2반 | 3반 | 4반 | 5반 | 6반 | 7반 | 8반 | 9반 | 10반 |
|---|---|---|---|---|---|---|---|---|---|---|
| 1단원 | | | | | 신비 | | | | | |
| 2단원 | | | | | 장금 | | | | | |
| 3단원 | | | | | 신비 | | | | | |
| 4단원 | | | | | 장금 | | | | | |

단원 떼기는 두 교사가 각자 자신만의 수업을 할 수 있다는 장점이 있다. 교사를 요리사에 빗대어 보면 이게 왜 장점인지 쉽게 이해할 수 있다. 만약 장금은 무성의한 요리사이고 신비는 성의 있는 요리사라고 한다면, 학생들 처지에서는 장금도 만나고 신비도 만난다. 그러니까 국어라는 요리가 늘 엉망이 아니어서 다행인 셈이다. 또한 교사는 수업 1개를 준비하면 10개 학급에 동일

한 수업을 할 수 있으니까 주당 수업 시수가 20시간이라고 할 때 주당 2개의 수업만 준비하면 된다. 수업 연구 시간이 많이 확보되고 훨씬 여유롭다.

반면에 단점도 있다. 두 교사 모두 10개 학급이나 되는 학생들과 모두 만나다 보니 관계 맺음의 정도가 얕아진다. 단원 떼기를 하는 주위 교사들 중에는 10개 학급이나 되는 학생들의 이름을 외우기는커녕 한 번씩 불러 주기도 힘들다고 토로하는 경우를 종종 본다. 수업이란 것이 관계를 바탕으로 진행되다 보니 학생들과 얕은 관계가 맺어지면 수업 자체가 힘들어지기 십상이다. 글쓰기 과제라도 한 번 내줄라치면 10개 학급 300여 명의 글을 모두 읽고 피드백하는 일이 만만치 않다. 그래서 의미 있는 수행 과제보다는 쉽게 처리할 수 있는 수행 과제를 선택하려는 유혹을 받는다. 또 교사는 크고 지속적인 프로젝트 수업을 진행하는 데 어려움을 겪는다. 학생들이 해당 교사를 주 1~2회밖에 만나지 못해 사고와 활동을 지속적으로 깊게 하기가 어렵기 때문이다.

단원 떼기의 장단점을 뒤집으면 반 떼기의 단점과 장점이 된다. 반 떼기를 하게 되면 장금과 신비는 매 수업 시간을 상의해서 해야 한다. 대부분 동일 학년은 동일한 문제로 중간고사나 기말고사를 치른다. 평가의 제약 때문에 각자의 스타일대로 수업을 하기가 어렵다.[1] 별다른 협의 없이 교과서대로만 수업을 하자고

---

1. '교사별 평가'가 이런 문제를 해결해 줄 수 있는 대안으로 제시되기도 한다. 하지만 '교사별 평가'가 교사들이 협의하여 교육과정을 재구성하고 수업을 기획하는 움직임을 가로막는 기제로 사용되서는 안 된다.

결의하지 않는 이상 이 두 교사는 주 4회의 수업을 함께 준비해야 한다. 함께 수업을 구상하는 관계이므로 앞으로 이런 관계를 '수업 짝꿍'이라고 칭하겠다.

이 구조는 동학년 수업 짝꿍 교사가 자신에게 맞지 않는 사람일 경우 1년 내내 힘겨운 시간을 보내게 될 위험이 있다. 그러나 교사와 학생들은 서로 좀 더 깊은 관계를 맺을 수 있다. 주 4회면 학생들은 거의 등교일마다 국어 교사를 만나게 되는 셈이다. 교사는 비교적 적은 수의 학생들과 만나게 되므로 그들의 학습 상황을 지속적으로 관찰하거나 수행 과제를 꼼꼼하게 살펴보기 쉽다.

물론 학교 현장에서는 두 교사가 동학년 수업을 해도 동일한 교과서를 사용하기 때문에 반 떼기를 하더라도 굳이 매번 회의를 할 필요가 없다고 여길 수도 있다. 그러나 우리는 교과서대로 수업을 하지 않았다. 교과서가 아니라 교육과정을 기준으로 3개 학년의 교육 계획과 매 학기의 교육 계획을 세웠고 매시간 수업을 디자인했다.


## 왜 반 떼기를 선택했는가?

나도 이전에는 단원 떼기를 선호하던 교사였다. 매번 짝꿍 교사와 시시콜콜 상의한다는 것이 불편했다. 혼자 수업을 기획하는 것에 자신도 있었고 부끄러운 고백이기는 하지만 혹여 짝꿍 교사가 성의 없는 요리사일 경우에도 학생들이 상대적으로 내 요리를 맛있어 한다고 느꼈기 때문에 오히려 자부심을 느꼈던 적도 있다.

한국에서 자라 서른 가까운 나이에 스웨덴으로 건너가 공부하며 그곳에서 25년 넘게 산 황선준 씨는 그 경험을 담은 《스칸디 부모는 자녀에게 시간을 선물한다》에서 다음과 같은 이야기를 들려준다.

스톡홀름 대학에서 정치학과 박사 과정을 밟던 때였다. (중략) 한 번은 주어진 문제에 대해 페이퍼를 작성해야 하는 과제가 주어졌다. 나는 답을 알고 있으면서도 우리 그룹 페이퍼에 그것을 작성하지 않고 제출했다. 그러나 우리 그룹이 발표할 때 그 답을 보란 듯이 이야기했다. 우리 그룹의 다른 학생들이 양적방법론을 그리 열심히 하지 않았다는 것, 그리고 나 혼자 알고 있다는 것을 보여 주고 싶었기 때문이다. 그래야 나 혼자 좋은 성적을 받을 수 있을 거라고 생각했다.

그러나 주위의 반응은 싸늘했다. 다른 학생들도 그랬지만 교수의 질타는 준엄했다. 왜 알고 있으면서도 페이퍼에 쓰지 않았느냐, 왜 그룹에서 제대로 토론을 하지 않았느냐, 그런 자세로 어떻게 학문을 하겠느냐 등. (중략) 다른 그룹의 학생들은 우리 그룹과는 전혀 다르게 공부했다. 교재를 같이 보며 서로 아는 것은 모두 공유하고 토론했다. 선배들이나 교수에게도 자문을 구했다. 그러니 페이퍼의 수준이 다를 수밖에 없었다. 그야말로 '동료 효과'를 톡톡히 보며 공부한 것이다.

내 뼛속까지 박혀 있던 경쟁의식은 한국 교육과 사회에서 배운 것이었다. '내가 남보다 좋은 성적을 받는 한'에서만 협력하는 것이 너무나 당연한 일이었고, 남들의 성적이 좋지 않을 때 기뻐하지 않은 것만으로도 품위 있는 행동이라고 배웠다. 경쟁의식에 찌든 나머지 스웨덴의 대학에서 협력하지 못한 나 자신이 부끄러웠다.[2]

황선준 씨의 행동은 우리에게 너무나 익숙한 모습이다. 성적이 우수한 학생들에게서도 쉽게 볼 수 있는 행동이지만 교사들에게서도 쉽게 찾아볼 수 있다. '내가 좋은 교사라는 평가를 받는 한에서만 협력하고 다른 교사들이 못 가르친다는 평가를 받을 때 기뻐하지 않는 것을 품위로 여기는' 정도의 모습 말이다.

우리는 학생들이 학창 시절에 동료 효과를 경험하고 체득하여 평생 동료 효과를 누리면서 살기를 바란다. 그러려면 우리 교사들부터 동료 효과를 체화해야 한다. 내게 없는 것이 수업 디자인으로 나오기는 힘든 법이다.

---

2. 황선준·황레나,《스칸디 부모는 자녀에게 시간을 선물한다》, 예담프렌드, 2013, 156~158쪽

수업 회의를 하면서 각자 아이디어를 내면 동료 교사가 그것을 객관적인 눈으로, 또는 학생들 입장에서 생각해 보고 의견을 준다. 상대 교사는 그 의견을 소중하게 받아들인다. 그래야 수업의 흐름이 자기 속에 매몰되는 일을 줄일 수 있다. 이런 일의 효용을 절실하게 느낀 우리는 곧잘 다른 교과 교사를 수업 회의에 동참시켜 의견을 묻곤 했다. 내 교과 전공자가 아닌 이들은 학생들의 눈과 더 가까웠기 때문에 학생들의 상태에 적합한 수업 디자인을 하는 데에 의미 있는 의견을 제시해 주었다.

## 아직도 '수업 짝꿍'이 두려운 그대에게

그래도 반 떼기를 하는 것이 꺼림칙하고 두렵다면? 이해한다. 많은 교사들이 비슷한 감정을 가지는 것을 보곤 한다. 그 두려움의 감정에 이름을 붙여 보았다.

첫 번째는 '이유를 알 수 없는, 함께함에 대한 두려움'이다. 얼마 전 한 교사 연수에 강사로 간 적이 있다. 연수 주제가 '배움 중심 수업'이었기 때문에 연수가 시작되기 전 미리 가서 선생님들이 앉을 책상 수만큼 모둠[3] 형태로 배치해 놓고 남은 책상은 강의실 측면에 치워 놓았다. 책상을 모둠 형태로 배치한 것은 교사들이 직접 소그룹 협력 활동을 체험해 보도록 하기 위해서였다. 연

---

3. 이 책에서는 주로 4인 소그룹을 지칭함

수 시간이 가까워 오자 교사들이 들어오더니 모둠 책상에 앉지 않고 옆쪽에 따로 빼놓은 책상에 앉았다. 얼른 "선생님들! 오늘 연수는 모둠 활동으로 합니다. 모둠 책상에 앉아 주세요."라고 알렸다. 그랬더니 모두들 주저하고 술렁이고 쭈뼛쭈뼛하였다.

이 책을 읽는 당신도 연수장에 있었던 교사들의 편치 않는 마음을 공감하는가? 안전하다는 확신이 없는 상태에서 어떤 사람들과 매우 가까이 앉아 나를 노출해야 하는 상황, 또는 원치 않아도 내가 노출되는 상황이 주는 불편함, 껄끄러움, 두려움…….

평소 흔하게 보던 일이었지만 그날은 문득 '왜 그런 현상이 나타날까?'를 곰곰 생각해 보았다. 다른 사람들의 마음은 잘 모르겠지만 내 마음을 들여다보면 '익숙하지 않음'이 첫 번째로 가장 컸다. 특히 한국에서 성적 우수아로 학창 시절을 보냈을 교사들에게는 별로 익숙하지 않은 상황이다. 성적 우수생들이 가장 많이 보낸 시간은 혼자서 열심히 공부하는 시간이었을 것이다. 그러니 공부를 한다고 할 때는 '혼자' 하는 상황에 익숙한 것이다.

교사가 모둠 학습으로 수업을 구성할 때 학생들도 교실에서 이런 불편한 감정을 겪을 것이다. 교사들이 교실에서 학생들을 잘 도우려면 어떻게 하는 것이 좋을까? 혼자 할 때 느끼는 편안함과 내가 아닌 다른 사람과 함께하려고 할 때 느끼는 불편함을 교사들이 자꾸 경험해 보는 것이 학생들을 이해하고 격려해 주는 첫걸음이 된다.

두 번째는 '밉상에 대한 두려움'이다. '자라 보고 놀란 가슴 솥 뚜껑 보고 놀란다.'는 속담처럼 그동안 만났던 밉상들 때문에 솥 뚜껑 근처에도 가지 않으려는 마음이 생겼으리라. 자기는 여유 부리면서 제출해야 하는 서류는 모두 당신에게 미루는 것은 물론이고 당신이 제작한 활동지나 평가 문항을 홀라당 받아 먹고 고맙다는 말 한마디 없는 얌체 동료를 만났을 수도 있다. 혹은 내 가치관으로는 도저히 용인할 수 없는 수업 내용이나 평가 문항을 가지고 오는 이해 불가 동료를 만났을 수도 있다. 책임감 있는 교사라기보다는 학교가 취미 생활하는 곳인가 싶은 동료를 만났을 수도 있다. 사람에게 크게 데면 그 상처가 오래 간다. 그 상처는 누군가를 만나면 얼굴만 딱 봐도 내게 어떤 폐를 끼칠지 짐작하게 하기도 한다. 이럴 때는 정신 건강을 위해서 피하는 게 상책이라는 확신이 든다.

더구나 상대방이 자신이 해 오던 것을 바꾸기 싫어하는 연장자라거나 막무가내 성격을 가진 이라면 함께 수업을 연구해 보자는 제안을 꺼내 보기조차 어렵다. 그 사람도 다른 사람과 함께 살아가는 법을 배운 적이 없는 사람일지도 모른다. 우리는 학창 시절에 그런 것을 못 배우고 살았다.

학생들이 학창 시절에 다른 사람과 더불어 살아가는 법을 배울 수 있다면 얼마나 좋을까? 교실에서 학생들도 여러 유형의 급우들을 만난다. 특히 마음속에 가시가 많은 학생들은 자기 속에 박혀 있는 가시들을 주위 사람들에게 쏟아 내며 산다. 그런 상황에서 교사들은 더불어 살아가는 법을 어떻게 가르칠 수 있을까? 교사가 가시를 쏟아 내는 동료를 경험해 봤다면 학생들을 돕기에 훨씬 유리한 고지에 있는 셈이다. 밉상 동료일수록 혼자 두면 학생들에게 더 좋지 않은 영향을 끼친다. 고립된 밉상 교사는 무엇이 학생들을 위한 수업인지 직면하는 경험 대신 무엇이 자신을 편하게 할 것인가에만 계속 관심을 가질 것이기 때문이다. 이러한 사람일수록 교육적 담론의 장으로 자꾸 끌어들여서 교육과정과 수업과 평가가 학생들에게 어떤 영향을 미치는지 알게 해야 한다. 그래서 〈생각자람 국어교실〉에서는 고립된 동료가 생기지 않도록 힘쓴다. 서로를 수업 회의라는 광장으로 초청하려 하고 전체 학년의 국어과 교사가 주 1회 같은 시간에 공강 시간을 가질 수 있도록 애쓴 것도 그 노력의 일환이다.

일전에 개인적인 호기심 때문에 훌륭하다고 소문난 교사들을 상당 기간 관찰해 본 적이 있다. 여러 사람들을 살펴본 후 발견한 것은 바로 이것이다. 그들이 혼자 훌륭한 결과물을 만든 것이 아니라 대부분은 동료와 함께 의미 있는 경험을 만들었다는 것. 그래서 그들에게 "동료 교사와 어떻게 함께하게 되셨나요? 협력의 시작점이 궁금합니다."라는 질문을 했다. 그들의 답변들에는 공통점이 하나 있었다.

그것은 '초창기에는 다 퍼 주었다'였다. 교과 진도표나 제출해야 할 모든 서류를 본인이 다 만들고, 지도안이나 활동지도 본인이 만들고, 동영상이나 프레젠테이션 자료도 본인이 만들어 공유하고, 시험 문제도 본인이 만들고 채점도 본인이 하여 짝꿍 교사와 공유했다는 것이다. 짝꿍 교사가 이기적이어서 협조를 안 할 수도 있지만 사실 많은 경우는 경험해 본 적이 없기 때문에 어떻게 해야 할지 몰라서 못 한다는 것이다. '나는 모른다.'를 표현하기 힘들고 자존심 상하니까 '따로 합시다.'라고 하는 경우도 있다고 했다. 처음에는 퍼 주는 자료를 받기만 하던 동료도 나중에는 조금씩 자신의 의견도 내고 협력하는 파트너로 변한다고 했다. 생각해 보니 나도 이런 과정을 거쳐 동료 교사의 진가를 발견한 적이 많았다. 혼자 다하려니 힘들겠다고? 단원 떼기를 했더라면 어차피 혼자 다했을 일이다. 그런데 시시콜콜 상의할 사람도 생기고 사람에 대한 믿음도 점점 커지니 해 볼만한 일이다.

세 번째는 '자신감이 주는 두려움'이다. 자신감이 두려움을 주다니? 좀 더 정밀하게 표현해 보자면 '남들에게도 자신감이 있어 보이고 본인도 자신감을 가지고 있지만 가져야 할 두려움을 인지하지 못한 상황' 정도가 될 것이다.

교사라면 당연히 수업에 대한 두려움을 가져야 하고 그 두려움을 자신이 가장 먼저 알고 있어야 한다. 수업은 참 두려운 일이니까. 다음 글을 쓴 김은희 선생님은 이 두려움을 인지하고 있다.

대학 때 동기 애 하나가 빨리 졸업해서 선생님이 되고 싶다고 했습니다. 왜냐고 묻자 "내 맘대로 할 수 있잖아. 교실은 나만의 왕국이야." 그다지 친하지 않았는데 그 말은 오래 기억에 남습니다. 그땐 어이없다 생각했는데 어쩌면 정말

학교에는 교실 수만큼의 왕국이 있는지도 모르겠습니다. 왕
이 되고 싶지 않아서 아이들의 목소리를 듣는 방법을, 아이
들에게 힘을 나눠 주는 방법을 찾아 애쓰고 있습니다.[4]

교사가 이 두려움을 총체적으로 직면하지 못하면 자신이 잘하
는 것에만 눈이 간다. 자신이 잘하는 것이 학생들 사이에서 평판
이 좋으면 더욱 두려움을 직면하지 못한다. 이런 경우 대부분은
교사와 학생들의 관계가 좋아 보인다. 학생들이 그 교사를 좋아
하고 추앙하기 때문이다. 그 교사는 학생들이 다른 시간에는 '꼰
대질'[5] 같은 수업을 받을 테니까 자신의 수업이 학생들에게는 오
아시스 같을 거라고 여긴다. 그런데 해당 교사는 학생들과 자신
이 맺는 관계에는 만족할지 모르겠지만 정작 수업 중에 학생들과
학생들이 서로 맺는 관계, 또는 학생들과 다른 교사들이 맺는 관
계에는 상대적으로 관심을 덜 가진다. 학생들이 보내는 추앙과
존경에 취하면 취할수록 학교 생태계 전체에 관심을 가지기는 더
어렵다.

학생들이 배워야 할 중요한 것 중의 하나는 타자와 관계 맺고
소통하는 능력이다. 학생들이 맺어야 하는 작은 사회는 바로 옆
자리에 앉은 친구와 맺는 관계망이다. 그 관계망부터 학습의 장
안으로 들어와야 한다. 그런데 교사가 자신이 잘하는 것 위주로

---

4. 김은희, 《제5회 호남권 혁신학교 포럼 자료집》, 전라북도교육청, 2016, 133쪽
5. '나이 많은 사람이 자신이 믿는 바를 일방적으로 강요하는 행태' 라는 뜻으로 사용함

독야청청 수업을 해 나가면 학생들이 총체적으로 성장하기보다는 특정 교사의 사적인 팬이 되는 데에 머무른다. 우리가 평생 내 수업에 만족하는 그 아이 곁에 있어 줄 수는 없다. 그 아이가 타자와 지혜롭고 건강한 관계를 맺고 잘 배울 수 있는 사람이 될 수 있도록 안내해 주어야 한다. 이를 위해 교사부터 소통과 관계 능력을 동료 교사와 함께 체화해야 한다. 동료 교사가 나의 훌륭한 수업을 이해하지 못한다고? 그럴 수도 있다. 하지만 동료 교사부터 설득하지 못한다면 학생들을 설득하는 조력자, 안내자로서의 수업이 아니라 학생들에게도 주도자로서 수업을 하게 될 가능성이 높지 않을까? 교사부터 자신의 훌륭한 역량은 다른 교사들이 배울 수 있도록 나누고, 자신이 몰라봤던 타인의 가능성과 빛남은 발견할 수 있도록 나눔의 장에 지속적으로 노출될 필요가 있다.

## 일주일에 두 번씩 만나기

우리 신가중학교 교사들은 동료로서 서로 배우기를 원했다. 그런 이유에서라도 아주 많은 시간 동안 교사들이 수업을 위해 논의할 수 있다면 좋겠지만 현실은 그렇게 녹록지 않다. 많은 업무들이 교사에게 주어지기 때문이다. 긴급한 일의 횡포에 휘둘리다 보면 중요하고 본질적인 일에 시간을 내기가 힘들어진다. 그래서 정기적으로 만날 시간을 확보해 두지 않으면 의미 있게 수업 회의가 진행되지 못한다.

〈생각자람 국어교실〉에서 사용하는 방법은 2월 초에 미리 교과협의회 시간을 확보하여 고정하는 것이다. 시간표 초안이 나왔을 때 다른 교사에게 크게 피해를 주지 않는 선에서 수업 짝꿍끼리 주 2회 정도 공강 시간을 겹치게 만들어 둔다. 주 2회의 공강 시간이 4교시나 5교시처럼 점심시간과 연결되면 더 좋다.

주 2회 겹치는 공강 시간이 만들어졌다면 그 시간은 수업 시간처럼 '존중받을' 필요가 있다. 아예 수업 시간처럼 그 시간은 건드리지 않도록 약속을 해 두어야 한다. 수업 시간이 되면 수업할 학급으로 자연스럽게 가듯이 수업 회의 시간이 되면 자연스럽게 회의 공간으로 이동할 수 있도록 정해 두라. 바쁜 업무가 그 시간을 야금야금 삼키지 않도록 딱 선을 그어 두는 것이 중요하다. 내 경험상 주 3~4회의 수업을 디자인하기 위해서는 최소한 주당 2시간은 만나야 충분한 논의가 가능했다.

만약 한 학년을 함께 맡은 수업 짝꿍이 같은 교무실을 사용한다면 다른 동료들의 이해를 구하고 수업 짝꿍과 나란히 앉는 것이 좋다. 수업 짝꿍 바로 옆 책상을 쓰는 것이다. 반 떼기란 같이 기획한 수업을 각자 다른 반에서 수업을 하는 상황이니까 각자 수업 시간에 아이들이 어떤 반응을 보였는지 수시로 의견을 나누고 그에 따라 수업디자인을 수정해 나가야 할 일이 많다. 그래서 물리적 거리는 가까울수록 좋다. 사실 나는 이런 환경을 만나지 못해서 주로 수업이 끝나면 교무실로 돌아가지 않고 복도에서 수업 짝꿍 선생님을 만나 수업과 관련해 이런저런 수다를 떠는 일이 많았다. 하지만 주 2회 협의회 시간이 고정되어 있으면 그 시간만큼은 정해진 장소에서 집중력 있게 회의를 했다.

## 어떻게 일상적 수업 회의를 정착시켰는가?

양승현 선생님과 나는 2012년 신가중학교에서 수업 짝꿍으로 처음 만났다. 양 선생님은 4년째 이 학교에 근무하고 있는 상황이었고 나는 그해 전입해 왔다. 둘이서 같은 학년을 맡게 되었고, 양 선생님은 반 떼기를 제안했다. 나는 잘 모르는 사람과 수업 짝꿍이 되었을 때는 단원 떼기가 훨씬 편하다고 생각하고 있었지만, 전입해 온 사람으로서 첫해는 그냥 조용히 지켜보자는 심정으로 반 떼기를 수용했다.

당시 나는 처음 혁신학교를 겪어 보는지라 '교사가 수업과 학생들에 전념할 수 있는 학교'라는 선입견(?)을 가지고 있었다. 혁신학교니까 평소에 하고 싶었던 수업을 다해 보자는 부푼 꿈을 꾸었다.

그것을 실현하려면 수업 짝꿍이 같이해 주어야 했다. 그래서 사용하는 교무실이 달랐지만 거의 날마다 양 선생님을 찾아가서 수업에 관한 이야기를 나누었다. 어떻게 수업할지 아이디어를 모으고, 수정하고, 그에 맞는 평가 문항을 제작하고, 활동지를 만들었다. 수업 후에는 학생들의 반응과 학급 상황을 공유하고, 그에 맞게 평가 문항을 수정했다. 나중에 알고 보니 양 선생님은 연구부장이어서 공강 시간에는 처리해야 할 행정 업무도 많았다. 그런데도 내가 수업 회의를 하자고 할 때마다 그걸 다 받아 주었다. 그러니 퇴근 시간이 평소보다 늦어졌을 것이다.

왜 그렇게 살았냐고? 나는 요리사가 아니니까 요리는 못해도 되지만, 교사니까 최소한 수업은 기본으로 해야 하지 않겠는가. 수업을 마음에 안 들게 하고 나오면 학생들에게 미안하고, 뒤통수가 따갑고, 자존심이 상하고, 양심에도 찔리고, 오랫동안 마음이 불편하지 않은가. 이런 마음 상태를 고상하게 '교사로서의 책임감'이라고 불러 본다. 사실 그 전까지는 매해 그렇게 살지는 못했다. 한국의 교직 문화상 반 떼기를 하게 되는 상황이 자주 있지는 않았기 때문이다. 단원 떼기를 하며 수업 준비를 하면 상대적으로 시간이 많이 걸리지는 않는다. 내가 마련한 수업디자인을 점검하는 사람이 나 혼자라서 빠르다.

반 떼기를 하니 시간이 더 걸리기는 했다. 더디지만 서로가 서로의 아이디어를 점검하면서 수업을 만들어 간 그 1년은 내게도, 양 선생님께도 참 좋은 경험이었다. 우리 둘 다 그동안 해 왔던 수업보다 훨씬 좋은 질의 수업을 했다고 자부할 수 있었다. 둘 다 경력이 10년 훌쩍 넘는 교사들이었는데도 '내가 올해 한 단계 더 성장했구나!'를 확실히 느꼈다. 성장이 주는 기쁨은 참 진하고 유쾌했다.

그리고 사람이 서로 다르다는 것이 정말 좋은 일이라는 것을 실감했다. 예를 들어 나는 국어 교사이면서도 문학 수업이 두렵다. 그래서 수업디자인을 할 때 문학작품을 제재로 사용하는 일을 최소화하곤 했다. 반면 양 선생님은 문학적인 사람이고 문학작품으로 맛있는 수업을 준비할 수 있는 교사이다. 양 선생님 덕분에 나는 용기를 내 문학 수업에 보다 더 자주 깊게 도전할 수 있었고 거기서 성취감도 맛볼 수 있었다. 한편 나는 교육과정 문서와 평가에 더 예민했다. 좋은 시험 문제가 좋은 수업만큼 중요하다고 여겼다. 그래서 수업디자인 회의 중에 반드시 평가 문항도 동시에 제작해서 양 선생님과 함께 검토를 했다. 양 선생님은 아마 그런 과정을 내게 배웠을 것이다.

국어 교사로서 많이 자랐다는 만족감이 꽤 커서 나는 다음 해에도 양 선생님과 같은 학년을 맡아 수업 짝꿍을 해야겠다고 생각했다. 다음 한 해도 행복하게 보내고 싶었으니까.

하지만 정작 학년 말이 되자 고뇌에 빠졌다. 다음은 당시 신가중학교 교직원 회의에서 나왔던 발언을 옮긴 것이다.

**심선화** 우리가 혁신학교를 하면서 아이들에게 존중과 배려를 강조하고 있잖아요. 우리 교사들부터 실천해야 그 가르침이 힘이 있다고 생각합니다. 먼저 전입 교사들을 배려하는 게 어떨까요. 기존 교사들이 어려운 학년, 어려운 업무를

맡고 전입 교사나 신규 교사들은 새 생활에 적응할 시간을
주는 거지요.

당시 이 발언이 내 마음에 던졌던 파장을 아직도 기억한다. 신
가중학교에 오기 전까지만 해도 상상해 보지 못한 발언이었다.
신가중학교에 오기 전에 네 학교를 거쳤는데 네 학교 모두 전입
해 가면 어려운 업무나 어려운 학년만 남아 있는 게 일반적이었
다. 훌륭한 선배님들이 가끔 혼자서 어려운 업무를 자원하여 맡
는 것을 본 적은 있어도 전체 교직원 회의에서 이런 안건이 나온
것을 본 적은 없었다. 발언을 한 심선화 선생님이 교장 선생님도
교감 선생님도 아닌 동료 교사였기 때문에, 또 그동안 심 선생님
이 보여 주셨던 솔선수범 때문에 마음의 울림이 더 컸다. 이런 훌
륭한 토양들 때문이었을까? 뭔지 모를 훌륭한 생각들이 피어오르
기 시작했고 나와 양 선생님은 훌륭한 대화를 나누기 시작했다.

**천정은** 선생님, 나는 내년에도 선생님이랑 같이하고 싶은데
헤어져야 할 거 같기도 해요.
**양승현** 네, 선생님. 다른 학년 선생님들과도 공유해야 할 거
같아요. 앞으로 어떤 선생님과 수업 짝꿍을 하게 될지 모
르니까 이런 수업 회의가 빨리빨리 퍼져서 일반화되면 좋겠
어요. 최소한 우리 학교 국어과라도 함께해요.
**천정은** 우리 국어과도 내년에 전입 교사들에게는 교과 부장

업무 주지 말고 기존 교사가 맡기로 해요. 가능하면 비담임
이 맡으면 좋겠어요.

이런 생각을 하게 된 데는 '나눔 수업'의 영향도 컸다. 신가중학
교는 혁신학교 시작 단계에서 '배움의 공동체'에 관한 연수를 전
체 교원이 함께 듣고 시작했다. 그래서 매월 수업을 공개하고 교
사 연구회[6]를 진행했는데 이 수업이 기존의 '공개수업'과 다름을
표하기 위해 '나눔 수업'이라는 용어를 사용한다. '나눔 수업'은
참관 교사들의 평가를 염두에 두고 쇼처럼 실시되는 공개수업이
아니기를 바라는 마음을 담고 있다. 나눔 수업은 수업 교사가 자
신과 동료 교사들의 연구를 위해 일상의 수업을 기부 형식으로
공개한다. 참석한 동료 교사들도 평가의 관점으로 수업을 보지
않고 동료의 수업을 통해 배우고 자신의 수업을 성찰하는 시간으
로 보낸다.


## 학생 입장에서 수업 들여다보기

처음 '배움의 공동체'에 관한 연수를 들을 무렵 나는 '잘 가르치
는 것과 잘 배우는 것은 다르다.'는 생각을 하고 있었다. 그 전에
는 그런 생각을 해 본 적이 없었기 때문에 '잘 가르치는 선생님'이

---

6. 현재까지도 나눔 수업을 통한 교사 연구회를 지속해 오고 있다.

라는 말을 들으면 기분이 좋았다. 하지만 '나눔 수업'에 참여하는 횟수가 늘어날수록 잘 가르친다고 해서 학생들이 잘 배우는 것은 아니라는 확신이 들었다.

교사가 잘 가르치면 학생이 교사에게 감탄은 하지만, 그런 감탄이 그 학생이 잘 배웠다는 증거가 되는 것은 아니다. 둘은 명백히 달랐다. 그래서 학생 입장에서 수업을 들여다보려고 애썼다. 학생 입장에서 발문을 생각해 보고, 학생 입장에서 활동지도 들여다보고, 학생 입장에서 본문도 다시 읽었다. 중년의 어른이 학생 입장이 되어 본다는 것이 말처럼 쉽지는 않았다. 더 정확히 말하면 '나 스스로 타자의 눈을 갖는다는 것이 이렇게 어려운 일이구나.'를 매번 느꼈다. 그래서 내 수업 아이디어를 수업 친구에게 점검받고 교무실의 다른 교과 선생님들께 점검받는 것을 즐겨 하게 되었다.

학생 입장에서 배움을 보자는 이야기를 하다 보니 이전 학교에서 있었던 일이 떠오른다. 국어에는 '소개하기'라는 단원이 있다. 3월 첫 주였다. 단원명을 칠판에 쓰자마자 푸념 소리가 들렸다.

**학생들** 젠장, 또 소개다.

**교사** '또'라고? 언제 했어?

**학생들** 선생님. 이번 주에만 소개를 다섯 번째 했어요. 지긋지긋해요. 오늘 하면 여섯 번째 하는 거예요. 소개 그만해요.

이야기를 자세히 들어 보니, 3월 첫 주라 그런지 담임교사도 "우리 처음 만났으니 서로 소개해 보자."라고 했고, 다수의 교과교사도 간단한 수업 오리엔테이션 후에 돌아가면서 자기소개 하는 활동을 하는 것으로 첫 수업 시간을 꾸렸던 모양이다. 학생들 입장에서는 소개만 수차례 한 셈이다. 그 이야기를 들으니 안타까웠다. 중학교 1학년이었으니 초등학교 때와 달리 많은 교과 선생님들을 만나는 일만 해도 적응하기 힘들었을 텐데, 수업에 들어오는 선생님마다 비슷한 내용을 반복하고 있으니 얼마나 재미없고 황당했을까.

만약 교사들끼리 수업 내용을 교류하고 있다면 학생들 입장에서 무의미한 반복을 피할 수 있었을 것이다. '소개'가 반드시 필요하다면 한두 교과에서 짜임새 있게 구성해서 수업하면 된다. 그러니 학생들 입장에서 '배움'이 잘 일어나는지에 대해 관심을 가지게 되면 필연적으로 내 과목뿐 아니라 아이들을 공유하는 다른 교사, 다른 과목에도 관심을 가지게 된다. 또한 학생들이 지난해에는 뭘 배웠는지, 그다음 해에는 뭘 배우게 되는지에 대해서도 관심을 가지게 된다.

나와 양 선생님은 학년을 뛰어넘는 배움에도 관심을 가졌다. 우리는 학생들이 중학교에 입학해서 3년 동안 배우는 국어 과목이 파편적인 경험이 아니라 지속적이고 심화되는 배움의 경험이 되면 좋겠다고 생각했다. 예를 들어 좋은 시 읽기를 한 학기나 한 학년만 하는 것보다는 3년 내내 지속적으로 한다면 학생들에게 좋은 시들이 깊이 남을 것이라고 판단했다. 또 3년 내내 매년 4회씩 서술형 평가를 실시하기로 결정했다. 배점이 큰 만큼 채점에 상당한 시간이 걸리는지라 1년에 2회만 실시─중간고사를 서술형으로 하고 성적 처리 기간이 촉박한 기말고사 때는 선택형 문제만 실시─하는 방법도 있었지만, 그렇게 하지 않았다. 학생들 입장에서는 두어 달 동안 배운 것을 정리하고 표현하는 글쓰기 시간이 정기적으로 있는 것이 좋을 것이라고 생각했기 때문이다. 어떤 기간에는 서술형으로 정리하고 어떤 기간에는 선택형 문항만 만나는 것보다는, 서술형 글쓰기를 정기적으로 3년 내내 지속하는 것이 좋겠다고 판단한 것이다.

이런 생각들이 실현되려면 다른 학년의 국어과 선생님들과도 합의가 필요했다. 그래서 그다음 해 나와 양 선생님은 같은 학년을 맡지 않았다. 나는 신규 2년 차 교사인 지수현 선생님과 수업 짝꿍을 했고, 양 선생님은 혁신학교에 처음 근무하게 된 문숙영 선생님과 수업 짝꿍을 했다.

문 선생님은 여러 학교에서 다양한 학생들과 수업을 해 본 경험이 풍부한 교사였지만 교실에서 아이들이 'ㄷ'자로 앉아 있는 풍경은 처음 본다고 했다. 그래서 수업 시간의 3분의 2 이상을 모둠 활동으로 배치하는 수업을 잘 할 수 있을지 두려움을 호소했다. 문 선생님의 두려움이 약(?)이 된 건지 문 선생님과 양 선생님은 시도 때도 없이 수업 회의를 많이 했다.

나와 지 선생님도 지속적이고 일상적인 수업 회의를 이어 갔다. 지 선생님은 15년도 넘는 과 선배가 수업 짝꿍이라 그런지 처음에는 내가 하자는 것에 반대 의견 없이 거의 그대로 수용해 주었다. 나는 이것이 회의가 아니라 전달과 수용의 형태는 아닐까 싶어 걱정이 되었다. 그 걱정 때문에 지 선생님과 이런저런 대화를 나누다가 지 선생님이 신규 1년 차에 했던 수업이 씁쓸한 경험으로 남아 있다는 것을 알게 되었다. 지 선생님은 성심껏 수업을 준비해 가도 생각했던 것만큼 아이들이 몰입하지 않았을 때의 무력감과 수업을 방해하는 몇몇 학생들에게서 받았던 상처가 그때까지도 켜켜이 쌓여 있다고 했다. 교실 안 풍경이 교사로서의 효능감을 느끼게 하지 못한 것이다. 그래서 선배 교사와 함께 수업을 만들 때 더 자기 의견을 내지 못했을 것이다.

나는 그 후로 대화 방식을 바꿨다. 무작정 지 선생님에게 수업 디자인에 관한 아이디어를 구하지 않았다. 지 선생님이 확실하게 잘할 수 있는 일은 학생들 입장을 헤아리는 것이었다. 우리 중에 가장 젊어서 그런지 학생들의 마음을 잘 헤아렸고 학생들과의 관계도 좋았다. 나는 제재 글, 발문, 학습 활동 모두 학생들 입장에서 어떻게 수용될까를 지 선생님에게 묻고 난 후 그에 따라 방법을 채택했다. 지 선생님이 "학생들 입장에서 어렵겠다."고 하면 역시나 수업 시간에 학생들이 어려워했고, 지 선생님이 "여기서 막히겠다." 하면 역시나 그곳에서 학생들이 주춤거렸다. 신기할 정도였다. 달포가 지나자 지 선생님도 모둠 활동 중심의 협력 수업으로 수업을 디자인하는 것에 금방 적응했다. 〈동백꽃〉을 읽고 갈등의 원인을 찾아보는 수업을 한 뒤 쉬는 시간에 지 선생님이 흥분해서 뛰어왔던 날이 기억난다.

> **지수현** 선생님, 세상에~. 애들이 이런 것도 찾아내요. 애들을 믿어도 될 것 같아요. 모둠 활동하는 것을 가만히 들어보니까 계절이 봄이라서 그런 것 같대요. '별로 우스울 것도 없는데 날씨가 풀리더니 이놈의 계집애가 미쳤나' 이 부분을 보니 그런 것 같대요. 애들 대단하죠. 이런 것도 찾아내다니.

지 선생님도 모둠별 탐구 수업에 대한 불안감이 있었다가 점점 해소되고 있었던 것이다.

그해 우리 네 사람은 모두 행복한 1년을 보냈다. 그간 만들었던 수업 과정안을 학년 말에 서로 나눠 가지면서 1년 동안 '내가 또 성장했다.'는 마음이 들어 뿌듯했다. 그리고 1년 전의 상황이 반복되었다.

> **천정은** 선생님이랑 다시 같이하면 무척 행복할 것 같기는 한데, 우리가 모든 학년에 각각 흩어지는 것이 좋겠어요.
> **지수현** 그래요, 선생님. 신가중학교에 새로 오시는 선생님도 저처럼 이런 경험을 해 보면 좋겠어요.

그래서 그다음 해에는 지 선생님이 오지성 선생님과 1학년을

[그림 1] 교사들끼리 점심을 같이 먹으며 수업 회의를 하는 모습

함께 맡아 수업 친구를 했고 나는 장현주 선생님, 정수희 선생님
과 함께 2학년을 맡았다. 양 선생님은 문 선생님과 함께 3학년
을 맡았다. 이렇게 모두 흩어졌다. 그리고 그다음 해에도 흩어졌
다. 하지만 우리 모두는 자주 만났다. 학생들이 3년 동안 겪을 국
어 수업이 일관성이 있으면서도 점차 깊어질 수 있도록 체계적으
로 짜 보고 싶었기 때문이다. 전체 학년의 국어과 교사가 만나서
모둠 활동을 어떻게 해야 하는지에 관한 수업을 함께 기획하기도
하고 '시 읽고 감상문 쓰기 수업'[7]이 상위 학년으로 올라갈수록 어
떻게 점진적으로 심화되어야 하는지에 관한 의견을 나누기도 했
고, 학년 연계 프로그램에 관한 이야기도 함께 나누었다. 모든 학
년의 국어 교사들이 모일 시간을 내기 어려울 때는 급식실에서

7. 부록2 참고

점심을 같이 먹으며 회의를 했다.

그다음 해에도 우리는 서로 흩어졌고, 회의를 자주 했다. 우리 중에는 육아에 신경 써야 하는 아줌마 교사도 많고 신규 교사도 있었다. 기간제 교사도 있고, 다른 교과에서 전과해 온 교사도 있었지만 매년 짱짱한 수업을 만들어 냈다. 우리 가운데 엄청나게 훌륭한 리더가 있어서 그 영웅을 따라한 것이 아니라 겁 많고 소심한 한 사람 한 사람이 '우리'로 모여서 만든 수업들이다. 그래서 신가중학교의 국어과 선생님들은 새로운 선생님과 짝꿍이 되면 먼저 반 떼기를 해 보자고 권한다. 우리가 먼저 집단지성의 힘을 느꼈기 때문에 자신 있게 강권하는 편이다. 그리고 독자 여러분께도 권한다.

# 3장

# 수업 기술자가 아닌 교사로 살기

## 교사는 기술자가 아니야

1장에서 나는 의학 드라마를 보면서도 의사의 상황에 교사를 대입해 보곤 하는 취미(?)가 있노라고 말씀드렸다. 의학 드라마 〈뉴하트〉 7회를 볼 때 콕 들어오는 대사가 있었다. 흉부외과 전문의 최강국과 명석한 레지던트 남혜석의 대화 중에 나온다.

**최강국** 배대로, 괜찮은 친구야.

**남혜석** 예?

**최강국** 환자를 잃는 것을 겁고 먹는 것보다 더 가슴 아파하잖아. 어느새 진짜 의사가 된 거지.

**남혜석** 의사는 환자를 잃는 것에도 익숙해져야 한다고 보는
데요. 전.

**최강국** 시간이 흐르고 경험이 쌓이면 익숙해지겠지. 그렇
게 익숙해지면 어떤 의사가 되겠는가. 의사는 기술자가 아
니야. 똑똑한 남혜석, 난 너의 뛰어난 지성만큼 너의 가슴이
눈물로 가득 차길 바란다.

"의사는 기술자가 아니야."라는 말이 "교사는 기술자가 아니
야."로 바뀌어 마음에 들어왔다. 그동안 내가 수업 기술자를 추구
하며 살아온 것은 아니었을까 하는 반성 때문이었다. 당시 나는
연수 중독 증상이 아니냐는 놀림을 받을 정도로 이런저런 연수를
많이 찾아 들었다. 그렇게 열심을 내는 마음을 살펴보니, 좋은 수
업 방법을 찾고 좋은 수업 기술을 습득하면 내 수업이 좋아지기
라도 할 것처럼 여겼던 것 같다. '학생들이 잘 배우는 것'보다는
'내가 수업을 잘하는 것'에 욕심을 내는 열심이었던 것 같다. 또
경험이 쌓이고 익숙해지는 것과 좋은 교사가 되는 것을 혼동했던
것도 같다. "교사는 기술자가 아니야."를 곱씹는 일이 이런 점을
성찰하게 했다.

만약 교실 속의 학생들이 '파블로프의 개 실험'에 나오는 개와
유사하다면 나는 능숙한 수업 기술자로 살아도 될 것이다. 먹이
와 함께 종소리를 들려주는 훈련을 반복했더니 나중에는 종소리
만 들려주어도 침을 흘리더라는 실험 상황과 교실이 비슷하다면

나는 어떤 '종소리', 즉 어떤 방법과 기술을 내 수업에 장착할지만 고민해도 될 것이다.

하지만 우리 아이들은 파블로프의 개가 아니다. 당연한 소리에 황당해하는 독자도 있을 수 있다. 당연히 아이들은 개가 아니다. 그런데도 '명시적 행동 목표, 반복적 훈련, 눈에 보이는 결과, 관찰자만의 만족'과 같은 특징이 강하게 드러나는 수업을 종종 만난다. 수업은 이런 훈련 수준에 멈춰서는 안 된다. 우리 아이들은 훈련이 아니라 교육을 받아야 하고, 기술자가 아니라 교사를 만나야 한다. 나는 그 차이가 교사의 철학과 가치의 유무에 있다고 생각한다.

## 아이들이 어떻게 자라면 좋을까?

철학과 가치를 생각하는 일은 꽤 관념적이고 추상적이라고 생각할지도 모르지만 사실은 굉장히 실질적인 문제이다. 수업할 때 길을 잃은 것 같은 경험을 한 적이 있는가? 나는 왜 이 자리에 서 있는 것일까 하는 생각에 당황스럽고 진땀나고 끝종이 치기만을 구원처럼 기다리게 되는 순간들 말이다. 나는 많았다. 똑똑한 아이 하나가 길게 하품을 해도 길을 잃고, 몇몇 아이들이 수업을 방해해도 길을 잃고, 뭔가 잘 안 풀린다는 느낌을 받을 때도 길을 잃었다. 길을 잃는다는 표현에는 가야 할 길이 있다는 전제가 깔려 있다. 내가 어디로 가고 있는지 모르면 길을 잃기 십상이다. 우리는 수업 시간에 어디로 가야 할까?

과거에는 수업은 '해치우는 것'이라고 느낄 때가 많았다. 힘들게 수업을 마치고 와서 혼잣말로 "4개를 해치웠으니까 이제 1개 남았다."고 중얼거리기도 했다. 그러던 어느 날 문득, 수업이 '해치우는' 것이라면 내 남은 인생은 별로 행복하지 않겠다는 생각이 들어 우울했다. 내 수업은 어디로 가야 하는 것일까? 그 질문은 다음 질문으로 이어졌다. '내 수업은 어디로 가고 싶은가?'

'내 수업은 어떤 결과를 도출하고 싶은가?'에 대한 이미지를 그려 본 적이 있는가? 만약 내 교실에서 자란 아이들이 어디서든 지식을 줄줄 뽑아 낼 줄 아는 사람이 되게 하고 싶다면 나는 열심히 개념을 넣어 주고 자주 상기시키고 그 지식을 묻는 시험을 반복해서 치르면 된다. 만약 내 교실의 학생들이 세상은 결국 1등만 살아남는다는 가치관을 가지길 바란다면 수업 중 경쟁 활동을 많이 넣고 1등을 한 학생에게만 보상을 많이 할 것이다.

내가 꿈꾸는 세상에 대한 이미지는 내 수업의 모습을 결정하기 때문에 중요하다. 물론 이 상을 선명하게 갖는 일이 쉽지는 않다. 신규 선생님들께 이런 숙제를 내드리면 무척 어려워하곤 한다. 흔히 이런 철학보다는 당장 '수업한다는 것 자체'가 목적이 되곤 한다. 그들에게는 잘하고 못하고를 떠나서 우선은 수업을 '해내는' 것이 큰 산이다. 그래도 독자 여러분은 꼭 천천히 생각하기를 바란다. "생각하는 대로 살지 않으면, 사는 대로 생각하게 된다."는 말이 있다. 이 말을 교직 문화에 적용해 보면 '내 수업 철학을 세우지 않으면 내가 학생이었을 때 받았던 수업 그대로 하게 된다.', 또는 '생각 없이 수업하면 지난해에 하던 대로 하게 된다.'가 될 것이다. 교직 문화라는 것이 상당히 견고해서 학교 현장에서의 가장 강력한 답은 '지난해에 하던 대로 한다.'인 경우가 많다. 무슨 일이 생겼을 때 선배 교사들에게 좋은 방법을 물어 보면 지난해 담당자에게 물어 보고 그대로 따라하면 별 무리가 없을 것이라고 대답해 준다. 지난해의 지난해, 그 지난해의 지난해, 그 지난해의 지난해……. 이런 식으로 쫓아 올라가다 보면 일제강점기 식민지 교육의 모습이 나오지 않을까? 지배를 용이하게 하기 위해 전제적인 국가 권력이 철저하게 교육과정을 구성하고 평가권을 주도하던 때 말이다.

교육은 어떠해야 하는가에 대한 교사 개인의 상은 관성처럼 강력한 교직 문화 속에서 길을 잃지 않기 위해서라도 꼭 필요하다. 당장 대답하기 어려우면 당분간은 다음 질문을 가지고 수업을 해 보기 바란다. '지금 이 수업을 내 교실의 학생들이 10년쯤 받으면 어떤 태도와 어떤 역량이 길러질까?' 수업에 들어갈 때마다 이 질문에 답을 하고 나와 보라. 이런 감이 생겨야 바라는 대로 수업을 디자인하는 능력이 길러진다.

몇 년 전 배드민턴을 배울 때였다. 코치에게서 셔틀콕을 받아 치던 연습을 할 때 반복적으로 들은 말이 있다.

"이 각도와 이 힘으로 셔틀콕을 쳤을 때 어디에 떨어지는지 기억하세요. 그래야 나중에 공을 보내고 싶은 지점이 생기면 힘과 각도를 조절할 수 있게 됩니다."

우리도 수업이 빚어내는 결과에 대한 감을 익혀 놓아야 나중에 내가 교육에 대한 어떤 상을 그릴 때 그에 걸맞은 교육과정과 수업, 평가를 기획할 수 있다. 그래서 독자 여러분도 이 질문에 잠깐 답해 본 후 계속 글을 읽어 주었으면 좋겠다.

## '내 수업은 어디로 가고 싶은가?'

이 질문을 품고 있던 때에 우리들은 교내 독서 동아리에서 《교사, 수업에서 나를 만나다》를 함께 읽고 자신의 수업 철학을 글로 적어 보자는 저자의 권유[1]를 실천해 보기로 했다. 분명한 언어로 표현하려다 보니 도움을 좀 받아 볼까 하고, 그 전까지는 별 의미 없이 넘겼던 국가 수준 교육과정 문서[2]의 교육 목표 부분을 찾아 읽었다.

> 1. 추구하는 인간상
>    우리나라의 교육은 홍익인간의 이념 아래 모든 국민으로 하여금 인격을 도야하고, 자주적 생활능력과 민주 시민으로서 필요

---

1. 김태현, 《교사, 수업에서 나를 만나다》, 좋은교사, 2012, 68~75쪽
2. 교육부, 〈국어과 교육과정〉, 교육과학기술부 고시 제2012-14호[별책], 2012. 7

한 자질을 갖추게 하여 인간다운 삶을 영위하게 하고, 민주 국가의 발전과 인류 공영의 이상을 실현하는 데 이바지하게 함을 목적으로 하고 있다. 이러한 교육 이념을 바탕으로, 이 교육과정이 추구하는 인간상은 다음과 같다.

가. 전인적 성장의 기반 위에 개성의 발달과 진로를 개척하는 사람
나. 기초 능력의 바탕 위에 새로운 발상과 도전으로 창의성을 발휘하는 사람
다. 문화적 소양과 다원적 가치에 대한 이해를 바탕으로 품격 있는 삶을 영위하는 사람
라. 세계와 소통하는 시민으로서 배려와 나눔의 정신으로 공동체 발전에 참여하는 사람

특히 중학교에서는 다음과 같은 목표를 세우고 교육해야 한다고 하며, 국어 교과는 다음과 같은 목표를 거두어야 한다고 말한다.

나. 중학교 교육 목표
중학교의 교육은 초등학교 교육의 성과를 바탕으로, 학생의 학습과 일상생활에 필요한 기본 능력과 바른 인성, 민주 시민의 자질 함양에 중점을 둔다.
(1) 심신의 건강하고 조화로운 발달을 토대로 바른 인성을 기르고, 다양한 분야의 경험과 지식을 익혀 적극적으로 진로를 탐색한다.

(2) 학습과 생활에 필요한 기초 능력과 문제 해결력을 바탕으로 창의적인 사고력을 기른다.

(3) 자신을 둘러싼 세계에 대한 경험을 토대로 다양한 문화와 가치에 대한 이해를 넓힌다.

(4) 타인과 공감하고 소통하는 능력, 배려하는 마음, 민주 시민으로서의 자질과 태도를 갖춘다.

'국어' 교과의 목표는 다음과 같다.

국어 활동과 국어와 문학을 총체적으로 이해하고, 국어 활동의 맥락을 고려하여 국어를 정확하고 효과적으로 사용하며, 국어를 사랑하고 국어 문화를 누리면서 국어의 창의적 발전과 국어 문화 창조에 이바지할 수 있는 능력과 태도를 기른다.

가. 국어 활동과 국어와 문학에 대한 기본적인 지식을 익힌다.

나. 다양한 유형의 담화와 글을 비판적이고 창의적으로 수용하고 생산한다.

다. 국어의 가치와 중요성을 인식하고 국어 생활을 능동적으로 하는 태도를 기른다.

좋은 말들이 많다. 하지만 어떤 모습인지 생생하게 그려지지 않았다. 또렷하지 않은 비전은 힘을 발휘하지 못한다. 교육과정에서 상위 문서인 국가 수준 교육과정에서는 이런 일반적인 진술을 할 수밖에 없을 것이다. 그러나 한 사람 한 사람의 현장 교사는 자기의 언어로 된 살아 있는 상(像)을 가지고 있어야 그 상이 힘을 발휘한다.

나는 교육과정 문서의 앞쪽에 적혀 있던 저 글들을 읽고 또 읽어도 가야 할 길이 잘 그려지지 않았다. 내 언어로 다시 만들어야 할 필요성을 느꼈다. 나에게 다시 질문을 던진다.

내 수업은 어디로 가고 싶은가?
내가 수업하는 교실에서 학생들이 어떤 모습이면 좋겠는가?
학생들이 어떻게 자라면 좋겠는가?

## 생각하고 연대하고 실천하는 아이들을 꿈꾸며

내가 내린 답은 훌륭한 말이 아니라 어떤 이미지에 가깝다. 내가 좋아하는 레오 리오니의 《Swimmy》라는 책을 바탕으로 만들어진 애니메이션[3]에 나오는 장면이다. 이 책은 우리나라에서 '으뜸 헤엄이'[4]라고 번역되어 있지만 여기서는 원서에 가깝게 '헤엄이'라고 부르겠다.

바다 속 한구석 어디엔가 작은 빨강 물고기들이 떼를 지어 행복하게 살고 있었습니다. 헤엄이만이 깜장이었는데 그는 친구들보다 훨씬 빨리 헤엄을 쳤습니다. 어느 재수 없는

---

3. 지울리오 지아니니 · 레오 리오니(1986), 〈swimmy〉, 《레오 리오니의 동물우화》, 베네딕도미 디어, 2004
4. 레오 리오니, 《으뜸 헤엄이》, 이명희 옮김, 마루벌, 2000

[그림 1] 헤엄이가 생각하고 또 생각하는 장면

날 사납고 날쌔고 굶주린 다랑어 한 마리가 작은 빨강 물고기를 보고 쏜살같이 달려왔습니다. 작은 물고기들은 해초나 바위가 없어서 숨을 수가 없었습니다. 그들은 다랑어의 이빨을 보자 도망치려 했으나 이미 때가 늦었죠. 굶주린 다랑어는 단숨에 빨강 고기들을 모두 삼켜 버렸습니다. 배가 불룩해지자 다랑어는 아무 일도 없었다는 듯이 행복하게 사라졌습니다.

헤엄이만 도망칠 수 있었습니다. 그는 깊은 바다 속으로 헤엄쳐 갔습니다. 두렵고 외롭고 말할 수 없이 슬펐습니다. 그런데 여러 가지 일이 일어났습니다. (중략) 그러다가 바위

[그림 2] 헤엄이와 작은 물고기들이 큰 물고기 모양을 만든 장면

와 물풀 뒤에 사는 작은 물고기 떼를 보았습니다. 잡아먹힌 친구들과 같은 무리였지요.

"다들 헤엄치며 놀며 세상 구경을 해 보자."

헤엄이가 기뻐하여 말했습니다.

"그럴 수는 없어. 큰 고기들이 우리를 몽땅 잡아먹을걸."

작은 빨강 고기들이 말했습니다.

"그렇다고 거기에서 웅크리고 있을 수만은 없잖아. 뭔가 머리를 짜내 봐야지."

헤엄이가 말했습니다. <u>헤엄이는 생각하고 또 생각했습니다. 이런 생각도 해 보고 저런 생각도 해 보고 …… 그리고</u>

좀 더 생각해 보았지요.

드디어 헤엄이가 소리쳤습니다.

"좋은 생각이 떠올랐어. <u>우리는 각자 자기의 자리를 지키면서 바다에서 가장 큰 물고기 모양을 이루어 모두 함께 헤엄을 치는 거야.</u>"

작은 빨간 물고기들이 거대한 한 마리의 물고기 모양을 이루어 헤엄을 칠 수 있게 되자 헤엄이가 말했습니다.

"내가 눈 역할을 할게."

이리하여 그들은 다랑어들이 노는 시원한 아침 해, 또 한낮의 햇살 아래서 헤엄을 치면서 못된 큰 물고기들을 쫓아 버렸습니다.[5]

이야기 중간에 나오는 밑줄은 내가 친 것이다. 나는 여기에 나오는 그림을 아주 좋아한다. 내가 생각하는 교육의 목적, 교육을 통해 기르고자 하는 인간상과 이 이미지가 아주 비슷하기 때문이다. 수업 시간에 아이들이 이런 모습이면 좋겠고, 이런 사람으로 자라 가면 좋겠다. 자신의 삶을 꾸려 나갈 때 생각하고 또 생각할 수 있는 사람, 혼자 잘 살기 위해서가 아니라 더불어 잘 살기 위해 그 일을 고심하는 사람, 더불어 살아갈 줄 알고 그 생각을 실천할 수 있는 사람, 크고 부당한 일 앞에서도 생각하고 또 생각하

---

5. 지울리오 지아니니 · 레오 리오니(1986), 〈swimmy〉, 《레오 리오니의 동물우화》, 베네딕도미디어, 2004

고 연대하고 움직일 수 있는 사람으로 자라 가면 좋겠다.

독자들 역시 시간이 오래 걸리더라도 이 질문에 답해 보기를 권한다. 수업 시간에 길을 잃는 일이 훨씬 줄어들 것이다.

내 수업은 어디로 가고 싶은가?
내가 수업하는 교실에서 학생들은 어떤 모습이면 좋겠는가?
학생들이 어떻게 자라면 좋겠는가?

나는 '국어 교사'이다. 위 질문들에 답해 보기 전에는 두 단어 중에서 '교사'보다는 '국어' 쪽에 훨씬 신경을 쓰고 살았다. 내 교과 쪽으로 전문성을 기르는 것에 신경 쓰느라고 그 뒤에 있는 '교사'라는 것을 잘 들여다보지 않았다. 그런데 지금은 '교사'라는 단어가 훨씬 무겁게 느껴진다. 나 같은 사람은 국어를 통해, 수학 교사들은 수학을 통해, 미술 교사들은 미술을 통해 기르고 싶은 인간상이 있는 것이지, 국어나 수학이나 미술이 교육의 최종 목적은 될 수 없으니까 말이다. 그래서 저 질문들에 교사 개개인이 꼭 답해 보아야 한다고 생각한다.

## 교사는 교육과정 전문가인가?

내 수업이 어디로 가고 싶은지에 대한 상을 그려 보았다면 '교육과정'을 들여다보자. '교과서'가 아니라 '교육과정'을 들여다보자. 이 글을 읽고 있는 선생님께는 선생님만의 교육과정 문서가 있는가? 철학이 세워졌다면 그 교육철학이 담긴 교육과정을 세우는 것이 자연스러운 순서이다. 교과서는 교과서 저자들의 해석본일 따름이다. 중학교에서 국정교과서를 사용하던 시기에 교과서 제작에 참여한 적이 있다. 그때 알았다. 교과서는 내가 만나는 학생들에게 딱 맞는 교재가 아니라 저자들이 국가 수준 교육과정을 어떻게 해석하고 있는지를 보여 주는 사례집 정도라는 것을. 하물며 검인정 교과서 체제인 지금은 사례집이 여러 권 있다고 봐야 한다. 우리 학교 학생들을 한 번도 만나 본 적 없는 이들이 우리 학교 학생들이 쓸 교재를 만든다? 잘 생각해 보면 이상한 일이다. 그래서 사실 난 교과서 폐지론자이다. 교재는 수업할 교사가 교육과정과 학생들을 생각하며 직접 선정해야 맞다. 교재 선택권은 교사에게 온전히 주어졌으면 좋겠고, 국가 수준 교육과정이 더 대강화되었으면 좋겠다. 2015 개정 교육과정에서는 '핵심 역량' 개념이 등장하는 정도에 그쳤지만 그다음 개정 교육과정은 역량 중심 교육과정 쪽으로 더 이동할 것이라고 나는 예측하고 있다. 역량 중심 교육과정을 잘 운영하려면 교육과정은 더 대강화되어야 한다고 생각한다. 우리나라의 국가 수준 교육과정은 비교적 상세하고 촘촘하다. 각 학문의 지식 체계로 잘 짜여진 구조물 같다. 하지만 이렇듯 세밀한 구조 속에서 학교 현장은 운신의 폭이 좁다. 교사의 역할은 '잘 소화해서 전달하는 것' 으로 제한되기 십상이고 학생들의 상황과 삶은 교육과정에 반영되기 어렵다.

그래서 나는 국가수준 교육과정이 지금보다 훨씬 더 대강화되고 교사들이 학생들과 함께 교육과정을 구성해 가는 교실을 꿈꾼다. 이런 교실을 만들어 가기 위해서 교사는 국가 수준 교육과정을 잘 파악하고 있어야 한다. 무엇을 딛고 일어서려면 그 무엇을 잘 알아야 하니까. 교사들은 주어진 교재를 잘 가르치는 모습으로 자신의 정체성을 가지는 데서 멈추지 말고 교육과정을 구성하는 주체로서의 역량을 길러야 한다.

'교육과정'이라는 말을 들으면 무엇이 떠오르는가? 언젠가 방문 학교의 수업을 파악하기 위해 "교육과정 좀 보여 주세요."라고 요청한 적이 있다. 그 요청을 받은 교사들 대부분은 무엇을 가져와야 할지 몰라 당황해했다. 학교 시간표를 가져오는 교사도 있었고, 학교 교육과정 계획서를 가져오는 교사도 있었고, 본인의 교과 진도표를 들고 오는 교사도 있었다. 독자 여러분이라면 그런 상황에서 무엇을 들고 오겠는가?


## 단위 학교의 교육과정은 실질적인가?

내가 "선생님의 교육과정을 들고 와 주세요."라는 요청을 받는다면 들고 갈 자료는 한 장짜리이다. 한쪽에는 국가 수준 교육과정 성취기준을 우리 학교용으로 만들어 놓은 표가 있고, 다른 한

쪽에는 우리 학교의 교육 비전과 핵심 역량이 적혀 있다.

신가중학교는 학교의 교육목표가 비교적 선명하다. 많은 혁신 학교들이 그러한 것처럼 신가중학교도 혁신학교를 시작할 때 교육 비전을 세웠다. 또 2014년에는 교내 교사들끼리 우리 학교 학생들이 기르기를 바라는 핵심 역량에 대해 [표 1]과 같이 합의하여 현재까지도 학교의 교육과정을 만드는 바탕으로 삼고 있다[6]. 교사마다 과목마다 차이는 있지만 많은 교사들이 이 핵심 역량을 염두에 두고 교육 내용을 구성하고 통합 프로젝트 수업을 하기도 한다.

**[표 1] 신가중학교 핵심 역량**

| 관계 능력 | 주도 능력 | 기여 능력 |
|---|---|---|
| － 기초적 도덕성<br>－ 공감 능력<br>－ 소통과 교류 능력<br>－ 협력하는 능력<br>－ 갈등을 관리하고 해결하는 능력<br>－ 다른 사람과 좋은 관계를 맺을 수 있는 능력 | － 주체성<br>－ 질문 능력<br>－ 자기 표현력<br>－ 책임감<br>－ 계획을 세워 실행하는 능력<br>－ 자아실현 | － 봉사와 베풂<br>－ 공동 이익을 도모하는 능력<br>－ 시민의식<br>－ 범지구적 소양 |

'교사는 교육과정 전문가인가?', '교사에게 교육과정 문식성이 있는가?'를 생각할 때 첫 번째는 단위 학교 교육과정에 대한 이해가 있어야 한다. 아직 한국의 많은 학교가 실질적인 학교 교육과정이 없다. 학교 리더의 머릿속에만 존재하거나 홈페이지에 몇 글자로 존재하거나 교육과정 계획서 같은 책자에 이론적으로 존

---

6. 신가중학교, 〈2016학년도 신가교육과정 운영계획〉, 2016, 18쪽

재하기는 하지만, 소속한 교사들이 충분히 인지하고 자신의 수업에 담아 실천하고 있는 경우는 소수이다. 온 나라의 학생들이 보는 표준화 시험이 있는 상황이니 단위 학교의 교육과정이라는 것이 불필요하다고 느끼는 사람도 많다.

단위 학교의 교육과정은 왜 필요할까? 아이들이 모두 똑같지 않기 때문이다. 학생들의 상황과 상태가 어떠하든 상관없이 표준화된 지식을 학생들의 머릿속에 집어넣는 것이 교육이라고 생각한다면 단위 학교의 교육과정은 필요하지 않을 것이다.

하지만 교육의 목표가 전인적 성장이 이루어지도록 도와주는 것이라면 이 어려운 일이 단위 학교에서 교사 한 사람씩의 각개 전투 모양으로 일어나서는 안 되고 가능하지도 않다. 학생들을 직접 대면하고 있는 단위 학교의 교사들이 함께 철학을 공유하고 협력해야 가능하다.

혁신학교를 '교육의 본질에 충실하기 위해 교육과정-수업-평가를 혁신해 가는 학교'[7]라고 할 때 많은 혁신학교에서는 다음과 같은 두 가지를 잘 살핀 후 단위 학교의 교육과정을 만들어 간다. 첫 번째는 '아이들이 살아가는 사회는 어떤 모습일 것인가?'이고 두 번째는 '우리 아이들은 어떤 아이들인가?'이다. 신가중학교도 그랬다. 구성원들이 모여 이 두 가지를 진단한 후 교육에 대한 철학과 비전을 세워 갔다.

이렇게 교육에 대해 끊임없이 공부하고 토론하는 공동체에 속

---

7. 박일관, 《혁신학교 2.0》, 에듀니티, 2014

해 있다거나 교육철학과 방향을 공유하는 집단에 속해 있다면 교사는 교육과정 문식성을 길러 가기가 훨씬 좋을 것이다. 대한민국의 모든 학교들이 이런 교육 공동체로 존재했으면 좋겠다.

만약 그렇지 않다면? 내 수업은 나 혼자 고민하며 살아야 하는 상황이라면? 나는 내가 근무하는 학교에 영향력을 끼칠 수 없는 미미한 교사라면 여기서 이 책을 덮어야 할까? 사회나 학교 생태계가 수업에 영향을 끼치는 것은 분명하다. 하지만 이 책을 읽는 교사 한 사람에게 학교 생태계 전체의 책임을 물으려 하는 것은 아니다. 우리는 지금 각자 자기 자리에서 할 수 있는 일을 찾고 있으니까.

## 국가 수준 교육과정을 분석하고 있는가?

'교사는 교육과정 전문가인가?', '교사에게 교육과정 문식성이 있는가?'를 생각할 때 두 번째는 국가 수준 교육과정에 대한 분석이 되어 있어야 한다.

곧 '2015 개정 교육과정'이 시작[8]되겠지만 현재 우리가 학생들과 같이 공부하는 교육과정은 '2009 개정 교육과정'이다. 현행 교

---

8. 2015 개정 교육과정 적용 시기는 다음과 같다.
    2017년 3월 1일 초등학교 1, 2학년
    2018년 3월 1일 초등학교 3, 4학년, 중학교 1학년, 고등학교 1학년
    2019년 3월 1일 초등학교 5, 6학년, 중학교 2학년, 고등학교 2학년
    2020년 3월 1일 중학교 3학년, 고등학교 3학년

육과정 중에서 필자가 교과서보다 더 자주 쳐다보는 문서인 〈국어과 교육과정〉[9]으로 설명해 본다.

**[표 2] 〈국어과 교육과정〉 교과 구성**

```
[공통 교육과정]
1. 국어

[선택 교육과정]
1. 국어 I
2. 국어 II
3. 화법과 작문
4. 독서와 문법
5. 문학
6. 고전
```

교육과학기술부 고시
제2012 - 14호[별책 5]

　이 책에서 '우리는 교과서대로 수업하지 않고 교육과정을 기반으로 수업을 기획한다.'라고 했을 때 염두에 둔 것이 바로 이 문서이다. 이 문서는 [표 2]의 편제로 구성되어 있다. 공통 교육과정인 '국어'는 초등학교부터 중학교까지 배운다. 2009 개정 교육과정은 학년군 체제이기 때문에 몇 학년에서 무엇을 배워야 하는지 딱 정해져 있지 않다. 중학교를 예로 들면 '중 1~3학년군' 에서 다룰 내용이 영역별로 제시된다. 영역별 성취기준이 총 54개[10]이

---

9. 교육부, 〈국어과 교육과정〉, 교육과학기술부 고시 제2012 - 14호[별책5], 2012. 7
10. 듣기 · 말하기 영역이 13개, 읽기 영역이 11개, 쓰기 영역이 10개, 문법 영역이 11개, 문학 영역이 10개이다.

니까 학년당 대략 18개, 학기당 대략 9개의 성취기준을 공부하는 셈이다. 국가 수준 교육과정이 학년 체제가 아니라 이렇게 학년군 체제이다 보니 교과서나 학교가 달라지면 배치되는 교육과정 성취기준이 다를 수도 있다. 따라서 전학생의 경우 중복이나 누락의 문제가 생긴다.

많은 교사들이 해당 학교에서 채택한 교과서를 기준으로 수업을 기획하기 때문에 교육과정 분석을 불필요하다고 느끼는 것 같다. 하지만 교사가 기본적으로 교육과정 문서를 꿰차고 있어야 우리 학교에서 채택한 국어 교과서가 어떤 구성으로 학년 교육과정을 배분했는지 볼 수 있다. 그리고 다른 학교 교과서와 비교하는 눈도 가질 수 있다. 교과서에 끌려 다니는 교사, 교과서를 따라가는 교사가 아니라 교육과정과 교과서를 재구성할 수 있는 교사가 되기 위해서는 교육과정 문서를 이해하고 있어야 한다.

우리는 교육과정 문서를 분석한 후 신가중학교 국어 교육과정을 따로 만들어 두었다. [표 3]에서 각 항목 앞의 숫자는 성취 평가제를 실시하면서 교육부에서 각 성취기준 항목에 붙인 고유 코드이다. 이 표를 만들 때 공립학교 교사는 4~5년마다 근무지가 바뀌는 현실을 감안하였다. 그래서 어떤 교사가 전입해 오더라도 성취기준이 누락되거나 중복되지 않도록 하기 위해 채택한 교과서가 어떤 성취기준을 어느 학기에 배치했는지를 기준으로 삼았다.

## [표 3] 신가중학교 교육과정 국어

| | 말/듣 | 읽기 | 쓰기 | 문학 | 문법 |
|---|---|---|---|---|---|
| 1-1 | 2911. 듣기와 말하기의 소통 과정을 이해하고 효율적인 듣기와 말하기 계획을 세운다.<br><br>2913. 인물이나 관심사를 다양한 방법으로 소개하거나 설명한다. | 2921. 지식과 경험, 글의 정보, 읽기 맥락을 토대로 내용을 예측하며 글을 읽는다.<br><br>2923. 읽기 목적에 따라 적절한 방법으로 글의 내용을 요약한다. | 2931. 주제, 목적, 독자를 고려하여 쓰기 과정을 계획하고, 점검하고 조정한다.<br><br>2936. 자신의 삶과 경험을 바탕으로 독자에게 감동이나 즐거움을 주는 글을 쓴다. | 2951. 비유, 운율, 상징 등의 표현 방식을 바탕으로 작품을 이해하고 표현한다. | 2941. 언어의 본질과 기능을 이해한다.<br><br>2942. 음운 체계를 탐구하고 그 특징을 이해한다. |
| 1-2 | 2915. 주변에서 일어나는 문제에 대해 의견을 조정하며 토의한다.<br><br>2917. 대화의 상황과 맥락을 이해하고 상대의 이야기에 공감하며 듣고 말한다. | 2922. 글이나 매체에 제시된 다양한 자료의 효과와 적절성을 평가하며 읽는다.<br><br>2924. 설명 방식을 파악하며 설명하는 글을 읽는다. | 2932. 설명하고자 하는 대상이나 개념에 맞게 적절한 설명 방법을 사용하여 독자가 이해하기 쉽게 글을 쓴다. | 2958. 자신의 주체적인 관점에서 작품을 평가한다.<br><br>2952. 갈등의 진행과 해결 과정을 파악하며 작품을 이해한다. | 2946. 품사의 개념과 특성을 이해하고 단어를 적절하게 사용한다.<br><br>2945. 단어의 짜임을 분석하고 새말이 만들어지는 원리를 이해한다. |
| 2-1 | 2912. 공식적인 상황에서 상대의 말을 정리하며 듣고, 자신의 의견을 조리 있게 말한다.<br><br>2919. 사회적으로 의미가 있는 내용을 매체 자료로 구성하여 발표한다. | 2926. 글의 내용을 토대로 질문을 생성하며 능동적으로 글을 읽는다.<br><br>2925. 논증 방식을 파악하며 주장하는 글을 읽는다. | 2933. 관찰, 조사, 실험한 내용을 절차와 결과가 드러나게 보고하는 글을 쓴다.<br><br>2935. 학교나 지역사회에서 일어난 일에 대해 문제해결 방안이나 요구 사항을 담은 글을 쓴다. | 2955. 작품의 세계가 누구의 눈을 통해 전달되는지 파악하며 작품을 수용한다.<br><br>2953. 다양한 관점과 방법으로 작품을 해석한다. | 2944. 음운 변동의 규칙성을 탐구하고 자연스러운 발음의 원리를 이해한다.<br><br>2948. 어휘의 유형과 의미 관계를 이해하고 활용할 수 있다. |

| | | | | | |
|---|---|---|---|---|---|
| 2-2 | 2918. 목적과 상대에 따라 말하기 방식의 차이를 고려하며 대화를 나눈다<br><br>29110. 화법의 다양성을 이해하고 서로 다른 집단 간의 소통의 중요성을 안다. | 2927. 동일한 대상을 다룬 서로 다른 글을 읽고 관점과 내용의 차이를 비교한다.<br><br>2928. 글의 표현 방식을 파악하고 표현의 효과를 평가한다. | 2938. 영상 언어의 특성을 살려 영상으로 이야기를 구성한다.<br><br>29310. 쓰기 윤리의 중요성을 인식하고 책임감 있는 태도로 글을 쓴다. | 2957. 작품의 창작 의도와 소통 맥락을 고려하며 작품을 수용한다.<br><br>2959. 자신의 일상에서 의미 있는 경험을 찾아 다양한 작품으로 표현한다. | 2947. 문장의 구조를 탐구하고 자신의 생각을 다양한 구조의 문장으로 표현할 수 있다.<br><br>2943. 어문 규범의 기본 원리와 내용을 이해한다. |
| 3-1 | 2916. 다양한 논제에 대해 토론하고 토론의 과정과 결과를 평가한다.<br><br>2914. 담화에 나타난 설득의 전략을 파악하고 평가한다. | 2929. 자신의 삶과 관련지으며 글의 의미를 해석하고 독자의 정체성을 형성한다.<br><br>29211. 읽기의 가치와 중요성을 깨닫고, 읽기를 생활화하려는 태도를 지닌다. | 2937. 자신의 삶을 성찰하고 계획하는 글을 쓴다<br><br>2934. 의견의 차이가 드러나는 문제에 대해 타당한 근거를 들어 주장하는 글을 쓴다. | 29510. 문학이 인간의 삶에 어떤 가치를 지니는지 이해한다. | 2949. 문법적 기능을 담당하는 요소들의 특징을 이해하고 담화 상황에 맞게 사용할 수 있다. |
| 3-2 | 29111. 협상의 중요성을 이해하고, 의견과 주장이 다른 상대와 협상을 통해 문제를 해결한다.<br><br>29112. 전통적 듣기·말하기 문화를 이해하고, 오늘날의 듣기·말하기 문화를 성찰한다<br><br>29113. 폭력적인 언어 사용의 문제를 인식하고, 바람직한 언어 표현으로 순화하여 말한다. | 29210. 읽기의 과정과 원리를 이해하고 자신의 읽기 과정을 점검하며 조절한다. | 2939. 매체의 특성이 쓰기의 내용과 형식에 미치는 영향을 고려하여 글을 효과적으로 쓴다. | 2954. 표현에 드러나는 작가의 태도에 주목하며 작품을 이해하고 표현한다.<br><br>2956. 사회·문화·역사적 상황을 바탕으로 작품의 의미를 파악한다. | 29410. 담화의 개념과 특성을 이해하고 담화 상황에 적합한 국어생활을 한다.<br><br>29411. 한글의 창제 원리와 가치를 이해한다. |

이것이 절대적인 기준은 아니다. 만약 학교 전체 교육과정과 학년 교육과정을 구성할 때 국어 교육과정의 변화가 필요하다면

그렇게 할 수도 있다. 예를 들어 '인물이나 관심사를 다양한 방법으로 소개하거나 설명한다.'라는 항목이 현재는 1학년 1학기에 배치되어 있다. 1학년 1학기에 배치되어 있다는 것은 새로운 환경에 놓인 학생들이 정보 공유와 관계 형성을 잘할 수 있게 도우려는 목적이 클 것이다. 그런데 시기를 옮길 수도 있다. 보통 중학교 3학년 학생들은 진로 문제에 대한 관심이 부쩍 높아진다. 그 상황을 감안하여 진로 교육과 연결해 자기 자신이나 자신의 관심 분야를 잘 소개할 수 있도록 이 성취기준을 3학년 2학기에 배치할 수도 있다. 이럴 때 이 문서에 변화 내용을 잘 담아 공유하고 보존하고 전수해야 한다.

결론적으로 [표 3]의 문서는 우리들이 하는 모든 수업 관련 회의의 기본이 되었다. 이 문서를 바탕으로 1년의 수업 계획을 짰고, 학년 연계 프로그램을 구상했으며, 다른 교과나 학교행사와 통합하는 수업을 기획했다. 교과서보다 훨씬 더 자주 들여다보는 문서이고 집과 학교에 있는 책상 앞에 늘 붙어 있는 문서이기도 하다.

물론 이 한 장으로 충분하지 않는 경우도 많다. 그래서 원문서를 읽을 때가 많다. 예를 들어 '2957. 작품의 창작 의도와 소통 맥락을 고려하며 작품을 수용한다.'라는 항목은 어떤 부분에 초점을 맞추어 수업을 디자인해야 할지 교사마다, 교과서마다 다양한 해석을 낳곤 한다. 이 항목은 어떤 식으로 디자인해야 할까? 우리는 이런 혼란을 겪을 때마다 [그림 3]과 같이 교육과정 원문을 더 자세히 들여다보았다. 이 항목에 대한 교육과정 원문의 내용

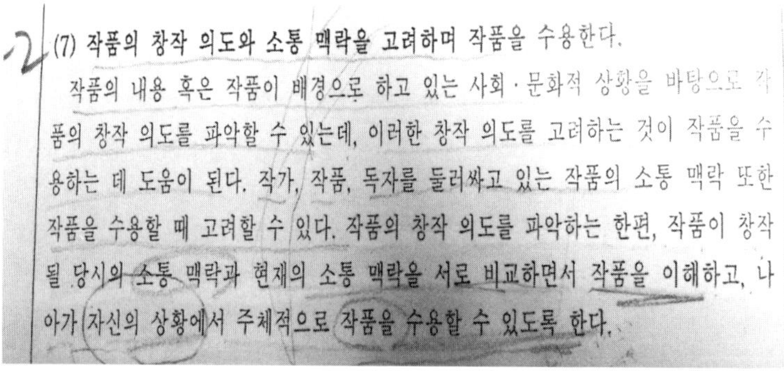

> (7) 작품의 창작 의도와 소통 맥락을 고려하며 작품을 수용한다.
>
> 작품의 내용 혹은 작품이 배경으로 하고 있는 사회·문화적 상황을 바탕으로 작품의 창작 의도를 파악할 수 있는데, 이러한 창작 의도를 고려하는 것이 작품을 수용하는 데 도움이 된다. 작가, 작품, 독자를 둘러싸고 있는 작품의 소통 맥락 또한 작품을 수용할 때 고려할 수 있다. 작품의 창작 의도를 파악하는 한편, 작품이 창작될 당시의 소통 맥락과 현재의 소통 맥락을 서로 비교하면서 작품을 이해하고, 나아가 자신의 상황에서 주체적으로 작품을 수용할 수 있도록 한다.

[그림 3] 교육과정 원문의 설명을 확인하는 모습

을 읽어 보면, 원문을 작성한 이들의 의도가 조금은 선명하게 눈에 들어온다. 그 의도를 알아야 '2956. 사회·문화·역사적 상황을 바탕으로 작품의 의미를 파악한다.'는 항목에서 함께 다루어도 되겠다[11]든가, 혹은 '소통 맥락' 부분은 따로 빼서 다루어야겠다든가 하는 결정을 내릴 수 있다.

교과서는 교육과정의 해석본 중 하나일 뿐이다. 우리는 익명의 다수를 대상으로 만들어진 교과서를 사용하기보다는 교육과정 원문을 바탕으로 매일 교실에서 만나는 학생들을 떠올리면서 직접 교재를 구상하는 편이었다. 그랬기 때문에 더욱 반 떼기를 할 수밖에 없었다. 동료와 함께 교육철학과 교육과정을 고민하면서 내가 더 이상 수업 기술자로 살고 있지는 않다는 생각이 들었다. 교사는 수업 기술자가 아니라 교육자여야 한다.

---

11. 실제로 자유학기제를 전면 실시하면서 교육부에서 제시한 국어과 핵심 성취기준 문서에서 '2956의 성취기준을 학습하는 과정에서 2957의 핵심 내용을 포괄하여 다루는 것이 효율적이므로 2957에서는 핵심 성취기준을 선정하지 않는다.' 고 제시하였다.

## 4장

# 함께하는 수업 연구:
# 교육과정 해석에서 평가 계획하기

 

이제 우리가 한 주에 두 번씩 만나서 어떤 내용과 절차로 수업 회의를 진행했는지 하나의 단원을 예로 들어 살펴본다. 지금부터 모두 9단계로 설명해 보겠다.

 

① 해당 교육과정 분석하기

② 종적으로 교육과정 검토하기

③ 횡적으로 교육과정 검토하기

④ 학습 단원에 대한 명확한 상 가지기

⑤ 학습자 상황 살피기

⑥ 교재 찾기

⑦ 활동지 만들기

⑧ 수업디자인을 하며 평가 문항을 함께 고민하기

⑨ 수업 후의 생각을 나누고 기록해 두기

## 해당 교육과정 분석하기

수업할 단원은 '감동을 주는 글쓰기'이다. 가장 먼저 해당 교육과정의 성취기준을 분석한다.

> (6) 자신의 삶과 경험을 바탕으로 독자에게 감동이나 즐거움을 주는 글을 쓴다.
>
> 자신의 삶과 경험을 진지하게 성찰하고, 이를 진솔한 언어로 표현하는 글쓰기 활동은 건강한 자아를 형성하게 해 줄 뿐만 아니라 독자에게 감동과 즐거움을 줄 수 있다. 이러한 글쓰기를 지도할 때는 학생들에게 자신이 가장 재미있고 감동적으로 읽은 글을 발표해 보게 함으로써 그 글의 어떤 점이 감동이나 즐거움을 주었는가에 대해 동료들과 함께 이야기를 나누도록 한다. 아울러 학생들이 자신의 삶 속에서 직접 보고, 듣고, 경험한 것 가운데 독자에게 감동이나 즐거움을 줄 수 있는 내용을 선정하여 진술한 자신의 언어로 글을 써서 발표해 보고, 동료들의 반응을 경험해 보게 하는 데 지도의 중점을 두도록 한다.[1]

---

1. 교육부, 〈국어과 교육과정〉, 교육과학기술부 고시 2012-14호[별책5], 2012. 7., 53~54쪽

교육과정에 따른 문서들도 있다. 〈2009 개정 교육과정에 따른 성취기준·성취수준 - 중학교 국어〉[2]와 〈2009 개정 교육과정에 따른 핵심 성취기준의 이해 - 중학교 국어〉[3], 이 두 가지이다[4]. 먼저 성취수준과 핵심 성취기준은 다음과 같이 나와 있다.

[표 1] 2009 개정 교육과정에 따른 성취기준□성취수준

| 2936. 자신의 삶과 경험을 바탕으로 독자에게 감동이나 즐거움을 주는 글을 쓴다. | 2936-1. 삶과 경험을 바탕으로 하는 글의 특성을 설명할 수 있다. | 상 | 삶과 경험을 바탕으로 하는 글의 형식적, 내용적 특성에 대해 예를 들어 설명할 수 있다. |
|---|---|---|---|
| | | 중 | 삶과 경험을 바탕으로 하는 글의 형식적, 내용적 특성에 대해 부분적으로 설명할 수 있다. |
| | | 하 | 삶과 경험을 바탕으로 하는 글의 형식적, 내용적 특성 가운데 한 가지에 대해 설명할 수 있다. |
| | 2936-2. 자신의 삶과 경험에서 글을 쓸 내용을 선정할 수 있다. | 상 | 자신의 삶과 경험을 바탕으로 쓸 내용을 적절하고 풍부하게 선정할 수 있다. |
| | | 중 | 자신의 삶과 경험을 바탕으로 쓸 내용을 선정할 수 있다. |
| | | 하 | 자신의 삶과 경험을 바탕으로 쓸 내용을 제한적으로만 선정할 수 있다. |
| | 2936-3. 독자에게 감동이나 즐거움을 주는 글을 쓸 수 있다. | 상 | 독자에게 감동이나 즐거움을 주는 글을 능숙하게 쓸 수 있다. |
| | | 중 | 독자에게 감동이나 즐거움을 주는 글을 쓸 수 있다. |
| | | 하 | 독자에게 주는 감동이나 즐거움이 다소 부족한 글을 쓸 수 있다. |

2. 국가교육과정정보센터(http://www.ncic.re.kr) 〉교육과정자료실 〉 정책자료 〉 성취기준 〉 89번 글

3. 국가교육과정정보센터(http://www.ncic.re.kr) 〉 교육과정자료실 〉 정책자료 〉 성취기준 〉 149번 글

4. 이 두 가지 문서는 아마도 교육과정 원문의 해석과 구조화, 성취 평가제의 안착을 돕기 위해 교육부에서 발행한 것 같다. 원문의 해석과 구조화는 교사의 몫이라고 생각했던 나는 이 문서들이 지나치게 친절하다 싶어서 기분이 나쁠 때도 있다. 이들 문서에는 '예시' 혹은 '활용 방안'이라는 말을 사용하고 있지만 학교 현장에서는 교육과정 원문보다 더 자주 읽히고 더 강력한 근거로 사용되고 있는 실정이다.

**[표 2] 2009 개정 교육과정에 따른 핵심 성취기준의 이해**

| 2936. 자신의 삶과 경험을 바탕으로 독자에게 감동이나 즐거움을 주는 글을 쓴다. | 2936-1. 삶과 경험을 바탕으로 하는 글의 특성을 설명할 수 있다. | | 2936은 친교 및 정서를 표현하는 글쓰기(생활문)와 관련된 내용으로, 세 개의 성취기준으로 나뉜다. 2936-1은 2936에서 지식에 해당하며, 2936-2는 글을 쓰기 위한 내용 마련 과정이며, 2936-3은 실제 글을 쓰는 활동이다. 해당 학년 영역 성취기준이 <u>맥락과 목적에 맞게</u> [5] 글을 쓴다는 점을 고려할 때, '독자를 고려한 글쓰기' 활동인 2936-3을 핵심 성취기준으로 선정한다. (※ 교육과정을 좀 더 충실하게 반영하기 위해서 2936-3의 '독자에게'를 '삶의 체험을 바탕으로 독자에게'로 수정한다.) |
| | 2936-2. 자신의 삶과 경험에서 글을 쓸 내용을 선정할 수 있다. | | |
| | 2936-3. 삶의 체험을 바탕으로 독자에게 감동이나 즐거움을 주는 글을 쓸 수 있다. | √ | |

중학교의 쓰기 교육은 다음 세 가지 쓰기 목적을 염두[6]에 두고 진행한다. 정보를 전달하는 글, 설득하는 글, 친교 및 정서 표현의 글. 이 성취기준은 '친교 및 정서 표현의 글'을 다룬다. 따라서 이 단원에서는 진솔한 자기 표현과 독자와의 교감 활동이 중핵적으로 이루어져야 한다.

## 종적으로 교육과정 검토하기

교육과정을 검토할 때는 종적인 방향과 횡적인 방향을 함께 검토해야 한다. 먼저 우리 학생들이 초등학교 때는 어느 정도로 배

---

5. 밑줄 친 부분은 교육과정 원문에 의하면 '맥락과 목적과 독자를 고려하여 적절하게'로 고쳐야 정확하다.

6. 교육부, 〈국어과 교육과정〉, 교육과학기술부 고시 제2012-14호[별책5], 2012. 7., 6쪽

웠고 고등학교 때는 어느 정도로 배우는지 확인해야 보다 정확하게 기준을 잡을 수 있다. 특히 중학교 교육과정은 초등학교 교육과정과 비교할 때 많은 경우 나선형으로 심화되는 경우가 많다. 초등학교 교육과정을 확인하고 수업의 수준을 적정한 단계로 높여야만 학생들이 기시감 때문에 지레 마음을 접는 일을 막을 수 있다.

　이 항목인 '친교 및 정서 표현의 글' 쓰기에 대해 초등학교 교육과정을 확인해 보면 다음과 같은 성취기준으로 배웠음을 알 수 있다.[7]

【1~2학년군】
(5) 인상 깊었던 일이나 겪은 일을 글로 쓴다.[8]

【3~4학년군】
(5) 읽는 이를 고려하여 자신의 마음을 표현하는 글을 쓴다.[9]

【5~6학년군】
(5) 견문과 감상이 잘 드러나게 글을 쓴다.[10]

---

7. 초등학교 단계의 쓰기 교육과정은 학년군마다 쓰기의 (3)항목은 '설명하는 글'을, (4)항목은 '주장하는 글'을, (5)항목은 '친교 및 정서 표현의 글'을 다루고 있다.

8. 앞의 책 13쪽

9. 앞의 책 25쪽

10. 앞의 책 38쪽

친교 및 정서 표현의 글쓰기는 초등학교 교육과정에서 저학년과 중학년군에서는 비교적 일반적으로 다루다가 5~6학년군에서는 기행문이라는 장르로 좁혀서 연습했다는 것을 알 수 있다. 그러나 고등학교 교육과정을 보면, 대부분의 고등학생들이 고등학교 1~2학년에서 배우는 '국어 1', '국어 2'에서는 이런 글쓰기를 중점적으로 다루는 교육과정 성취기준이 없다. '화법과 작문' 과목을 선택해야만 만나게 된다. 따라서 우리는 중학교 단계에서 이 성취기준은 초등학교 시기보다는 '진지한 성찰'을 할 수 있도록 수업을 구성해야겠다고 생각했다. 또 고등학교에 가면 이런 글쓰기 기회가 수업 시간에 주어지지 않을 수 있으니 학생들이 글쓰기가 자기 표현에 효과적이라는 것을 경험할 수 있도록 디자인해야겠다는 생각도 했다.

## 횡적으로 교육과정 검토하기

종적으로 교육과정을 살피고 난 후에는 횡적으로 교육과정을 살필 필요도 있다. 다른 과목에서는 어떤 수업을 하고 있는지 살펴보고 혹시 연결할 수 있는지 가능성을 탐색한다. 통합교육과정을 운영하는 것은 교육과정이 얇고 단순하게 반복되는 형태로 학생들이 경험하는 것을 바라지 않기 때문이다. 합칠 수 있는 교육과정이 있다면 합쳐서 시간을 확보하고 학생들이 그 주제에 푹 젖어 볼 수 있도록 교육과정을 두껍게 디자인해야 한다. 초등학교에서는 한 교사가 전체 과목을 가르치기 때문에 교과 통합 프로젝트 수업처럼 두꺼운 교육과정을 시도하기가 보다 쉽다. 그러나 중등학교 단계에서는 교과의 벽이 높은 편이어서 학생들의 교육적 경험을 질적으로 높이기 위해서는 교과 교사들 간 소통이 더 많이 필요하다. 이를 위해 신가중학교에서는 정기적으로 전체 교사 연수 주간을 가진다. 그때 동학년 협의회를 갖고 각 교과의 교육과정을 공유한다. 또 신가중학교 핵심 역량을 중심으로 한 통합 프로젝트 수업을 기획하고 그 외에 통합 수업이 가능한 주제를 찾는 시간을 가진다. 또 교무실에 각 과목 교과서와 학년 교육과정 출력물을 비치하여 서로 참고할 수 있도록 한다. 학년 교육과정이 어떻게 운영되었는지 학기별로 공유하는 시간도 갖는다.

우리 학년의 다른 과목 교육과정을 확인했을 때 많은 교과에서 비슷한 시기에 산발적으로 학교 폭력 예방 교육을 한다는 것을 알게 되었다. 사회 교과에서는 '교실 내 서열 문화'에 대해서 다루고, 미술 시간에는 학교 폭력 예방 포스터를 제작하고, 자율 활동 시간에는 학교 폭력 예방 동영상을 시청하고 있었다. 우리는 이 단원과 학교 폭력 예방 교육을 연결시킬 수 있다고 판단했다. 다만 다른 과목의 교육 내용과 겹치지 않으면서도 내면화 작업은 더 깊숙하게 해야 했다.

# 학습 단원에 대한 명확한 상 가지기

교육과정을 확인한 후에 우리들은 모여 앉아 서로에게 다음과 같은 질문들을 한다. "이 단원을 공부할 때 수업 시간에 아이들이 어떤 모습이면 좋겠어요?", "이 수업을 받고 나서 아이들이 어떤 말이나 행동, 생각을 하면 좋겠고 어떤 느낌을 가졌으면 좋겠어요?", "우리가 하는 수업을 3년쯤 받고 자라면 아이들이 어떤 사람으로 자라날 거 같아요?"와 같은 질문들이다. 습관이 되면 묻지 않아도 서로 수업으로 구현하고 싶은 것을 이야기하지만 새로 온 교사가 있으면 서로서로 묻는다.

이런 질문들은 수업할 단원에 대해 생생한 비전을 갖기 위해서 꼭 묻는 것으로, 가능한 한 구체적으로 답해 보려고 노력한다.

**천정은** 진실하게 글쓰기, 진실이 담긴 글이 타인에게 주는 감동을 느끼기. 저는 이 두 가지가 되면 될 거 같아요.

**지수현** 이 수업을 받고 '아~ 내 삶도 친구의 삶도 멋진 글감이 되는구나.'라는 생각을 했으면 좋겠어요. 경험을 진솔하게 표현하는 글이 주는 감동을 느꼈으면 좋겠어요. 아이들이 글을 쓰고 나서 '내 글이 마음에 든다. 친구 글이 마음에 든다. 다음에도 또 쓰고 싶다.' 이런 생각이 들었으면 좋겠어요.

**천정은** 글쓰기가 아주 큰 산처럼 느껴지는 학생들이 쓸 수 있도록 도와주는 데 아주 좋은 단원이라고 생각해요. 아이들이 글쓰기를 막연하게 느끼지 않고 편안하게 생각했으면 좋겠어요. 생활글은 자기 치유 효과가 크잖아요. 글을 쓸 상황에서 글쓰기를 포기해 버리지 않는 어른이 되었으면 해요. 상급 학교에 진학하면 이런 생활글을 쓰는 기회는 훨씬 줄어드는 것 같아요. 중학교 단계에서 생활글 쓰기의 즐거움이나 효용을 꼭 체험해 보게 하고 싶어요.

**양승현** 우리가 이 글쓰기를 학교 폭력 예방 교육과 연결하기로 했기 때문에 글쓰기에 대한 선생님들의 바람으로 집중하기 힘들 수도 있을 거 같아요. 아이들의 성찰을 돕기 위해서 읽기 자료를 충분히 주어야 하지 않을까 싶어요.


## 학습자 상황 살피기

수업할 단원에 대한 방향이 일반적인 수준에서 동의가 되면 이제 우리가 만나는 학생들의 상황과 연결 지어 본다. 이 성취기준을 신가중학교에서는 1학년 1학기에 배치하고 있다. 교실에서 만나는 학생들의 모습을 구체적으로 떠올려 보는 것이다.

**지수현** 초등학교 때 글쓰기에 대한 실패 경험을 겪고 온 아이들이 있는 것 같아요. 3월에 아주 힘들어 하는 게 보였잖아요.

**천정은** 생활 글쓰기는 내면과 연결되어 있어요. 서로 관계가 좋지 않으면 친구들에게 들려주고 싶지도 않을 것 같고 진솔하게 쓰지도 않을 것 같아요. 우리가 학교 폭력 예방 교육과 이 단원을 연결하기로 했는데, 아이들이 자신의 경험을 내비치기가 쉽지 않을 것 같아서 걱정이에요.

**천정은** 우리 학교는 학급문집을 만들면서 3년 내내 생활 글쓰기를 지속적으로 하게 되잖아요. 이번 글쓰기는 중학교 입학 이후 처음이니까 '글쓰기가 할 만한 것이다.' 라는 생각을 가지게 해 주는 게 중요할 거 같아요. 수필을 쓰는 방법적인 측면은 학급문집 만들 때 다시 다루고 이번에는 글쓰기에 대한 진입 장벽을 낮추었으면 좋겠어요. 솔직하게 자기 경험을 털어놓는 글을 쓰는 데 중점을 두고 싶어요. 일정한 글쓰기 틀을 제시해서 글쓰기를 어려워하는 아이들도 도전해 보도록 해 주면 어떨까요?

**양승현** 다만 글쓰기가 익숙한 학생들이 지루해하지 않도록 쉽게 접근할 수 있지만 완성도 높은 글이 나올 수 있게 해야 한다고 생각해요. 저는 그 완성도가 결국은 자기 성찰의 깊이, 그로 인해 나와 타인을 더 잘 이해하게 되는 데서 나오는 거 같아요.

**지수현** 글쓰기 내용을 고를 때 이것을 생각했으면 좋겠어요. 우리 아이들을 보면서 걱정되는 점이 하나 있거든요. 학교 폭력 현장에서 방관자만 없어도 많은 폭력을 예방할 수 있잖아요. 그런데 자신의 행동이 방관이라는 것을 모르는 아이들도 있어요. 내 일이 아니니까 난 상관없다는 식의 사고를 하는 아이들이 있더라고요. 그런 지점을 중점적으로 다루면 좋겠어요.

이런 이야기들을 나누고 나니 이 단원을 어떻게 디자인해야 할지 대강의 방향이 잡혔다. 만약 1학년이 아니라 3학년이었다거나 신가중학교가 아니라 다른 중학교였다면 방향이 달라졌을 것이다. 교육과정과 학생들을 잘 살피고 우리는 우리만의 수업 방향을 설정했다.

- 서로 긍정적인 관계가 형성되도록 돕기
- 성찰할 수 있는 틀 제공하기
- 글쓰기에 쉽게 접근할 수 있는 틀이나 읽기 자료 제공하기
- 그 경험을 진솔하게 글감으로 가져올 수 있도록 하기
- 부정적일 수 있는 경험을 글쓰기를 통해 긍정적으로 바꾸어서 경험 공유에 대한 부담감을 줄이기
- 글쓰기가 주는 감동이나 효능을 느끼도록 하기

이런 방향을 염두에 두고 전체 대단원의 차시 계획을 세웠다.

**[표 3] 대단원의 차시 계획**

| 차시 | 수업 내용 | 학습 포인트 |
|---|---|---|
| 1 | 쉬운 글쓰기 | — 학생들이 서로 긍정적인 관계를 맺을 수 있게 하기 |
| 2 | 성찰 글쓰기1 | — 학교 폭력에 대한 경험을 떠올리되, 자아의 내면을 성찰할 수 있게 하기 |
| 3 | | — 글쓰기 수위가 갑자기 어려워지지 않게 하기 |
| 4 | 읽기와 연계된 성찰 글쓰기2 | — 1단계보다는 더 내면화되고 완성된 글을 쓸 수 있게 하기 |
| 5 | | — 독자를 고려한 글쓰기가 되게 하기 |
| 6 | | |
| 7 | 평가 시간도 배움의 시간 | — 중간고사에 출제하여 배움을 정리하게 하기 |

## 교재 찾기

이제 교재를 찾아야 한다. 어떤 활동과 교재를 활용하여 수업을 해야 우리가 논의했던 수업 주제와 학생들을 잘 만나게 해 줄 수 있을지 고민하는 단계이다. 학생들이 모두 교과서를 가지고 있기 때문에 교과서도 살펴본다. 좋은 글감이나 활동이 있으면 교과서를 사용하지만, 이 단원에서는 적당한 소재를 만나지 못했다. 그래서 신문, 잡지, 영상, 서적 등등 닥치는 대로 탐색했다.

이 단원의 첫 번째 시간에는 학생들이 서로 긍정적인 관계를 맺을 수 있도록 하자는 데 목표를 두고 글을 골랐다. 서로 열린 마음을 가져야 자기를 표현하는 글을 쓸 때 진솔할 수 있기 때문이다. 몇 년 전 방송되었던 모 스포츠 회사의 광고 카피를 사용하여 모방 글쓰기를 해 보기로 했다. 이 광고 카피를 모방하는 글쓰기는 꽤 많은 사람들이 하고 있기 때문에 학생들이 이미 해 보았을 수도 있다. 만약 이 글을 제재로 사용하고 싶다면 그전에 학생들에게 확인해 보는 것이 좋다. 학생들에게는 신선한 글 제재를 사용하는 것이 훨씬 좋기 때문이다.

---

**광고 카피(옐레나 이신바예바 편)**

내 이름은 옐레나 이신바예바. 내 얘기 한 번 들어 볼래?

어릴 적부터 난 세계 체조 챔피언이 꿈이었어. 그런데 키가 자꾸자꾸 커지는 바람에 체조를 못 하게 된 거야. 정말 절망스러웠지.

코치가 나한테 묻더라.

"장대높이뛰기 안 해 볼래?"

난 대답했지.

"그게 뭔데요?"

결국 난 장대높이뛰기를 하게 되었는데, 사람들이 내가 아주 잘한다는 거야. 나중엔 5m도 넘게 뛸 수 있겠다고 했어.

내가 그랬지.

"제정신이세요?"

내 실력은 해마다 점점 늘어났고 난 지금 세계 기록만 20개야.

언젠가 네가 서서 웃게 될 자리가 꼭 네가 시작하는 거기는 아닐지도 몰라.

불가능, 그것은 아무것도 아니다.

---

이 광고 카피 시리즈는 다양한 스포츠 스타들의 체험담이 나와서 학생들이 흥미로워한다. 또한 이 광고 카피의 긍정성이 유용

했다. 학생들이 자신을 긍정적으로 생각해야 솔직하고 개방적인 글쓰기가 가능하기 때문이다.

두 번째 수업 시간에 사용할 글은 독일 목사 마르틴 뉘묄러가 쓴 〈그들이 내게 왔을 때〉라는 시를 골랐다. 아이들이 학교 폭력에 관한 경험을 성찰할 수 있는 틀로 사용할 수 있겠다고 판단했다. 학교 폭력의 상황에서 가해자나 피해자의 위치보다는 방관자의 위치에 서 있는 아이들이 많기 때문이다. 가해자나 피해자가 가지는 경험은 아주 조심스럽게 상담실에서 다루는 것이 좋겠지만 방관자로서의 경험은 모두 함께 대면해 보는 것이 좋을 것이다.

이 시가 쓰인 시대적 · 공간적 배경을 자세히 길게 다루지 않아도 학생들은 시 속 상황 자체는 쉽게 이해했다. 무엇보다 이 시는 화자에게 비슷한 경험이 있는지를 충분히 이야기하게 하기 위한 도구로 쓰기 좋다.

그들이 내게 왔을 때[11]

마르틴 뉘묄러


그들이 처음 공산주의자들에게 왔을 때
나는 침묵했다.
나는 공산주의자가 아니었기에.
이어서 그들이 노동조합원들에게 왔을 때

---

11. 한홍구, 《역사와 책임》, 한겨레출판, 2015, 161~162쪽

나는 침묵했다.

나는 노동조합원이 아니었기에.


이어서 그들이 유대인들을 덮쳤을 때

나는 침묵했다.

나는 유대인이 아니었기에.

이어서 그들이 내게 왔을 때

그때는 더 이상 나를 위해 말해 줄 이가

아무도 남아 있지 않았다.


세 번째 시간에는 소설 한 편을 함께 읽기로 결정했다. 황석영의 〈아우를 위하여〉라는 작품이다. 방관자였던 학생들이 폭력에 대항하기까지의 성장 경험이 나와 있어서 골랐다. A4 용지 2장 정도로 편집할 수 있는 분량이라 학생들이 1~2시간 정도면 읽을 수 있다.


## 활동지 만들기

학생들이 쓸 활동지를 만들 때는 '다른 선생님께 풀어 보라고 부탁하기'가 늘 들어간다. 이 절차가 활동지를 꽤 훌륭하게 만들기 때문이다. 이때 부탁드리는 선생님이 다른 과목 선생님이면 더 좋다. 중등학교 교사들은 자신의 과목에는 전문가이지만 다른 과목에는 무관심(?)한 경우가 많다. 그래서 학생들과 비슷한 눈

높이로 내 과목 활동지를 봐 줄 수 있다. "김 선생님~! 지금 시간 괜찮으면 이거 한 번 풀어 줄 수 있어요? 이것이 뭘 하라는 말인 것 같아요?" 이렇게 말을 건넨다.

**[표 4] 수업 흐름도**

| 시간 | 흐름 | 활동 안내 / 흐름 |
|---|---|---|
| 5분 | 5분 독서 | |
| 10분 | 활동지 배부 | — "문제만 공책에 옮겨 적으세요." |
| 15분 | 영상 시청 | — 광고 4개 시청( "고개만 돌리지 말고 몸을 돌려서 TV 화면을 보세요. 그래야 목이 안 아픕니다." ) |
| 20분 | 모둠 활동(1번) | — "친구들과 이야기 나눠 보세요." |
| 25분 | 모둠 활도 (2번 작성) | — 교사가 사례를 들어 주면서 아주 사소한 거라도 좋다고 격려 |
| 30분 | | — 글쓰기를 어려워하는 학생들을 개인적으로 돕기 |
| 35분 | | — "먼저 끝난 사람들은 공책 바꿔 읽어 보세요. 친구에 대해서 잘 아는 것이 이번 시간의 목표입니다." |
| 40분 | 모둠 공유 및 3번 작성 | — 시간을 봐서 좀 남으면 전체 공유/ 전체 공유 후에 3번을 작성하면 더 풍성할 듯 |
| 45분 | | |

다른 과목 교사가 내가 만든 활동지를 풀면서 내뱉는 한 마디 한 마디가 다 소중하다. 학생들이 수업 시간에 할 말들과 많이 비슷하기 때문이다. 내가 만든 발문이 학생들의 수준에 적합한지, 오해를 부르지는 않는지 사전에 점검할 수 있다. 또 학습 활동이 학습 주제를 탐구할 수 있도록 디자인되어 있는지도 점검할 수 있다. 다른 교사들에게 활동지 검토를 부탁할 때는 처음에는 수업 교사의 의도를 설명하지 않고 부탁해야 한다. 수업 교사의 의

도를 모르고 활동지만 대할 때의 반응이 소중하다. 수업 교사의 의도를 듣고 나면 객관적인 눈으로 볼 수 없기 때문이다. 여러 번의 수정을 거쳐 첫 번째 시간의 활동지는 [표 5]와 같이 만들어 동료 교사에게 보였다.

**[표 5] 활동지 앞면(수정 전)**

| **내 얘기 한 번 들어 볼래?** |
| --- |
| 1. 가장 마음에 드는 일화? 이유? |
| 2. 의미 구조에 따라 내 이야기 구성해 보기 |
| 3. 가장 인상 깊은 친구의 일화?  이유? |

교무실의 과학 교사에게 [표 4]의 수업 흐름도와 [표 5]의 활동지의 안내를 따라 모방 글쓰기를 해 달라고 부탁했더니 활동지 뒷면([표 6])의 밑줄 부분에 해당하는 부분이 나타나지 않는 글을 썼다. 한 학급의 수업을 해 보니 [그림 1]처럼 완성도 있는 글도 있었지만 많은 학생들의 글에도 밑줄 부분에 해당하는 내용이 없었다.

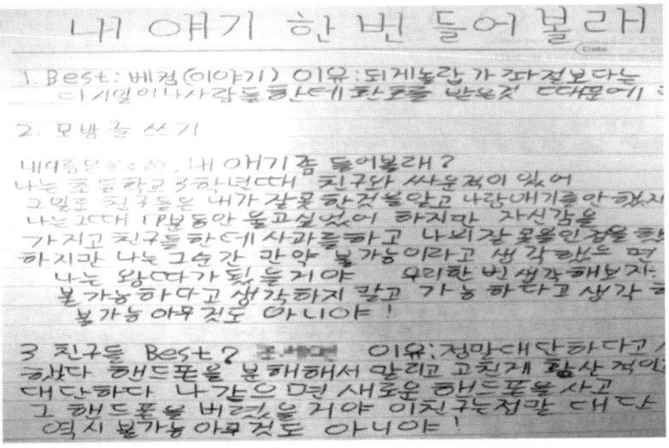

[그림 1] 모방 글쓰기 학생 글

## [표 6] 활동지 뒷면

| | | |
|---|---|---|
| 내 이름은 옐레나 이신바예바. 내 얘기 한 번 들어 볼래?<br><br>어릴 적부터 난 세계 체조 챔피언이 꿈이었어. 그런데 키가 자꾸자꾸 커지는 바람에 체조를 못하게 된 거야. 정말 절망스러웠지.<br>코치가 나한테 묻더라.<br>"장대높이뛰기 안 해 볼래?"<br>난 대답했지.<br>"그게 뭔데요?"<br>결국 난 장대높이뛰기를 하게 되었는데, 사람들이 내가 아주 <u>잘한다</u>는 거야. 나중엔 5m도 넘게 뛸 수 있겠다고 했어.<br>내가 그랬지.<br>"제 정신이세요?"<br>내 실력은 해마다 점점 늘었고 난 지금 세계 기록만 20개야.<br><u>언젠가 네가 서서 웃게 될 자리가 꼭 네가 시작하는 거기는 아닐지도 몰라.</u><br>불가능, 그것은 아무것도 아니다. | 내 이름은 리오넬 메시. 내 얘기 한 번 들어 볼래?<br><br>내가 열한 살 때, 난 내 성장호르몬에 문제가 있다는 걸 알게 됐어. 하지만 키가 작은 만큼 난 더 날쌨고 공을 절대 공중에 띄우지 않는 나만의 축구 기술을 터득했어.<br><u>이제 난 알아, 때로는 나쁜 일이 아주 좋은 결과를 낳기도 한다는 것.</u><br>불가능, 그것은 아무것도 아니다.<br><br>아르헨티나 출신 메시는 열한 살 때 성장호르몬 장애 판정을 받았다. 의사는 메시와 메시 가족에게 "성인이 돼도 키가 1m50㎝를 넘기 어려우니 운동을 그만두는 게 낫겠다."고 권유했다.<br>　축구를 포기하려고 했을 때 메시의 잠재력을 눈여겨본 바르셀로나 구단이 치료를 해 보겠다는 제안을 했다. 그 제안을 받고 메시는 가족과 함께 2000년 바르셀로나로 거처를 옮겼다. 바르셀로나는 아르헨티나에서 온 소년에게 한 달에 치료비로 1000달러(약 120만 원) 이상을 썼다. 하지만 메시의 키가 얼마나 클 수 있을지는 알 수 없었다. 메시는 그 뒤 1m69㎝까지 키가 컸다. | 난 길버트 아레나스. 내 얘기 흰 빈 들어 볼래?<br>(중략) |

| | |
|---|---|
| (중략)<br><u>누구나 언젠가는 시련을 겪지. 중요한 건 그 시련에 꺾이지 않는 거야.</u><br>불가능, 그것은 아무것도 아니다.<br><br>#데이비드 베컴의 이야기 - 데이비드 베컴은 1998년 프랑스 월드컵 아르헨티나와의 16강전에서 상대 선수를 밀치는 비신사적인 행위로 퇴장을 당합니다. 설상가상으로 팀도 경기에 지는 바람에 베컴은 언론과 팬들로부터 온갖 조롱과 비난을 당합니다. 그로부터 3년 반이 지난 후 베컴은 그리스전에서의 프리킥 골로 잉글랜드를 2002 한일 월드컵 본선에 진출시킵니다. 베컴은 자신을 욕했던 언론과 팬들로부터 다시금 환호를 받는 영웅이 됩니다. 그 순간을 떠올리며 베컴은 말합니다. "누구나 시련을 겪지. 중요한 것은 시련에 꺾이지 않는 거야." | 내 이름은 ○○○. 내 얘기 한 번 들어 볼래?<br>(중략)<br><u>처음에는 무슨 일이든 다 어려울 수 있어. 중요한 건 그때 포기하지 않고 계속 도전해 보는 거야.</u><br>불가능, 그것은 아무것도 아니다. |

## [표 7] 활동지 앞면(수정 후)

---

### 내 얘기 한 번 들어 볼래?

1. 가장 마음에 드는 일화? 이유?

2. 공통된 의미 구조?

3. 의미 구조에 따라 <u>내 이야기</u> 구성해 보기

4. 가장 인상 깊은 친구의 일화? 이유?(3줄)

---

자신의 경험을 갈무리하는 문장이기 때문에 꼭 넣게 하고 싶었다. 글쓰기를 했던 동료에게 조언을 구했더니 "그 부분이 꼭 들어가는 글을 쓰게 만들고 싶다면 글을 쓰기 전에 꼭 들어가야 할 의미 구조를 다뤄 주세요."라고 했다. 그래서 [표 7]과 같이 문항 한 개를 새로 넣었다. 제재로 쓴 글들의 공통된 의미 구조를 찾는 문항이었다. 그 문항을 넣었더니 학생들이 훨씬 완성도 높은 글을 써냈다.

이 글쓰기를 배치한 의도는 '내 삶이, 너의 삶이 감동적인 글감

불가능 그것은 아무것도 아니다

1. 가장 아름다운 일탈? 아무리막 메시/성장호르몬의 강예가 하네요
포비저압고 끝끼 인승해서 자기만의 값을 터득했기 때문에

2. 공통된 의미 구조? ⓐ내마음 ___ 내 애기 한번 들어봐 ⓑ황동했던 과거 ⓒ 꿈
ⓓ 팬(깨달음) ⓔ불가능, 그것은 아무것도 아니다

3. 의미 구조에 따라 내이야기 구성 해보기 (15줄 정도)
   내이름은 ██████, 내 애기 한번 들어볼래?
   나는 초등학교 4학년 때 까지는 말도 잘 못하고
   내성적 이었어 매일 학교에서 발표도 안했지
   그런데 5학년기 올라 갈음때 부터 선생님이
   생활 기록 부에 내성적 이라는 말을 써주셨어
   그 후로부터 나는 내성적인 성격을 고쳐야 겠다고
   생각하고 5학년 2학기 말부터 달라지기 시작했어
   그때부터 발표도 조금식 하고, 친구들 한테 먼저
   다가가서 말도 잘해보고 6학년때부터 나아
   지기 시작 했어 친구들도 많이 사귀고 말도 많이
   하고 아직 다 고쳐진것은 아니지만 그래도 난
   기뻐해 나 처럼 내성적인 애들도 많을
   텐데 그런 친구들도 나처럼 편하지않
   사천성 면 조금식 고쳐 나아갈거야
   불가능, 그것은 아무것도 아니다.

4. 가장 인상깊은 친구의 일탈? 이유? (3줄)
   ██████ ✗ 나와 일탈가 비슷하고 그 점을 극복해 내가 위
   해서 많은 시간이 걸렸다 그리고, 내성때는 반급도 잘
   한수 있게 되었기 때문이다. 또, 글도 잘 쓴것 같았다.

[그림 2] 수정 후의 활동지를 사용했을 때 학생들이 필기한 모습

이 된다는 것을 경험하게 하기' 위해서였다. 학생들은 좋은 틀을 통해 쉽게 글쓰기에 접근했다. 또 이 글쓰기를 의미 있게 여기고 오래오래 간직하는 것 같았다. 다음은 이 수업 후 두 달이 지난 후 작성한 수업 평가서이다.

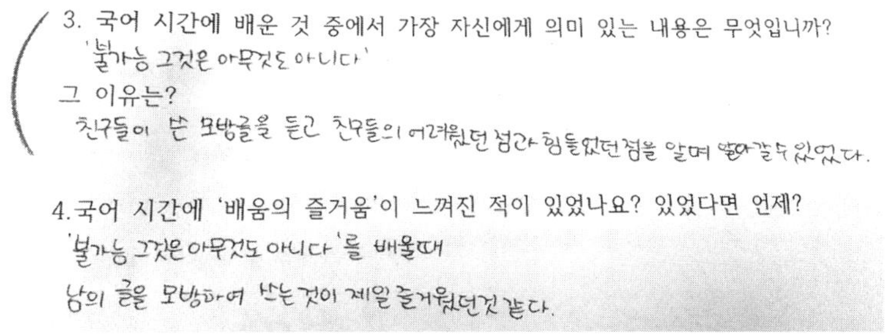

3. 국어 시간에 배운 것 중에서 가장 자신에게 의미 있는 내용은 무엇입니까?

'불가능 그것은 아무것도 아니다'

그 이유는?

친구들이 쓴 모방글을 듣고 친구들의 어려웠던 점과 힘들었던 점을 알며 얻어갈 수 있었다.

4. 국어 시간에 '배움의 즐거움'이 느껴진 적이 있었나요? 있었다면 언제?

'불가능 그것은 아무것도 아니다'를 배울때

남의 글을 모방하여 쓰는 것이 제일 즐거웠던것 같다.

[그림 3] 광고 카피를 이용한 모방 글쓰기를 의미 있게 기억하고 있다고 학생이 적은 수업 평가서

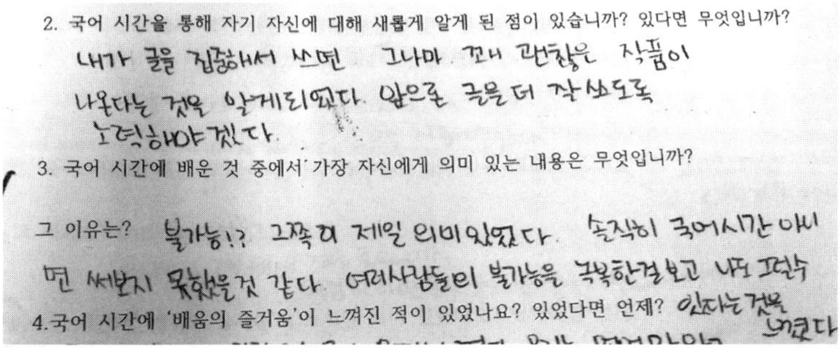

2. 국어 시간을 통해 자기 자신에 대해 새롭게 알게 된 점이 있습니까? 있다면 무엇입니까?

내가 글을 집중해서 쓰면 그나마 꼬마 괜찮은 작품이 나온다는 것을 알게되었다. 앞으로 글을 더 잘쓰도록 노력해야겠다.

3. 국어 시간에 배운 것 중에서 가장 자신에게 의미 있는 내용은 무엇입니까?

그 이유는? 불가능!? 그쪽이 제일 의미있었다. 솔직히 국어시간 아니면 써보지 못했을것 같다. 여러사람들이 불가능을 극복한걸 보고 나도 극복

4. 국어 시간에 '배움의 즐거움'이 느껴진 적이 있었나요? 있었다면 언제? 있자는 걸봄

[그림 4] 광고 카피를 이용한 모방 글쓰기를 의미 있게 기억하고 있다고 학생이 적은 수업 평가서

### [표 8] 두 번째 시간용 활동지

---

그들이 내게 왔을 때

1. 시의 화자가 처한 상황

2. 폭력의 3요소

3. 1~4연에서 반복되는 의미 구조

4. '우리 주위의 폭력'을 담아 쓴 모방 시

---

[표 8]은 두 번째 시간을 위해 만든 활동지다. 이 차시에는 4번 활동을 하기 전에 자신들이 겪었던 학교 폭력의 경험을 서로 이야기할 수 있는 시간을 충분히 주기로 하고 수업 활동을 많이 배치하지 않았다.

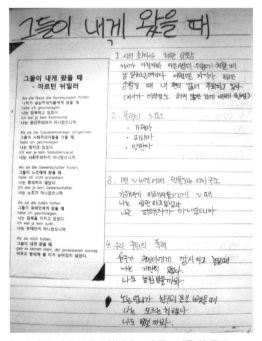

[그림 5] 두 번째 시간에 학생이 모방 글쓰기를 한 공책

이런 틀로 모방 글을 쓰게 하면 학생들은 필연적으로 불편한 마음을 가지게 된다. 주어진 시와 비슷하게 쓰려면 자신이 폭력을 방관하고 그로 인해 자신도 고립됐던 경험을 써야 하기 때문이다. 별로 드러내고 싶은 경험은 아닐 것이다. 글을 쓸 때 가명

을 써도 되냐는 질문이 많이 나왔다. 여섯 줄 정도의 문장을 쓰는 일이지만 그 내용이 결코 가볍지 않다. 모둠 안에서 나누는 대화를 들어 보면 학생들 입에서 "그 상황에서 나의 방관은 어쩔 수 없었다."라는 이야기가 나온다. 사실 그 말을 기다렸다. 우리가 왜 방관하게 됐는지 생각해 봐야 그것을 이겨 낼 이유와 힘을 찾을 수 있다.

그래서 세 번째 시간은 방관할 수밖에 없었던 이유를 서로 이야기하는 것으로 시작했다. 듣다 보니 대부분은 '두려움' 때문이었다. 어른인 나도 충분히 공감한다. 수많은 부조리와 '갑'질 앞에서 나도 두려움 때문에 나서지 못할 때가 많다. 서로의 두려움을 이야기하고 나서 〈Swimmy〉라는 동영상을 같이 보았다. 작고 힘없는 물고기들이 커다란 물고기 모양을 만들어 큰 물고기에 대항하는 장면을 학생들에게 보여 주고 싶었다.

**[표 9] 세 번째 시간용 활동지**

---

으뜸 헤엄이[12]

1. 내가 폭력을 보고도 방관하게 되는 이유?

2. 폭력에 대한 대응
  ① 초반부 빨간 물고기들 :
  ② 중반부 :
  ③ 후반부 :

3. 폭력에 대처할 때 으뜸 헤엄이와 친구들에게서 배운 점

4. 지난 시간에 쓴 모방 시 고치기(으뜸 헤엄이에게서 배운 점을 바탕으로)

---

12. 우리나라에는 마루벌 출판사에서 《으뜸 헤엄이》라는 제목으로 출판되어 많은 학생들이 그 제목에 익숙하다.

## 으뜸 헤엄이

1. 내가 폭력을 보고도 방관하게 되는 이유?
나도 그 가해자에게 그 피해자들 처럼 폭력을 당할 수 있다는
두려움때문이다.

2. 폭력에 대한 대응?
① 초 반부 빨간 물고기들 : 그냥 당했음, 잡아 먹힘.
② 중반부 빨간 물고기들(으뜸 헤엄이 만나기전): 큰 물고기를 피해 숨어살았다
③ 후반부 빨간물고기들(으뜸 헤엄이 만난 후): 모두가 모여 큰 물고기의 모
양으로 돌아다니며 큰 물고기를 피해 다니지 않게 되었다.
③ 폭력에 대처할때, '으뜸 헤엄이'와 친구들 에게서 배웠음.
<u>모두 힘을 합쳐서 폭력에 대처하는 점이다.</u>

4. 지난시간에 쓴 모방시 고치기 (으뜸 헤엄이에게서 배운 점을 바탕으로)

| | |
|---|---|
| 1~4연과<br>비슷하게 | 그들이 한 아이의 풀을 뭉개 버렸을 때,<br>나와 친구들은 모두 힘을 모아<br>선생님께 신고했다.<br>그 아이가 더이상 억울하지 않도록 |
| 5연과<br>비슷하게 | 그들이 내게 누명을 씌우려할때<br>내 주위에 나를 위해 신고, 대변해줄 친구들이<br>많았다.<br>내가 억울하지 않도록 |

[그림 6] 세 번째 시간에 동영상을 보고 나서 모방 시를 고쳐 쓴 모습

이 수업 시간에는 모둠별로 각자의 모방 시를 합쳐서 단체 작품을 만들기도 했다.

**[표 10] 개인의 모방 시를 합치고 함께 다듬은 단체 작품**

| 이전 시간에 썼던 모방 시 | 고쳐 쓴 모방 시 |
|---|---|
| 그들이 새치기를 할 때<br>나는 상관하지 않았다.<br>뭐라고 하기 귀찮았으니까<br><br>그들이 후배들의 돈을 뺏을 때<br>나는 잠자코 있었다<br>내 돈을 뺏긴 것이 아니었으니까<br><br>그들이 조직적으로 수업을 방해할 때<br>나는 항의하지 않았다.<br>내가 당하는 것이 아니었으니까<br><br>그들이 어떤 아이를 때릴 때<br>나는 침묵을 지키고 있었다<br>나도 맞을 것이 두려웠으니까<br><br>그들이 내게 왔을 때<br>아무도 항의해 줄 이가 남아 있지 않았다. | 그들이 새치기를 할 때<br>나는 새치기를 하지 말자고 소리쳤다.<br>그래도 그들은 코웃음쳤다.<br><br>그들이 후배들의 돈을 뺏을 때<br>나는 선생님들께 이 일을 신고했다.<br>그들은 학교폭력위원회에 갔다.<br><br>그들이 조직적으로 수업을 방해할 때<br>우리는 모두 그들을 나무랐다.<br>그들은 조금 기가 죽는 것 같았다.<br><br>그들이 어떤 아이를 때릴 때<br>우리는 모두 모여서 그 아이를 보호했다.<br>그들은 성질을 내더니 가 버렸다.<br><br>그들이 내게 왔을 때<br>모두가 한마음으로 그들과 맞섰다. |

　현실에서 나와 학생들은 두려움 때문에 방관할 수밖에 없었지만 모방 시 속에서는 자신의 행동과 그 결과를 고쳐 봄으로써 상상 속에서나마 승리를 맛보았다. 다음에 폭력을 목격할 때는 이전과 같지 않을 것이다. 실제로 이 수업을 하고 나서 각 학급에서 아이들이 "방관하지 말자."라는 말을 많이 나누더라는 담임교사들의 말을 전해 들었다.

　네 번째 시간에는 소설 〈아우를 위하여〉를 읽을 수 있는 시간을 충분히 주고 따로 활동지를 제작하지는 않았다. 다섯 번째 시간에는 이 소설에 대해 학생들이 스스로 질문을 만들고 스스로 답하는 시간으로 운영하였다. 학생들과는 '질문놀이'라고 부르기로 약속이 되어 있는 활동인데 다음의 4단계로 이루어진다.

① 궁금한 내용 모둠 친구들에게 질문하기(줄거리에 대한 질문은 이 단계에서 해결이 되기 때문에 독해가 안 된 학생들을 위해 꼭 필요한 단계)
② 모둠 안에서 줄거리 이외에 소설에 관련된 질문을 하고 서로 답하기
③ 모둠 안에서 해결되지 않은 질문을 칠판에 적기
④ 칠판에 적힌 질문들에 대해서 전체 토의하기

이 질문놀이는 소설 지문을 더 깊게 만날 수 있게 한다. 소설에 관련된 질문을 만들어 본 경험이 없는 학생들을 위해서 예시 질문들을 몇 개 제공한 반도 있었다(예시 질문 사례: 영래와 같은 아이를 본 적이 있는지 모둠원들과 함께 이야기 나눠 보자. 이 소설은 내게 어떤 의미가 있는가? 공포는 어떻게 극복되는가?).

다음의 [그림 7]을 보면 그때 나눈 이야기들이 꼼꼼하게 적혀 있다. 모든 학생의 공책이 이렇지는 않다. 질문놀이를 할 때는 학생들이 필기에 대한 압박을 느끼지 않도록 해야 한다. 필기에 신경 쓰다 보면 토의에 집중을 못 한다. '의견을 적으세요.'라고 하지 않고 '친구들과 이야기 나눠 보세요.'라고 해야 한다.

여섯 번째 시간에는 학교 폭력에 관해 그동안 생각한 것을 자신의 경험을 담아 한 편의 완성된 글로 쓸 수 있도록 다음과 같은

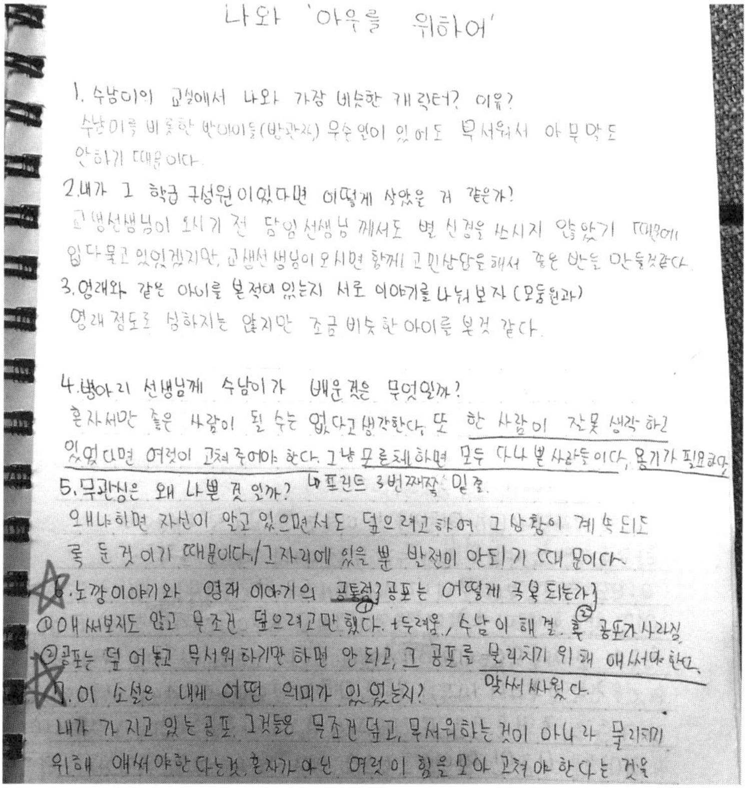

나와 '아우를 위하여'

1. 수남이가 교실에서 나와 가장 비슷한 캐릭터? 이유?
   수남이를 비롯한 반아이들(방관자) 무슨 일이 있어도 무서워서 아무 말도 안하기 때문이다.

2. 내가 그 학급 구성원이었다면 어떻게 살았을 거 같은가?
   병아리선생님이 오시기 전 담임 선생님 께서도 별 신경을 쓰시지 않았기 때문에 입 다물고 있었겠지만, 고생님 병님이 오시면 함께 고민상담을 해서 좋은 반을 만들었겠다.

3. 영래와 같은 아이를 본 적이 있는지 서로 이야기를 나눠 보자 (모둠원과)
   영래 정도로 심하지는 않지만 조금 비슷한 아이를 본 것 같다.

4. 병아리 선생님께 수남이가 배운 것은 무엇일까?
   혼자서만 좋은 사람이 될 수는 없다고 생각한다 또 한 사람이 잘못 하고 있었다면 여럿이 고쳐 주어야 한다. 그냥 모른체하면 모두 다 나쁜 사람들이다, 용기가 필요함

5. 무관심은 왜 나쁜 것일까? (PPT 3번째쯤 밑줄)
   왜냐하면 자신이 알고 있으면서도 덮으려고 해서 그 상황이 계속 되도록 둔 것이기 때문이다/그 자리에 있을 뿐 반전이 안되기 때문이다.

· 노깡이야기와 영래 이야기의 공통점? 공포는 어떻게 극복되는가?
① 애써보지도 않고 무조건 덮으려고만 했다. +두려움, 수남이 해결 후 공포가 사라짐
② 공포는 덮어 없고 무서워하기만 하면 안되고, 그 공포를 물리치기 위해 애써야 한다, 맞서 싸웠다.

7. 이 소설은 내게 어떤 의미가 있을지?
   내가 가지고 있는 공포, 그렇지만 무조건 덮고, 무서워하는 것이 아니라 물리치기 위해 애써야 한다는 것, 혼자가 아닌 여럿이 힘을 모아 고쳐야 한다는 것을

[그림 7] 황석영의 단편소설 〈아우를 위하여〉를 읽고 나서 토의를 하고 메모한 모습

글쓰기 상황을 제시하였다.

'친구야~! 학교 폭력에 대해 내 생각은 이래~~' 로 시작하는 편지글을 쓰되, 다음에 제시되는 조건을 지켜 쓰시오.

조건1. 자신이 경험하거나 목격한 학교 폭력 사례를 예로 들

되, 그 사례에서 '그들이 내게 왔을 때' 드러난 폭력의 3요소가 어떻게 나타나고 있는지 진술하게 쓸 것.

조건2. 〈아우를 위하여〉에서 수남이가 병아리 선생님에게서 가장 중요하게 배운 것이 반영되게 쓸 것.

조건3. 《으뜸 헤엄이》에서 으뜸 헤엄이와 친구들이 강한 것에 대처했던 방법이 반영되게 쓸 것.

조건4. 한 편의 완성된 글을 쓰되 글의 흐름이 자연스럽게 쓸 것.

이렇게 조건을 많이 주면 글의 내용을 제한하는 단점이 있지만, 글쓰기를 어려워하는 학생들에게는 하나의 틀을 제공하여 글쓰기를 돕는 장점이 있다. 현재 중학교 1학년 1학기라는 것을 감안하여 이렇게 틀을 주기로 했다. 이 단원의 성취기준이 '자신의 삶과 경험을 바탕으로 독자에게 감동이나 즐거움을 주는 글을 쓴다.'이기 때문에 편지글을 선택했다. 편지글을 써서 보낸 후 답장을 받아 상대방의 반응을 직접 느끼게 하고 싶었다.

# 수업디자인을 하며 평가 문항을 함께 고민하기

평가 문항은 수업디자인 단계에서 만들어야 한다. 수업은 3월에 하고 평가 문항은 중간고사를 보는 5월에 만들면 아무래도 수업과 평가의 연계성이 떨어진다. 또 '며칠까지 출제 원안을 제출하십시오.'라는 평가계 선생님의 메시지를 받으며 제출 마감 날짜에 압박을 받다 보면 무엇을 평가하려고 했는지를 놓칠 수 있다. 우리는 가급적 수업디자인 단계에서 평가 문항을 동시에 제작하려고 노력했다. 다음 평가 문항도 활동지를 제작하면서 동시에 초안을 제작한 것이다.

'감동을 주는 글쓰기' 단원에서 '친구야~! 학교 폭력에 대해 내 생각은 이래~~'로 시작하는 편지글을 쓴 경험을 떠올려 다음 조건의 내용이 들어가게 한 편의 완성된 글을 쓰시오.

조건1. 편지 내용을 요약한 후 자신의 삶과 경험이 잘 드러났었는지 스스로 평가할 것.

조건2. 편지를 받은 사람의 반응을 쓰고 상대방의 반응이 왜 그랬을지 이유를 분석해서 쓸 것.

조건3. 이 단원을 통해 배운 점을 정리해서 쓸 것.

이 단원의 성취기준에 맞게 글을 쓰고 상대방의 반응을 살펴보면서 자신이 쓴 글을 돌아보는 경험을 하게 해 주고 싶어 만든 문항이다. 평가 문항 초안을 제작하고 나면 수업을 해 보고 아이들의 반응을 보면서 자주 수정하는데, 이 문항은 아예 사용하지 못했다. 생각보다 글 쓰는 시간이 더 많이 필요해서 글쓰기 시간을 충분히 주었더니 정기고사 전에 상대방의 답장을 받을 수 없는 학생들이 생겨났기 때문이다. 학생들이 수업 시간에 모둠 친구들과 편지글을 바꿔 읽고 반응을 볼 수 있게 하려고도 생각해 보았으나 편지에 담긴 내용이 민감한 사안인 경우가 있어서 그마저 쉽지 않았다. 더구나 글쓰기를 완성하지 못한 학생들도 몇 명 있었다. 고민 끝에 결국 정기고사에는 다음과 같은 문항을 사용했다.

서술형 3. '학교 폭력 이렇게 해결하자'라는 제목의 한 편의 완성된 주장글을 쓰되, 다음 조건을 반영하여 쓰시오.(50점)

조건1 : 자신이 경험했거나 목격한 학교 폭력 사례를 예로 들되, 그 사례에서 '그들이 내게 왔을 때'에 드러난 폭력의 3요소가 어떻게 나타나고 있는지 분석할 것.(20점)

조건2. 해결책을 제시할 때는 〈아우를 위하여〉에서 수남이가 병아리 선생님에게서 가장 중요하게 배운 것을 제시할

것.(10점)

조건3. 해결책을 제시할 때는 《으뜸 헤엄이》에서 으뜸 헤엄
이와 친구들이 강한 것에 대처했던 방법을 제시할 것.(10점)

조건4. 문장의 흐름이 자연스럽고 주장하는 내용이 설득력
있게 쓸 것.(10점)

수업 시간에 했던 글쓰기와 큰 차이는 없다. 하지만 수업 시간
에 학생들이 썼던 글이 편지글인 반면 시험에서는 주장글을 쓰도
록 바꾸었다. 편지글을 주장글로 바꾼 데에는 이유가 있었다. 수
업 시간에 편지글을 써 보니 편지글이라는 장르 자체가 상대방과
의 관계가 큰 비중을 차지하는 글쓰기 맥락을 가지고 있어 글을
쓰는 데 조건을 두는 것이 부자연스러웠기 때문이다. 예를 들어
편지를 받는 사람이 진술하는 경험을 같이했던 이라면 굳이 피해
자나 가해자를 분석할 필요가 없을 것이고, 국어 수업을 들은 친
구라면 해당 작품을 언급할 필요도 없을 테니까 제시된 글쓰기
조건이 자연스럽지 않다. 글쓰기 주제가 학교 폭력이기 때문에
불특정 다수를 대상으로 한, 또는 또래 학생들을 대상으로 한 주
장글이 훨씬 자연스럽겠다고 판단했다. 한 학생의 답안지에 이런
글이 적혀 있었다.

# 학교 폭력 이렇게 해결하자

요즘 학교 폭력이 문제가 되고 있다. 많은 언론 매체에서는 피해자와 가해자가 중요하게 다루어진다. 하지만 우리는 '방관자'를 잊으면 안 된다. 방관자는 제2의 가해자이기도 하기 때문이다. 우리 반에서도 학교 폭력을 찾아볼 수 있었다. 힘이 센 친구 A가 B를 때렸는데, 우리 반 친구들 모두 모르는 척했다. 당연히 선생님께 말씀드린 아이도 없었다. 이 상황에서 A는 가해자, B는 피해자, 우리 반 친구들 모두가 방관자였던 셈이다. 이 일이 있고 얼마 뒤 국어 시간에 학교 폭력에 대해 많은 생각을 하게 되었다. 나의 생각은 방관이 가장 큰 잘못이라는 것이다. 〈아우를 위하여〉라는 소설에서 병아리 선생님은 수남이에게 "방관하는 것도 잘못이다."라고 하시고 "모든 사람이 잘못한 사람을 도와주어야 한다."라고 하셨다. 또 《으뜸 헤엄이》라는 책에서도 약한 빨간 물고기들은 힘을 모아서 힘에 센 물고기들을 물리치게 되었다. 이 두 작품들은 '방관하는 것도 잘못이다.' 와 '힘을 모아서 잘못된 것을 고치자.'라고 알려 주고 있다. 그러면 이제 학교 폭력을 목격하면 어떻게 해야 할까? 먼저 방관하지 말자. 그리고 친구들과 힘을 모아서 가해자에게 잘못된 점을 알려 주자. 물론 가해자가 무섭고 보복할까 봐 두려울 거다. 하지만 무섭다고 덮어만 둔다면 극복할 수 없을 것이다. 학교 폭력 때문에 두려운 학교 생활을 하고 싶지 않다면 우리 모두 방관을 하지 말자.

# 수업 후의 생각을 나누고 기록해 두기

언제든지 수업을 진행하고 나면 이런저런 생각이 많이 든다. 이번 수업에도 아쉬운 점들이 많이 있었다. 기록해 두면 내년에 비슷한 실수를 다시 하지 않을 수 있어서 좋다. 그러기 위해서는 수업 짝꿍과 함께 이 단원의 수업 과정을 이야기해 보아야 한다.

**천정은** 선생님! 나는 학교 폭력 예방이라는 주제와 이 단원을 연결한 것이 맞았을까 회의가 들었어.

**지수현** 왜요?

**천정은** 글쓰기를 해 보니까 학교 폭력 예방이라는 주제는 주장글 쓰기와 더 어울리잖아요.

**지수현** 그래요, 선생님. 성취기준이 자꾸 흔들리는 것을 느꼈어요. 성취기준에서 떠올렸던 글의 장르는 생활글이었거든요. 그런데 모든 글이 무 자르듯이 성격이 나뉘는 것은 아니니까 괜찮지 않을까요.

**천정은** 이번 수업의 성과라면 제 생각엔 아이들에게 학교 폭력 상황에서 방관의 악함을 생각하게 해 본 점 같아요. 국어 수업이라기보다는 '학교 폭력 예방 수업'으로 더 많이 기능한 거 같아요. 이 수업 과정안을 '학교 폭력 예방 수업용 자료'로 따로 보관해 놓고 우리는 성취기준에 맞는 수업안을 다시 만들어야 할 거 같아요.

**지수현** 첫 번째 차시에서 '불가능, 그것은 아무것도 아니다'로 모방글 쓰기를 했을 때 그 경험을 했잖아요. 그 시간은 성취기준에 아주 근접했던 것 같아요. 우선은 다음 단원으로 넘어가고 학기 말에 학급문집 만들 때 생활글 마당을 배치해서 그때 다루기로 해요. 지금 다시 다루는 것은 무리인 것 같아요.

**천정은** 선생님. 우리가 너무 글을 한쪽 방향으로만 몰았나? 그런 생각도 들어요. 글 조건을 너무 자세하게 주는 것이 야도 되고 독도 되고 그러네요.

**지수현** 우리는 서술형 시험문제를 75%나 내잖아요. 제 생각엔 아이들이 이 상황에 익숙해질 때까지는 글쓰기 틀을 주는 것이 배려인 거 같은데요. 안 그러면 포기하는 아이들이 속출할 거 같아요.

**천정은** 그래요, 선생님. 올해는 그렇게 하고요. 내년에는 학교 폭력 예방 교육은 '주장하는 글쓰기'와 연결하는 것이 좋다고 기록해 두고 그 이유도 함께 적어 놓을게요.


이렇게 대화를 나누고 난 후에는 수업 회의 중에 나온 말 가운데서 기록이 필요한 것들은 골라 적어 두었다.


— 〈그들이 내게 왔을 때〉, 〈아우를 위하여〉는 방관의 문제를 다루기에 좋은 제재임.

— 《으뜸 헤엄이》는 패배감에 빠지는 것을 막아 주고 대안을 생각해 보기에 좋은 제재임.

— 학교 폭력 예방 교육을 연결하기에 '감동을 주는 글' 단원은 별로 적절하지 않았음. 건의문 쓰기나 주장하는 글쓰기가 더 좋을 듯함.


## 수업 회의를 위한 사소하지만 중요한 팁

설명을 위해 단계를 나눠 설명하기는 했지만 일상적으로는 이것들이 섞여 대화를 하게 된다. 그러기 위해서는 수업 짝꿍과 물리적 거리가 가까운 것이 좋다. 앞에서 말했던 것처럼 교무실 안에서도 가깝게 앉고 만날 시간을 주 2회 정도 확보해 두라.

이 만남은 수시로 참석자가 확대될 수 있다. 우리는 학년 내 수업 회의는 물론이고 전체 국어 교사가 만날 수 있는 시간을 확보해 두었다. 학생들이 가지는 교육 경험은 중학교에서 3년간 지속되기 때문에 학년 연계성에 관한 회의도 필요했고 수업을 공동으로 디자인해야 할 때도 있었다. 만남의 시간을 확보하는 것은 기본적인 협의 환경을 만들어 두기 위해 필요하다.

이 회의가 확대되어 학생들을 공유하는 동학년 전체 교과 수업 회의가 된다면 프로젝트 수업이나 주제 통합 수업을 기획할 수도 있게 된다. 우리가 꿈꾸는 학교는 교과 협의회뿐 아니라 동학년 수업 협의회가 일상적으로 일어나는 학교이다. 그러므로 우리가 학생들에게 길러 주고 싶은 능력, 즉 만나고 서로에게 배우고 협의할 수 있는 능력은 교사들에게 먼저 요구된다.

그러나 상황상 동교과 협의회가 불가능한 구조라면 어떻게 해야 할까? 학교가 작아서 내가 가르치는 과목의 교사가 나 혼자라거나 동교과 교사가 대화가 불가능한 사람이라면?

바로 옆 책상 선생님과 수업에 대해 수다를 떨면 된다.

"선생님, 내가 이런 수업을 하려고 하는데, 애들이 어떻게 받아들일 것 같아요?"

"선생님, 이 활동지 한 번 풀어 봐 줄 수 있어요? 뭘 하라는 말인 것 같아요?"

이런 말들이 수업 수다의 좋은 시작이 된다. 옆 선생님이 동교과 과목의 교사가 아니라면 학생들과 비슷한 관점에서 봐 줄 수 있기 때문에 의외로 매우 훌륭한 수업 친구가 되어 준다.

# 5장

# '함께' 배우는
# 수업의 디딤돌

## 잘 짜여진 강의도 TV 보기와 다르지 않다

〈생각자람 국어교실〉에서는 강의식 수업을 되도록 하지 않으려고 한다. 수업 회의를 할 때 우리가 지키는 큰 원칙 하나는 모둠별 탐구 학습으로 수업을 구성하는 것이다.

강의법은 장점도 많고 교사들에게 아주 익숙한 수업 방법이다. 정해진 시간 안에 많은 양의 지식을 많은 청중에게 전달하는 데에 효과적인 방법이다. 새로운 것을 소개해야 하는 상황에서는 가장 빈번하게 사용하는 교수법이기도 하다. 많은 사람들이 염려하는 것처럼 모든 강의가 주입식 교육이 되는 것도 아니다. 훌륭하게 구성된 강의도 많다. 〈생각자람 국어교실〉에서도 강의법을 완전히 배제한 것은 아니다.

그러나 학교 현장에서 경험해 봤을 때 강의법은 공교육을 개혁해야 한다는 측면에서 보자면 일반적으로 사용할 수 있는 방법이 아니다. 매우 훌륭한 강사가 학생들이 사고할 수 있도록 치밀하게 잘 조직하지 않는다면 강의법으로는 능동적인 배움이 잘 일어나는 수업을 만들기가 힘들다. 게다가 이렇게 '매우 훌륭한 강사'의 수는 매우 적다. 그리고 혹여 훌륭한 강사가 많다고 해도 학습자가 학습 내용에 몰입하기보다는 강사의 훌륭함에 몰입하는 경우가 더 많다. 이렇듯 강의식 수업은 많은 경우 학생들을 수동적인 자리에 있게 한다.

다음 그림은 교육 현장에 많이 알려진 학습 효율성 피라미드이다.[1]

[그림 1] 학습 효율성 피라미드

1. EBS, 〈다큐 프라임〉, '왜 우리는 대학에 가는가 - 5부 말문을 터라' (2014년 1월 28일 방송)에서 재인용

이 피라미드에 따르면 학교 현장에서 가장 많이 쓰이는 강의 듣기식의 학습 방법은 겨우 5% 미만의 학습 효율을 보인다. 교사들끼리 서로 "아무리 가르쳐도 애들은 모른다. 가르치는 나만 자꾸 똑똑해진다."라고 자조 섞인 우스갯소리를 할 때가 있다. 이 말이 우스갯소리를 넘어 불편한 진실일 수 있다는 것을 학습 효율성 피라미드가 말해 준다. 이 그래프에 나온 모든 학습법을 현장 교사들이 과학적으로 정밀하게 검증해 보기는 쉽지 않다. 하지만 토론, 직접 경험하기, 서로 가르치기 등의 학습법을 사용해 본 교사들이라면 강의 듣기보다 참여적 학습법을 사용했을 때 학생들이 학습 내용을 훨씬 깊이 이해하고 오래 기억한다는 것을 경험적으로 알고 있을 것이다. 그런데 강의 듣기는 우리가 생각하는 정도보다 훨씬 더 학습자들을 수동적으로 만드는가 보다.

이혜정 교수의 《서울대에서는 누가 A+를 받는가》를 읽다가 이에 관한 흥미로운 실험 결과를 보았다. 원 논문을 찾아보니 MIT 미디어랩 연구자들의 실험[2]이었다. 한 대학생에게 손목에 착용 가능한 측정 장치를 부착하여 일주일 동안 교감신경계 변화의 지표가 되는 피부 전기반응을 측정했다. 이 실험 결과 얻어진 그래프가 [그림 2]이다.

대부분의 수업 시간에 보이는 상태가 TV를 시청할 때 보이는 상태와 유사하다. 수업 시간의 상태가 연구를 하거나 숙제를 할

2. Poh, M. Z., Swenson, N.C., Picard, R. W.(2010). "A Wearable Sensor for Unobtrusive, Long-term Assessment of Electrodermal Activity", IEEE Transactions on Biomedical Engineering, 57(5), 1243-1252.

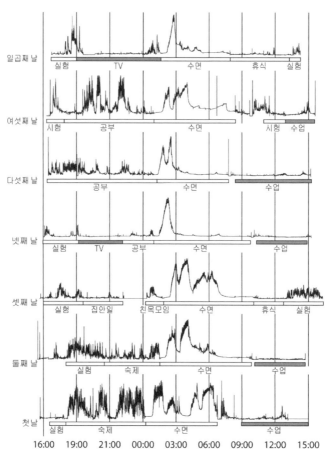

일곱째 날

실험 | TV | 수면 | 휴식 | 실험

여섯째 날

시험 | 공부 | 수면 | 시험 수업

다섯째 날

공부 | 수면 | 수업

넷째 날

실험 | TV | 공부 | 수면 | 수업

셋째 날

실험 | 집안일 | 친목모임 | 수면 | 휴식 | 실험

둘째 날

실험 | 숙제 | 수면 | 수업

첫날

실험 | 숙제 | 수면 | 수업

16:00　19:00　21:00　00:00　03:00　06:00　09:00　12:00　15:00

[그림 2] 학생의 일과 패턴에 따른 교감신경계 변화(그래프는 'Poh et al(2010 ; 1250)'에서 인용했고 '수업'과 'TV' 부분의 음영 표시는 필자가 한 것임)

때와 유사한 상태이기를 기대했던 나는 좀 놀랐다. 이혜정 교수는 이 시간에 대해 '뇌가 적극적으로 집중하지 않고 있는 상태'[3]라고 해석했다. 교사인 우리들로서는 실험 대상 학생이 들었던 강의가 아주 형편없었을 것이라고 믿고 싶어진다.

그러나 이혜정 교수의 책에는 강의가 좋든지 그렇지 않든지 간에 배움의 정도에는 별 차이가 없다는 것을 밝혀 낸 실험도 함께 소개되어 있다. 원 논문을 찾아보니 미국 아이오와 주립대 샤나 카펜터 교수 연구팀의 실험[4]이었다.

연구팀은 학부생들을 두 그룹으로 나누어 강의를 제공했다. 강의 내용도 동일하고 강사도 같지만 강의하는 방식에 차이가 있었다. 한쪽은 준비가 잘된 유창한 강의였고, 다른 한쪽은 학생들 쪽을 보지 않고 강의안을 보며 버벅거리는 강의였다. 어느 쪽 학생들이 더 잘 배웠을까? 실험 결과는 [그림 3]에 막대그래프로 나타나 있다. 가로축은 유창한 강의 쪽 학생 그룹(좌)과 유창하지 못한 강의 쪽 학생 그룹(우)을 나타낸다. 세로축은 강의 후 학생들이 강의 내용을 얼마나 기억하겠는지 스스로 예측한 정도(진한 회색)와 실제로 기억하고 있는지를 평가한 정도(연한 회색)를 보여 준다. 필자는 원문의 그래프에 추가로 가로축의 괄호 안에 강의 후 기억력 평가를 실시하기 전 각 그룹의 학생들이 학습에 소

3. 이혜정, 《서울대에서는 누가 A+를 받는가》, 다산에듀, 2014, 308쪽

4. Carpenter S. K., Wilford M. M., Kornell N., Mullaney K. M., "Appearances can be deceiving: instructor fluency increases perceptions of learning without increasing actual learning", Psychonomic bulletin & review /20 (6), 2013., 1350-1356, PSYCHONOMIC SOCIETY, INC.

비한 시간을 표시하였다. 실험 결과 두 강의실의 학생들은 학습 시간 측면에서도, 기억해 낸 정보의 양 측면에서도 별반 차이가 나지 않았다. 강의를 잘했다고 해서 학생들이 더 잘 배우는 것은 아니라는 뜻이다. 그런데 이 실험에서 내가 가장 놀란 부분은 두 집단의 학습 결과가 별 차이가 없다는 것이 아니었다. 오히려 다음 사실에 놀랐다. 나중에 기억할 수 있는 정보의 양을 추정하라는 요청을 받았을 때 유창한 강의를 접한 학생들은 [그림 3]에서 보여 주는 것처럼 실제보다 훨씬 초과된 예측을 했다. 유창한 강의 쪽(좌) 학생들의 예측(진회색 그래프)과 실제(연회색 그래프)의 차이는 꽤 크게 난다. 자신이 잘 배웠을 것이라고 생각했지만 실제로는 그렇지 않았던 것이다. 유창한 강의 쪽 학생들이 과도하게 낙관적으로 예측한 이유는 무엇 때문일까? 이 보고서에는 '보이는 것은 속임수일 수 있다: 강사가 유창하게 강의하는 것이 학생들로 하여금 많이 배웠다는 착각을 일으킨다'라는 흥미로운 제목이 달려 있다. 이 실험은 교사가 강의를 유창하게 잘하는 것이 학생이 실제로 잘 배웠다는 것을 담보할 수는 없으며, 오히려 강의가 유창하면 학생들이 실제로는 그렇지 않은 경우에도 '잘 배웠다'고 속기 쉽다는 것을 말해 준다.

'교사가 잘해 내는 교실', 혹은 '교사가 멋지게 보이는 교실'이 목표가 아니라 '학생들이 잘 배우는 교실'이 목표라면 강의식 수업은 주된 교수 학습법이 될 수 없다는 것이 〈생각자람 국어교실〉의 생각이다.

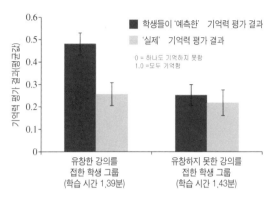

[그림 3] 두 그룹의 기억력 평가 결과(그래프는 'Carpenter et al(2013 ; 1352)'에서 인용한 것으로 범례에는 필자의 번역과 설명을 덧붙였다.

## 왜 'ㄷ'자로 자리를 잡고 모둠별로 앉는가?

강의식 수업은 하지 않겠다고 결심한 우리가 기본적으로 선택한 수업 방법은 '모둠별 탐구 학습'이다. 한국의 혁신학교 중에서 많은 학교가 혁신학교를 시작할 때 '배움의 공동체'라고 불리는 사토 마나부 교수의 연구에서 학교 혁신의 영감을 얻었다고 생각한다. 그와 더불어 'ㄷ'자 교실 배치가 많아졌다. 신가중학교도 혁신학교를 시작하기로 했을 때 전체 교사가 '배움의 공동체' 연수를 듣고 배움 중심 수업을 실천해 보기로 했고, 그때부터 전체 교실의 좌석 배치를 'ㄷ'자로 하게 되었다고 한다. 그런 점에서 신가중학교는 '배움의 공동체'를 토대로 혁신학교를 세운 것이다. 좌석 배치뿐 아니라 실제로 어떻게 해야 배움 중심의 수업, 배움 중심의 학교를 만들어 갈 수 있을지에 관한 철학적 토대와 수많은 아이디어를 '배움의 공동체'에서 배웠기 때문이다.

우리가 하는 수업을 외형적으로만 보자면 수업 중에 모둠[5] 활동을 가장 많이 배치한다. 이런 수업을 지원하기 위해 'ㄷ'자 좌석 배치를 적용했다. 신가중학교에 전입해 오는 많은 교사들이 학생들이 'ㄷ'자로 앉아 있는 것에 놀라기 때문에 좌석 배치 이야기부터 해야겠다.

학교와 교실을 배움의 공동체로 만들고 싶은 내게 'ㄷ'자 좌석 배치는 최고로 이상적인 배치는 아니다. 내가 꿈꾸는 이상적인 좌석 배치는 원형이다. 구체적으로 상상해 보자면 교실 사면이 앞뒤 구분이 없고 곳곳에 학생들이 자신의 의견을 표현할 수 있는 칠판과 학생들의 학습 결과물이 전시될 수 있는 게시판이 있으며 좌석은 [그림 4]처럼 원형으로 배치되어 있으면 좋겠다.

그런데 우리나라의 공립학교는 한 학급에 30명이 넘는 학생이 공부하는 교실이 많다. 이런 상황에서 원형 좌석 배치는 거의 불가능하다. 그래서 'ㄷ'자 좌석 배치가 현실적이면서 훌륭한 대안이 된다.

내가 신가중학교에 왔던 2012년 당시에 이미 전체 교실의 좌석은 'ㄷ'자로 배치되어 있었다. 다인수 학급에서 원형 좌석 배치와 가장 비슷한 효과를 낼 수 있는 것이 'ㄷ'자 좌석 배치였기 때문에

---

5. 이 책에서는 주로 4인으로 이루어진 소그룹을 가리킴

[그림 4] 원형 좌석 배치의 사례: 하크니스 테이블(사진 출처: http://www.exeter.edu/
admissions/109_1220.aspx)

수업을 할 때 퍽 만족스러웠다. 그래서 다음 해부터 이런 좌석 배
치를 처음 경험해 보는 교사들에게 드리기 위해 글을 하나 썼다.
'배움의 공동체'에서 배운 'ㄷ'자 배치의 이유를 내가 어떻게 이해
하고 실천했는지 소개하는 편지였다. 그 편지글은 다음과 같다.

신가중은 왜 교실의 책상 배치가 'ㄷ'자인가?[6]

많은 학교에서 책상이 앞을 향해 보도록 배치되어 있는
것이 일반적이기 때문에 신가중의 좌석 배치가 낯설게 느껴
지실 것입니다. 신가중학교는 전체 교실의 책상이 'ㄷ'자 배
치가 되어 있습니다. 기본적으로 'ㄷ'자 배치로 앉아 있다가
모둠 활동을 시작하면 책상을 밀어서 모둠으로 변형하여 학
생들이 공부합니다.

6. 2015학년도 〈전입 교사가 신가중에 잘 적응하기 자료〉 일부 인용

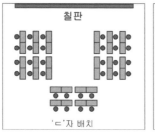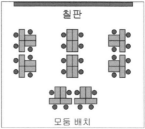

[그림 5] 'ㄷ'자 배치(좌)와 모둠 배치(우) 모습

4인으로 모둠을 만들 때 모둠의 리더를 의도적으로 배치하지는 않습니다. 성적을 고려한 배치를 하지 않는다는 말입니다. 우리가 꿈꾸는 교실은 함께 배우는 교실이지 누군가가 누군가를 시혜적으로 가르치는 교실이 아니기 때문입니다. 성적을 고려한 배치는 학생들의 관계를 쉽게 권력적 관계로 만듭니다. 특히 학생들 사이에 지적 권력이 생겼을 경우에는 부작용이 많습니다. 모둠의 리더 역할을 하는 학생에게 지나치게 기대고 자신은 배우지 않으려 하는 학생들이 생기지요. 또 모둠의 리더 역할을 맡은 학생이 지나친 부담감이나 우월감 때문에 다른 친구들의 말을 경청하지 않는 일도 생깁니다. 이런 현상은 배움을 위해 좋지 않습니다. 따라서 좌석 배치를 할 때 성적을 고려하지는 않았습니다.

또 모둠 내에서 각각의 학생들에게 '기록을 맡을 것', '발표를 맡을 것', '준비물을 책임질 것' 같은 특정한 역할을 부여하지도 않습니다. 특정한 역할이 부여되면 자신에게 맡겨진

일 이상을 하려고 하지 않는 단점이 있었습니다. 그래서 모둠 내에서 미리 부여된 역할도 없고 은근히 기대되는 역할도 없는 상태를 만듭니다.

이렇게 교실을 배치한 가장 큰 이유는 수업을 통해 학생들의 배움을 이끌어 내기 위함이고, 수업을 배움 중심으로 바꾸려는 교사들을 지원하기 위해서입니다.

'ㄷ'자 배치는 그 구조상 수업 자체를 소통을 통한 주제 탐구형 수업으로 디자인하라고, 또한 그에 어울리는 평가 방식을 사용하라고 유도합니다.

'ㄷ'자 배치는 일제식 강의 형태에 어울리지 않습니다. 학생들은 강의 시간이 15분만 넘어가도 우선 목의 통증을 호소합니다. 그래서 저의 경우는 원칙적으로 교사의 말이 7분 이상을 넘기지 않도록 하고 있습니다. 일제식 강의를 나쁜 교수법으로 매도하는 것이 아닙니다. 'ㄷ'자 배치일 경우에는 맞지 않다는 것을 말씀드리고 있습니다. 예를 들어 보겠습니다. 'ㄷ'자로 학생들을 앉혀 놓고 국어 시간 45분 내내 '서술어의 자릿수'에 대해서 실컷 강의하고 나서 시험은 '다음 단어의 자릿수는?'이라는 식의 선다형 시험 문제를 내 버리면, 학생들은 'ㄷ'자 배치에 대해서 어떻게 생각할까요? 수업 시간 내내 옆으로 선생님을 봐야 하니 목이 아프고 짜증이 날 것입니다. 내 점수 잘 받는 데 아무 소용없는 친구들의 말을 경청하려고 하지 않을 것입니다. 선생님의 시험 힌

트를 잘 들을 수 없게 만드는 ㄷ자 배치가 불편하기 짝이 없을 것입니다. 결국 이렇게 앉히는 학교를 원망할 것입니다.

따라서 'ㄷ'자 배치는 수업 시간에는 소통을 통한 탐구형 학습을 진행하고 탐구 과정 자체를 수행 평가하거나, 결과에 대해 평가하더라도 탐구 과정을 담을 수 있는 평가를 할 때 가장 빛을 발하는 좌석 배치입니다.

'ㄷ'자 배치는 교실 내 다각도의 소통을 위한 공간 배치입니다. 학생들이 학생들과 만날 수 있도록 하는 것이지요. 저는 이 만남이 시민성 교육을 위해 굉장히 중요하다고 생각합니다. 저는 학창 시절 학교에 가면 말을 한 번도 하지 않고 귀가하는 날이 잦았습니다. 소극적인 성격 때문이었겠지요. 그런데 참 신기한 것은 그런 생활을 하기가 아주 쉬웠다는 것입니다. 학교생활의 대부분을 차지하는 수업 시간의 경우 45~50분 내내 선생님께서 말씀하시니까요. 그런 수업은 강의를 잘하는 교사에 대한 경탄을 불러일으키기는 하는데, 제가 제 삶과 만난다거나 친구의 삶과 만나는 경험은 매우 적었습니다. 저는 선생님의 훌륭한 강의를 감상하면서 '팔짱증'(필자가 만든 용어로 '참여는 하지 않고 적당한 거리를 두고 지켜보는 재미만 느끼는 것 정도만 하려는 증세'라는 뜻을 가지고 있습니다.)만 자라 갔던 것 같습니다. 저는 한국에 팔짱증 환자(?)가 무척 많다고 생각합니다. 이들은 어른이 되어서도 자신의 생각은 가린 채 전문가의 평론만 소비하며 삽니다. 판단 내리는 것을 귀찮아 하다가 불편을 심하게 느끼는 문제만 한두 마디 불평을 던지곤 합니다. 이것이 독재자를 키우는 훌륭한 밭이며, 한국의 교육 현실이 만든 병폐 중의 병폐 아닐까요.

'ㄷ'자 배치를 하고 학생들끼리 이야기하게 수업을 디자인하면, 언제 그 많은 지식을 가르치느냐, 하는 소위 '진도에 대한 염려'를 하시는 선생님들도 계십니다. 많은 지식들을 쏟아 내고 그것을 잘 외워서 잘 골라낸 학생들은 우월감을, 그렇지 못한 학생들은 열등감을 갖게 하는 교실이 정말 정당한가, 하는 의문을 가져 봅니다. 저도 학교 다닐 때, 많은 지식을 받아 적고 외우고 시험 보고 했지만, 지금 제가 가장 불편한 것은 그 지식들을 몰라서 겪는 불편이 아니라(검색하면 다 나오니까요.) 그 지식들을 통합하여 새로운 정보를 창출해 내는 것이 잘 안 되는 것이 불편했습니다. 이것이 바로 '생각의 힘'일 텐데, 이것은 팔짱중 환자들로서는 잘 길러지지 않는 것입니다. 다양한 만남을 통해서 자극을 받아서 변형과 생성을 거쳐야 하는데, 안전한 곳에만 있는 팔짱중 환자들은 자신이 가진 것만 쥐고 안정감을 누리면서 변화하려고 하지 않기 때문입니다.

그래서 아이들에게 가르쳐야 할 것이 단지 '지식'이고 '문제 푸는 방법'일지 고민하게 됩니다. 세상과 타인을 만나게 하고, 만남에서 생기는 갈등을 견디고 조정하고 생각하는 힘을 키우게 하는 시간이 수업 시간이라면 얼마나 좋을까요. 학교에서 공부에 질리는 것이 아니라 진짜 공부를 하는 법을 배울 수 있다면 얼마나 좋을까요.

물론 'ㄷ'자 배치는 교사도 처음 겪어 보고 학생들도 처음 겪어 보는 경우 교실이 소란해진다고 느낄 수 있습니다. 소란이 너무 심해지면 1줄씩 시험 대형으로 앉히고 싶은 생각이 간절하게 듭니다.^^ 하지만 그런 학생들을 시험 대형으로 앉혀서 비교적 조용하게 만든다고 해도 그들이 배움에 잘 참여하는 것은 아닙니다. 제가 판단하기로 혁신학교의 본질은 '소통'입니다. 그래서 혁신학교 선생님들은 '통제'의 욕구를 벗어던지고 '너희들끼리 이 주제로 이야기 나눠봐.'고 모험을 하신 것이 아닐까요. '통제'란 교사 입장에서는 얼마나 뿌리치기 힘든 유혹입니까. 학생들이 그림처럼 앉아서 정숙하게 교사의 말을 듣고 있는 모습은 교사들에게 너무나 달콤한 광경입니다. 그러나 학생들의 '정숙함'이 학생들이 배우고 있는 증거가 아니라면 과감히 포기하시겠다는 선생님들의 결단이 저를 숙연하게 합니다. 물론 경험상 학생들이 배움에 깊이 몰입하고 깊이 생각할수록 말은 느려지고 친구들과 함께 있어도 정숙해집니다. 그러나 그 과정을 배우고 몸에 익히기까지는 소란스럽기 일쑤입니다. 학생들의 소란스러움은 수업 내용에 몰입할 수 없는 경우에 훨씬 심해집니다. 친구들과 회의하지 않아도 될 만큼 과제가 쉽거나 학습 내용의 본질을 담고 있지 않을 경우가 그렇지요. 과제에 매력을 느끼지 못하거나 빨리 끝낸 학생들이 딴짓을 하면서 소음도가 올라갑니다. 어떻게 수업을 디자인해야 학생들이 친구들과 함께 배움에 진입하고 몰입하게 할 것인가, 이것이 수업을 디자인하는 우리들에게 던져진 숙제입니다.

그래서 신가중학교는 수업에 대해 공부하기 위해 서로의 수업을 보는 것으로 정기적인 교사 연수를 진행합니다. 월 1~2회 동료 교사의 수업을 보고 그 수업으로 함께 이야기를 나눕니다. 학생들의 배움을 위해 수업은 어떻게 디자인되어야 하는지에 대해 숙고하는 시간을 가지기 위해 수요일 6, 7교시를 비워 두었습니다. 전입해 오신 선생님들께서 'ㄷ'자 배치를 잘 활용할 수 있는 수업에 대해 고민이 많으시다면 수요일 6교시에 열리는 나눔 수업과 7교시에 진행되는 수업 연구회에서 도움을 받으실 수 있습니다.

저도 자꾸 다른 선생님들의 수업을 보면서 배우려고 합니다. 수년 전 어떤 수학 선생님의 수업을 보고 나서 충격을 받아 당시의 제 수업을 바꾸었습니다. 그 후로도 다른 선생님들의 수업을 통해 제가 성장할 수 있었습니다. 그래서 '네가 어떻게 하든 나는 내 방식을 바꾸지 않겠다.'라는 마음가짐으로 보는 것이 아니라, '선생님을 배우겠습니다.' 하는 마음으로 수업을 봅니다. 아직도 제겐 수업이라는 것이 너무 두렵고 힘든 일이지만, 우리 선생님들이 함께 서로 수업을 보면서 서로 배우고 서로 성장했으면 합니다.

[그림 6] 'ㄷ'자 배치를 할 때 남녀 대각선 배치 모습

※ 학급 담임을 맡으시는 경우 좌석 배치는 4인 모둠이 남학
생 2, 여학생 2가 서로 대각선으로 앉게 되도록 배치해 주
십시오(모둠 활동이 가장 잘 일어나는 구성이기 때문에
그렇게 배치해 왔습니다).

— 신가중학교에 조금 더 먼저 온 교사들 드림


이 편지에는 좌석 배치를 'ㄷ'자로 하게 된 이유 — 수업을 탐구
형 수업, 소그룹 협력 수업으로 만들고 싶은 소망 — 가 주로 담겨
있다.

물론 이런 수업을 만들려고 할 때 좌석을 'ㄷ'자로 배치했다고
해서 모든 것이 잘 해결되지는 않았다. 좌석 배치는 환경 조성의
일부일 뿐이다.

# 모둠 수업에서 부딪힌 우리의 시행착오

'ㄷ'자로 자리를 배치하고 아이들을 모둠으로 앉힌다고 해서 학생들이 잘 배우는 것을 보장하는 것은 아니다. 여기서 소개하는, 양승현 선생님이 쓰신 글은 그것을 잘 보여 주는 내용이라 독자 여러분과 같이 읽고 싶다. 무척 긴 글이지만 우리의 초기 시행착오를 잘 담고 있어서 인용한다. 이 글은 양승현 선생님이 소속해 있는 '배움의공동체연구회' 회원들과 함께 읽으려고 쓴 수기다. 양 선생님은 글 속에서 '배움의 공동체 수업'이라는 표현을 반복해서 사용한다. '한 명의 아이도 배움에서 소외되지 않도록 공공성, 민주성, 탁월성의 가치를 실현하기 위해 힘쓰는 수업', 또는 '아이들의 질 높은 배움을 보장하기 위해 활동적, 협력적, 표현적으로 디자인된 수업'이라는 의미로 받아들여지기 때문에 글 속에서 '배움의 공동체 수업'이란 표현을 사용한 것이다.

이처럼 배움의 공동체 수업은 특별한 수업모형이 아니기 때문에 독자들께서는 거칠게나마 이 단어를 모둠별 탐구 수업으로 바꿔 읽어도 큰 틀 안에서 무리가 아닐 것이다.

### 내 수업 이야기-오류를 발견하다[7]

수업에 대해 다시 공부하고 도전하면서, 이전 수업에서

---

7. 양승현, 〈2016 교원 수업 나눔 운동: 참여형 수업과의 만남〉, 《배움의 공동체》, 광주광역시 교육청, 2016, 17~31쪽

내가 느꼈던 어려움은 '배움의 공동체'에 대해 잘 알지 못해서 비롯된 것이라는 것을 깨닫게 되었다. 부끄럽지만 당시 가졌던 몇 가지 오해에 대해 이야기해 보자면 다음과 같다.

## 1) 첫 번째 오류 - 모둠 토의를 하다 보면 교실은 소란스럽다?

배움이 일어나는 교실은 조용하다. 모둠 토의를 해도 아이들 목소리가 그렇게 커지지 않으며 조용한 가운데 학생들은 생각한 것을 나눈다. 교사도 큰 목소리로 말할 필요가 없으며, 자연스럽게 작은 목소리로 적은 말을 하게 된다. 그래서 나는 본격적으로 배움의 공동체 수업을 한 뒤로 목이 쉰 적이 없다(배움의 공동체 수업을 도입하기 전에는 꼭 일 년에 두세 번은 목이 쉬었다).

그렇다면 왜 나는 그때 교실이 시끄럽다고 느꼈을까? 우선, 교사의 목소리가 컸다. 교사의 목소리가 크니 아이들 목소리는 커지고, 아이들 목소리가 커지니 그것을 잠재우기 위한 교사의 목소리는 더 커지는 식의 악순환이 계속되었던 것이다. 그리고 교사의 개입이 너무 많았다. 아이들의 역량을 믿지 못했던 나는 모둠으로 들어가 하나하나 다 설명해 주려고 했다. 그러다 보니 아이들은 교사가 오기를 기다렸고, 기다리는 동안 학습 과제를 해결하지 않고 수업과 관련되지 않은 다른 말로 떠들었다. 그러니 교실은 소란스러워질 수밖에 없었다.

그리고 또 '진짜 공부하는 과정에서 좀 소란스러우면 어때.'라는 당당함도 부족했다. 교실이 조용해야 한다는 강박증 때문에 아이들의 이야기를 통제하려는 것 자체가 잘못이었다는 생각이 든다. 탐구하고 발견한 것을 공유하기 위해, 궁금한 점을 묻고 답하기 위해, 경험과 삶을 나누기 위해 교실이 소란스러운 것은 결코 나쁜 것이 아니지 않은가. 조용하지만 나눔과 배움이 없는 교실과 소란스럽지만 배움과 나눔이 있는 교실. 둘 중에 하나를 택하라고 한다면 당연히 소란스럽더라도 배움과 나눔이 있는 교실을 골라야 하지 않겠는가.

## 2) 두 번째 오류 - 각 모둠을 돌며 같은 말을 10번 반복해야 한다?

'아이들에게 온전히 맡겨 놓아도 모둠 과제를 잘 해결할까. 혹시 다른 말을 하고 떠들지는 않을까. 우리 아이들에게 문제를 해결할 수 있는 능력이 없는 것은 아닐까.' 초반기 나는 끊임없는 의심(?)으로 각 모둠을 돌며 문제에 대한 설명을 하다 답을 이야기하고 말았다. 더욱 나쁜 것은 그런 일을 10개의 모둠에 들어가 똑같이 했던 것이다. 교실 속 아이들은 떠들었고 떠드는 것도 견딜 수 없는데 그 속에서 같은 말을 반복하는 것은 더욱 짜증나는 일이었다.

지금은 각 모둠을 돌며 같은 말을 반복하는 것이 좋지 않은 방법이었음을 안다. 그래서 모둠별 과제를 준 뒤 바로 각 모둠을 순회하지 않는다. 조금 멀찍이서 학생들이 이야기하는 과정을 살피고 어려움을 겪고 있는 모둠이 어느 모둠인지 파악한 뒤 그 모둠에 가서 도움이 필요하냐고 묻는다. 두 개 이상의 모둠이 같은 문제로 어려움을 겪고 있을 때는 전체 학생을 대상으로 '되돌리기'를 한다.

아이들을 믿고 마음의 여유를 갖고 지켜봤더니 아이들은 내가 생각한 것보다 훨씬 잘해 냈으며 '되돌리기'를 해야 할 시점이 언제인지도 좀 더 잘 파악할 수 있었다. '되돌리기'가 언제 필요한가를 아는 것은 매우 중요한 교사의 역할이라는 생각이 드는데, 그것을 알기 위해서는 수업을 많이 봐야 하지 않을까 싶다. 다른 선생님의 수업을 보며 아이들이 배움에 주춤거리는 순간을 확인하고 교사의 역할에 대한 고민을 많이 하면 할수록 자신의 수업도 발전할 수 있을 테니 말이다.

## 3) 세 번째 오류 - 교사는 학생들에게 명쾌한 답을 가르쳐 주는 사람이다?

어렸을 적 내가 잘 가르치는 선생님으로 꼽았던 분들은 EBS 유명 강사들처럼 설명을 쉽고 명쾌하게 잘해 주신 분이었다. 그래서 나도 명쾌하게 잘 설명하는 선생님이 되기 위해 수업을 준비하는 경우가 많았다. 그리고 그렇게 명쾌한 강의를 하고 나올 때 수업이 만족스럽다고 느끼기도 했다. 그런데 배움의 공동체 수업을 하고 난 뒤부터 좀처럼 그 전에 생각했던 명강의(?)를 하고 나올 수가 없었다. 그것이 처음에 배움의 공동체 수업을 포기하게 했던 큰 요인이었다. 뭔가 가르치지 않은 것 같은 찜찜함.

그러나 손우정 교수님의 연수를 다시 듣고, 사토 교수님의 책을 다시 읽고, 윤준서 선생님의 수업을 참관한 후 교사가 주도하는 명강의에 대해 다시 생각해 보게 되었다. 교사 주도의 수업은 학생을 진정한 배움으로 이끄는가? 미래의 세계를 이끌어 갈 아이들에게 의미 있는 배움이 무엇일까?

배움의 공동체 연수에서 봤던 윤준서 선생님의 수업은 분명 명쾌한 답을 제시해 주지 않았다. 그런데 학생들은 끊임없이 생각했고 질문했고 탐구했다. 그러면서 협력했고, 또 그 협력을 통해 배웠다.

이제 난 훌륭한 교사는 학생들의 생각을 끊임없이 흔드는 사람이라고 생각한다. 정해진 답을 효율적이고 쉽게, 명쾌하게 가르쳐 주기보다 많이 생각하고, 탐구하고, 협력하게 하는 수업이 좋은 수업이라고 생각한다.

4) 네 번째 오류 - 특별한 수업을 해야 한다?

학생들이 내 수업을 지루하게 느끼지 않고, 재미있고 또 특별하게 느끼게 하고 싶은 마음에 특별한 수업을 해야 한다는 생각을 많이 했었다. 나만의 특별한 수업에 대한 꿈이 있었던 것 같다. 그러나 특별한 수업을 하는 것은 쉽지 않았고 매번 특별한 수업을 준비하는 것은 불가능한 일이었다.

그리고 내가 그렇게 꿈꾸던 '특별한 수업'에 대한 기준조차 제대로 만들어지지 않았다는 것을 발견한 것은 얼마 되지 않은 일이다.

다른 선생님과는 다른 특별한 수업을 하는 특별한 선생님으로 기억되고 싶은 그릇된 욕심이 수업의 주제나 내용과 별 상관없는 장치에 욕심을 내게 했고, 그런 장치를 끌어들이는 데 시간을 투자하게 했음을 깨달았다. **진정한 특별함은 아이들 삶과 밀접한 수업 주제와 내용이며, 그것은 또 그렇게 특별할 것도 없음을** 느꼈다. 그래서 이제는 이렇게 고민해야 할 것 같다.

'이 수업이 아이들 삶과 어떤 관련이 있을까? 아이들 삶에 어떤 보탬이 될까?'

## 5) 다섯 번째 오류 - 아이들과의 좋은 관계를 위해 통제를 하면 절대 안 된다?

처음 연수를 받을 때 "배움의 공동체 수업을 하는 선생님의 몸에서는 사리가 나올 수도 있다."는 강사의 말씀을 잘못 해석했음을 고백한다. 그 말씀을 아이들과의 좋은 관계를 위해 절대 통제하면 안 된다는 것으로 해석하여 수업 시간 잠을 자는 학생과, 배움과 상관없는 이야기를 하는 아이들을 못 본 척했다. 보고도 아무 말도 하지 않는 것으로 보이면 다른 아이들에게도 나쁜 영향을 미칠까 봐 애써 못 본 척했다. 하지만 아이들은 금방 눈치챘다. 그렇게 선생님이 잘못된 행동에 대해 별다른 제재를 하지 않는다는 것을 아는 아이들을 수업에 끌어들이는 것은 매우 어려웠다. 아이들 이야기를 경청하고 아이들을 수용하라는 말씀을 '아이들의 행동에 대해 방관하라.'로 잘못 해석했으니 수업이 얼마나 어려웠겠는가.

이제는 자고 있는 아이들 곁으로 가서 "○○아 일어나서 공부할까?", "○○이가 자 버려서 선생님 기운이 좀 빠지는데. ○○이가 공부했으면 좋겠다."라고 말한다. 배움과 상관없는 이야기로 다른 학생들의 배움을 방해하는 학생은 수업의 공공성을 해치는 것이라는 이야기를 들은 이후부터는 따로 불러 다른 학생들의 배움을 위해 노력해 줄 것을 부탁한다.

'아이들 앞에서 버럭 화내지 않는다. 그러나 잘못된 행동에 대해서는 교정할 수 있도록 차분하게 가르친다.'는 것은 내 수업의 행동 수칙이 되었다. 물론 쉽지 않다. 아이들이 내가 결심한 대로 할 수 있게 하지 않는다는 원망을 하게 하는 날도 있고, 내 인격 수양이 덜 되었음을 실감하게 되는 날도 있다. 실천을 한 날은 실천한 대로, 실천하지 못한 날은 실천하지 못한 대로 마음이 힘들었다. 그래서 '사리가 나온다.'는 말이 있는 모양이다. 그러나 이런 노력의 결과로 아이들과의 관계가 좋아진 학급은 수업의 진행이 훨씬 매끄럽고, 수업 속에서 행복한 경험이 많아졌다.

양 선생님의 글에는 모둠별 탐구 수업을 할 때 부딪힐 만한 어려움이 유형별로 잘 나타나 있다. 여러 교사들이 이미 부딪혀 보았을, 또는 곧 부딪힐 장애물들이다. 그중에서 내가 오랫동안 힘들어 했던 부분만 다시 언급하고자 한다.

## 'ㄷ'자 배치와 모둠만으로는 부족한 것

### 각자 학습하는 것은 무의미하다

처음에는 학생들을 모둠으로 앉혀 놓기만 하면 되는 줄 알았다. 그러나 모둠 배치를 해 놓아도 협력하는 탐구 학습이 자연스럽게 일어나지는 않았다. 굳이 '협력'이라는 단어를 강조한 것은 우리가 경험했던 실수 때문이다. 강의식 수업 형태를 버리고 모둠 학습을 처음 시도할 무렵에는 '모둠 배치 각자 학습'이 되는 경우가 많았다. 학생들이 모둠별로 앉아 있기는 하지만 각각 혼자서 공부하는 모습이 계속되었던 것이다.

공부를 잘하는 학생은 왼팔로 활동지를 가리고 순식간에 답을 쓴 후 활동지를 엎어 놓는다. 그리고 옆 친구가 끝나면 함께 잡담을 나눈다. 평소 학습을 어려워하는 학생은 모둠 친구의 답을 보고 베끼려고 한다. 그런데 친구가 활동지를 보여 주지 않고 엎어 놓는다. 보여 달라고 말을 꺼냈다가는 그 친구에게 구박을 받고 자존심 상하기 일쑤이니까 아예 말도 꺼내지 않는다. 이래저래 공부를 포기하고 가만히 있다가 잡담에 합류한다. 이렇게 소란해지는 교실을 보고 교사는 이 아이들과는 모둠 수업을 할 수 없다고 여기거나 모둠 수업이 자신에게 맞지 않다고 포기하게 된다.

모둠으로 앉아 있어도 각자 학습하는 경우는 학생들끼리 관계가 형성되지 않았을 때 가장 흔히 나타난다. 어떤 관계냐면, 사토 마나부 교수는 '듣는 관계'[8]라고 하고, 나는 '안전하다는 믿음이 있는 관계'라고 자주 표현하는 관계이다. 내 배움을 표현해도 모둠 친구가 비난하거나 무시하지 않을 것이라는 믿음이 있어야, 친구들의 배움을 잘 들으면 내 배움도 자라고 내 배움을 표현하는 것이 친구들의 배움과 연결된다는 것을 경험해야 이런 관계가 형성된다.

### 대화가 많다는 것이 배움의 증거는 아니다

나의 두 번째 착오는 모둠 내에서 아이들이 서로 대화를 활발하게 하면 성공적이라고 판단한 것이었다. 하지만 모둠 내에서 일어나는 의사소통을 수집하여 분석해 볼 때 활발한 대화가 곧 배움의 증거가 되지는 않았다. 활발하지만 배움과 상관없는 대화에는 몇 가지 유형이 있다.

첫째, 수업 주제와 상관없는 대화를 나누는 것이다. 가장 빈번한 사례이다. 이 경우는 수업디자인이 탐구형으로 되어 있으면

---

8. 2015년 8월 12일 경남 창신대학교에서 있었던 〈한국 배움의 공동체 전국 세미나〉에서 사토 마나부 교수가 한 기조 강연 일부

상당 부분 해소된다. 탐구형 수업디자인에 대해서는 조금 후에 더 자세히 이야기하겠다.

둘째, 이미 아는 아이가 주도적으로 가르치는 경우이다. 학원에서 선행 학습을 했거나 개인적으로 예습을 해서 이미 학습 내용을 알고 있는 학생 말이다. 이런 학생들은 자기가 아는 내용을 말했을 뿐이라서 생각의 화학적 변화가 일어나지 않는다. 따라서 그 시간에 배운 것이 없다고 봐야 한다. 심지어 그 시간에 '잘난 체'만을 한 것일 수 있다. 반면 학습을 어려워하는 학생들은 자신이 어떤 지점에서 막히는지, 어떤 부분을 모르는지도 모르는 경우가 많다. 생각해 보기도 전에 잘하는 친구가 좔좔 답을 말해 버리면 과제를 해결해 보려는 의지가 꺾여서 아무것도 안 하기 일쑤이다.

어떻게 수업을 디자인해야 모둠별 각자 학습이 아니라 모둠 안에서 협력하는 학습이 될 수 있을지 고민을 많이 했다. 이 고민을 해결하기 위해 전국의 여러 교실과 여러 수업을 보며 공부했다.

### 학생 활동 수업에 대한 교사들의 불안감

그 과정에서 '학생 참여식 수업', '학생 중심 수업', '활동 중심 수업', '모둠 활동 중심 수업' 등이라고 불리는 '학생 활동 중심 수업'의 큰 오해를 하나 발견하게 되었다. 많은 교실에서 강의식 수업보다 학생 활동 중심 수업이 좋은 수업이라는 데에 동의했다. 하지만 고개가 갸우뚱해지는 지점이 하나 있었다. 학생들이 활발하게 활동하는 것 자체에 교사들이 만족해한다는 것이다. 다수의 학생들이 잠을 자는 한국의 교실 상황을 생각해 보면 전체 학생들이 생기 있고 활발하게 무엇을 하고 있다는 것 자체가 무척 고무적인 일인 것은 맞다.

하지만 그런 수업 교실에서 배움의 질이 낮으면 문제가 된다. 어떤 중학교의 수학 수업에서는 보드 게임을 하다가 걸리는 사람이 문제를 푸는 방식으로 수업이 진행되고 있었다. 게임에서 걸린 학생들이 문제를 푸느라 끙끙대는 동안 다른 학생들은 쉬거나 잡담을 하고 있었다. 중간중간 게임을 해야 하기 때문에 잠을 자는 학생들은 없었지만 그 수업 시간 내에 단 한 번도 수학 공부를 하지 않는 학생들도 있었다. 어떤 중학교 2학년 교실에서는 도덕 시간에 학생들이 모둠으로 앉아서 '왜 우리가 공부를 해야 할까'라는 주제로 25분간 토의하고 있었다. "엄마가 시켜서 한다.", "나중에 쓸 데가 있을 것 같아서 한다." 등 몇 마디 말이 오간 뒤에는 한 학생이 모둠 칠판에 그 말들을 쓰는 동안 다른 학생들은 교사의 눈치를 보면서 잡담을 하고 있었다. 수업 주제는 '학문의 목적'이었는데 학생들이 학문의 목적을 진지하게 탐색해 보기에는 토의 주제가 너무 쉬웠다. 후에 그 교사와 면담을 할 기회가 있어서 의아했던 점을 조심스럽게 물었다.

"제가 해 보고 싶은 것이 있긴 했습니다. 하지만 아이들끼리 해 낼 수 있을까요?"

이것이 그 교사의 대답이었다. 여기서 많은 교사들이 가지고 있는 불안감을 읽을 수 있다. 학생들끼리 잘할 수 있을 것이라는 믿음이 없으니까 모둠 학습이나 학생 활동에 즐겁고 쉬운 과제만을 제공하는 것이다. 그리고 정작 교사가 제공하고 싶은 학습 내용은 따로 다른 기간에 몰아서 진도를 나가거나 수업 후반부에 교사의 말로 정리해 준다. 그러나 수업 초반부 활동이 학생들의 사고나 호기심을 자극하지 못한 상태이기 때문에, 그리고 수업 후반부에는 학생들의 흥미도가 상당히 낮은 상태이기 때문에 이러한 방법은 학생들의 배움에 도움을 주기 어렵다.

## 배움의 질을 결정하는 수업디자인

재미있고 즐겁고 모두가 열중했지만 깊이 배우지 못하는 교실. 우리는 이런 질 낮은 배움에 대해서 무척 경계해야 한다. 배움이 없거나 질 낮은 배움이 일어나는 교실에서는 그 수업 시간을 힘들어 하지는 않을지라도 교사도 학생도 그 시간을 의미 있게 기억하지 못한다. 다음 글에 나오는 엘리나가 겪었던 수업에는 그런 의미 없는 시간들이 많았던 것 같다. 이 미국 여학생은 핀란드의 학교를 다녀 본 후에 그것이 의미 없다는 것을 더 분명하게 느꼈다.

"미국 학생들은 많은 요구를 받지 않아요." 그녀가 말했다. 핀란드에서는 시험이 보통 주관식으로 3~4페이지 정도의 답을 써야 하는 문제들이다. "정말 공부를 하지 않으면 안 되지요. 알고 있다는 것을 증명해야 하니까요." 엘리나는 핀란드의 고등학교 시험을 그렇게 설명했다.

미국에서 그녀가 본 시험은 대개 사지선다형 문제로 돼 있었다. "핀란드 초등학교 시험 같았어요."

그녀는 또 역사 시간에는 포스터 만드는 데 지나치게 많은 시간을 썼던 것이 기억난다고 했다. "정말 포스터를 많이 그렸어요. 친구들한테 '농담이 아니라 정말 또 포스터야?'라고 말했던 게 기억나요." 역사 시간이 아니라 미술 시간 같았다. 좀 더 지루한. 선생님이 포스터에 필요한 정보를 알려 줬고, 아이들은 그냥 자르고 붙여서 포스터를 완성하기만 하면 됐다. 모든 아이들의 포스터 주제는 동일했다.[9]

미국 특정 지역을 배경으로 한 상황이지만, 이러한 모습은 학생 활동 중심 수업을 잘못 이해한 교사들의 수업에서 자주 나타나는 현상이기도 하다. 교과 학습의 성격과 본질을 담아 내지 못하는, 손쉬운 수행 과제만 있을 뿐이다. 이는 학생들에게 배움과 성장이 일어나는 수업이 아니다.

여러 시행착오를 겪으면서 〈생각자람 국어교실〉에서는 배움

---

9. 아만다 리플리, 《무엇이 이 나라 학생들을 똑똑하게 만드는가》, 김희정 옮김, 부키, 2014, 161쪽

이 일어나지 않는 손쉬운 작업으로 모둠 활동을 구성하지 않아야 겠다는 각성이 뚜렷해졌다. 어떻게 해야 아이들이 수준 높은 배 움으로 들어갈 수 있을지 깊이 고민했다. 수업은 수업으로 공부 할 수밖에 없었기에 다른 교사들의 수업을 보면서 배워 갔다. 다 른 교사들의 수업을 보며 공부할 때 모둠별 탐구 학습이 잘되는 교실의 특징은 다음 세 가지였다.

① 교사가 학생들을 존중하고 학생들의 말을 경청한다.
② 교사가 학생들에게 경청을 강조한다.
③ 탐구할 수 있도록 수업디자인이 되어 있다.

여기에선 특히 ③에 대한 이야기를 하려고 한다. 다른 교사들 의 수업을 보고 배우면서 내게 크게 다가오는 것이 하나 있었다. 그것은 모둠 학습을 할 때 어떤 활동을 어떻게 제시하느냐에 따 라 학습의 차이가 분명하게 난다는 것이다. 다루는 주제는 같더 라도 수업디자인에 따라 배우는 모습에 차이가 나타나게 된다.

## 생각의 근육을 기르는 탐구형 수업

이런 배움이 내 수업을 어떻게 바꾸었는지 보여 주고자 한다. 함께 볼 자료는 국어 문법 단원의 활동지이다. 활동지 자체가 수업디자인을 보여 줄 수 있느냐고 문제 제기를 하는 이가 있을지도 모르겠다. 활동지가 수업의 전부는 아닐지라도 학생들이 어떻게 학습 주제와 만나도록 할지에 대한 중심적인 아이디어와 순서가 담겨 있다. 특히 모둠 활동 중심의 수업에서는 학생들이 탐구해 가는 과정에 대한 안내가 활동지에 담겨 있다고 해도 과언이 아니다.

다음에 제시하는 수업은 '어근과 접사'라는 주제를 다루고 있다. 중학교 국어과 교육과정에는 단어의 종류와 형성에 대해서 공부할 때 [표 1]처럼 단일어, 파생어, 합성어를 다루는 성취기준이 있다.

**[표 1] 해당 단원의 교육과정 성취기준과 성취수준**

| 교육과정 | 성취기준 | 성취수준 | | |
|---|---|---|---|---|
| | | 상 | 중 | 하 |
| 2945. 단어의 짜임을 분석하고 새말이 만들어지는 원리를 이해한다. | 2945-2. 복합어를 이루는 형태소들의 성격에 따라 합성어와 파생어로 구분할 수 있다. | 새로운 복합어를 대상으로 구성 형태소의 성격에 따라 합성어와 파생어로 구분할 수 있다. | 학습한 복합어를 대상으로 구성 형태소의 성격에 따라 합성어와 파생어로 구분할 수 있다. | 학습한 복합어를 합성어와 파생어로 구분하는 데 어려움이 있다. |

이들의 차이를 느끼게 해 주기 위해서는 형태소, 어근, 접사의 개념을 다루어야 한다. 이번 차시는 어근과 접사의 개념을 공부하는 시간이다.

수업을 배움 중심으로 바꿔 보겠다고 마음먹기 전에는 [표 2]와 같이 수업했다.

**[표 2] 수업을 바꾸기 전의 수업 흐름도와 활동지**

〈수업의 흐름〉

- 지난 시간에 배운 형태소 개념 복습시키기

- 어근과 접사의 개념 설명하기

- 활동지로 어근과 접사를 구분하는 연습시킨 후에 확인하기

---

어근과 접사

'/'를 사용하여 형태소 단위로 분석한 후에 쪼갠 말이 어근인지 접사인지 표시하시오.

잠자리        멋쟁이        넓/이        덮개        햇보리        물총        예쁘다
                            어 접

뛰놀다        새파랗다        사과나무        풋사과        덧버선        손발

고집쟁이        코끼리

---

그런데 이런 활동지를 배부했을 때 학생들은 모둠별로 협력하여 탐구하지 않았다. 이미 아는 학생들은 순식간에 풀어 버린 후 잡담을 하고 있고, 지난 시간부터 학습 결손이 누적된 학생들은 미리 포기해 버리고 말았다.

**[표 3] 수업을 바꾸고 난 후의 활동지**

1. 다음 단어들을 형태소 단위로 분석하기
   뜻을 가진 가장 작은 말의 단위

   | 잠자리 | 멋쟁이 | 넓이 |
   | 덮 개 | 햇보리 | 물총 |
   | 예쁘다 | 뛰놀다 | 새파랗다 |

2.

| A | B |
|---|---|
|   |   |
| 기준 : | |

3.

| A | B |
|---|---|
|   |   |
| 기준 : | |

전체적으로 학생들이 잘하는 것 같지 않으니까 교사는 잘하는 학생들에게 발표를 시킨다. 잘하는 학생들의 발표를 듣고 어려워하는 친구들이 알기를 바라서이다. 교사는 잘하는 학생들의 입에서 나온 정답에 심리적으로 만족하면서 수업을 마친다. 하지만 모르는 학생들은 여전히 모르는 상태이다. 이런 패턴이 일반적인 수업 형태였다. 어떻게 해야 협력하여 탐구할까 고민하다가 바꾼 활동지는 [표 3]과 같다. 활동지만 봐서는 잘 파악하기 어려우니 우리가 수업 회의에서 작성했던 수업 흐름도를 함께 싣겠다.

[표 4] 수업을 바꾸고 난 후의 수업 흐름도

| 시간 | 활동 | 활동 안내 / 흐름 |
|------|------|------------------|
| 5분 | 5분 독서 | |
| 10분 | 학습 안내<br>활동지 배부 | (칠판에 단어를 적어 놓는다)<br>"형태소 단위로 나눠 봅시다." |
| 15분 | 모둠 활동1 | 형태소 단위로 단어 나누기 |
| 20분 | 공유 | 원하는 학생이 칠판에 표시하기<br>(지난 시간에 배운 형태소 개념의 복습) |
| 25분 | 모둠 활동2 | "선생님이 여러분이 나눈 형태소를 두 그룹으로 분류할 거예요.<br>선생님이 사용한 분류 기준이 무엇인지 추측해 보세요." |
| 30분 | 전체 대화 | 각 모둠에서 추측한 기준을 공유하기<br>(자립형태소, 의존형태소라는 용어 사용하지 않음) |
| 35분 | 모둠 활동3 | "선생님이 이번에는 다른 기준으로 또 분류해 볼게요. 어떤 기준<br>을 사용했을지 추측해 보세요." |
| 40분 | 전체 대화 | 각 모둠에서 추측한 기준과 그 특징 공유하기(학생들이 사용하는<br>표현 충분히 듣기) |
| 45분 | | 학생들이 말한 특징을 사용하여 수업 종료 직전에 '어근'과 '접사'<br>라는 용어를 알리기 |

모둠 활동2에서 교사는 칠판에 A와 B를 다음과 같이 분류해 놓는다.

[표 5] 2번 문제를 칠판에 제시한 모습

| 2. | A | B |
|---|---|---|
| 잠자리, 멋, 보리, 물, 총 | | ―쟁이, 넓―, ―이, 덮―, ―개, 햇―, 예쁘―, ―다, 뛰―, 놀―, ―다, 새―, 파랗―, ―다 |
| 기준: | | |

이렇게 제시하고 모둠 친구들과 분류 기준에 대해 이야기해 보라고 하자 학생들은 친구들과 대화를 통해 비교적 쉽게 분류 기준을 찾아냈다. 교사가 굳이 '자립형태소', '의존형태소'라는 문법 용어를 사용하지 않아도 이 둘의 차이점을 발견한 것이다.

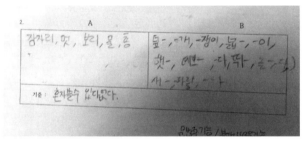

[그림 7] 2번 문제에 대해 아이들이 답한 내용

모둠 활동2는 모둠 활동3으로 가기 위한 도약판이었다. 이번 수업에서 가장 핵심적으로 공부하고 싶었던 것은 모둠 활동3이다. 어근과 접사의 특징을 학생들이 느껴 볼 수 있도록 하기 위한 활동이다. 모둠 활동3도 칠판에 A와 B를 다음과 같이 분류해 놓

았다.[10]

[표 6] 3번 문제를 칠판에 제시한 모습

| 3. | A | B |
|---|---|---|
| | 잠자리, 멋, 넓─, 예쁘─, 뛰─, 놀─, 파랑─ | ─쟁이, ─이, 새─, 햇─, ─다, ─개, ─다, ─다 |
| 기준: | | |

　이번 문항에서는 아이들이 쉽게 분류 기준을 발견하지 못했다. 하지만 시간을 충분히 주면 점점 차이점을 발견해 낸다. 학생들이 모둠에서 나눈 대화[11]를 살펴보면 알 수 있다.

　　"A는 꾸며 주는 거고 B는 아니지."

　　"'잠자리'가 꾸며 주는 말이야? 그냥 명사인데?"

　　"B는 말을 끝내 주는 기능을 하고 A는 그렇지 않아."

　　"그러면 '-쟁이'가 이상하잖아. 문장을 마쳐 주지는 않잖아. '새-'나 '햇-'도 이상하잖아."

　　"A는 뜻이 있어. B는 그냥 약간 연결해 주고……."

　　"B도 뜻이 있는 것이 있는데?"

　　"A는 뜻이 있고 B는 기능이 있어."

　　"A는 뜻이 있고 B는 꾸며 줘. 뜻을 보충해 줘."

---

10. 파생접사와 굴절접사의 차이는 이번 차시에서는 다루지 않고 다음 차시에서 탐구하도록 했다.
11. 수업을 촬영한 후에 녹취했다.

학생들의 대화를 살펴보면 처음에는 눈에 먼저 들어오는 형태소들의 특징만 말하지만 친구들과의 대화를 통해 오류를 발견하고 다른 생각을 해 보고 또 해 보고 한다. 그러면서 점점 어근이나 접사의 개념에 근접해 갔다. 이렇게 학생들은 자신들이 발견한 특징들을 공유하면서 접사와 어근이 가진 핵심 자질을 모두 다루게 된다. 수업 종료 4분을 남겨 두고 나는 학생들에게 국어학자들은 A를 '어근'이라는 말로 부르고, B를 '접사'라는 말로 부른다는 사실을 알렸다.[12]

문법 용어를 수업 단원명으로 적은 후 교사의 설명으로 시작되는 이전의 수업과는 많이 달라진 셈이다. 학생들과 이런 수업을 하면서, 학생들에게 '애매함을 견디는 시간'을 충분히 주어야 생각의 근육이 길러진다는 것을 점점 더 확신하게 되었다. 그래서 더 많은 수업을 이런 방식으로 디자인하려고 노력한다. 학자들이 세운 이론을 제시하고 외우게 하는 것이 아니라 학자들이 어떤 개념과 이론을 정립하는 과정에서 겪었던 사고 과정을 학생들에게 비슷하게나마 겪어 볼 수 있도록 디자인하는 것이다. 이렇게 학생들이 탐구 과정을 경험할 수 있도록 수업 과정을 디자인하는 것이 모둠 활동이 개인 학습 시간이 되지 않도록 하는 데 아주 중요하다.

---

12. 시간이 더 있었다면 지금까지 탐구해 본 특징을 바탕으로 학생들이 이름을 붙여 보는 활동을 했을지도 모르겠다. 국어학자 최현배 선생님께서 명사를 '이름씨'라고 부르자고 제안했던 것처럼 학생들도 멋진 이름을 붙였을지 모른다.

# 6장

# '모둠 학습'에 관한
# 수업

## 모둠 활동의 비법?

교실에서 직접 보든 수업 영상으로 보든 〈생각자람 국어교실〉의 수업을 보신 선생님들께서, 학생들이 어떻게 모둠 활동을 잘하느냐고 비법이라도 있으면 알려 달라 하는 경우가 있다. 잘된다면 8할은 학교에서 함께하는 모든 사람들의 실천 덕분이다. 다수의 교사가 이런 수업 철학에 동의하고 실천하기 때문에 학생들이 익숙하고 편안하게 탐구 활동에 몰입하는 것이다. 그 외에 다른 비법을 이야기해 달라고 한다면 별다른 비법이 있는 것이 아니라서 선명한 대답을 할 수 없다. 아니, 굳이 대답하자면 교사가 모둠 활동이 중요하다고 생각하는 것 자체가 비법이라면 비법인 것 같다. 교사가 중요시하는 것은 어떻게든 학생들에게 묻어난다.

예를 들어 어떤 교사가 요즘은 소그룹 협력학습을 하는 것이 대세라고 느꼈다고 해 보자. 그는 사회적 분위기 때문에 반 억지로 수업에 모둠 활동을 넣을 것이다. 시대에 뒤떨어지는 교사가 되고 싶지는 않기 때문이다. 하지만 그는 제대로 된 학습은 교사가 잘 설명할 때 일어난다고 생각하고 있다. 이 교사는 모둠 활동 시간은 일종의 버려지는 시간이라 여긴다. 그래서 모둠 활동을 넣느라 짧아진 강의 시간에 공을 더 들인다. 외형적으로는 학생 활동 중심 수업인 것처럼 보일지라도 본질적으로는 강의식 수업이다. 또는 모둠 공부는 어떻게 하든 상관없이 발표 시간에 공부를 잘하는 학생들이 정답을 발표하면 그것을 듣고 나머지 친구들도 모두 알게 될 것이라고 여기는 경우도 있다. 이런 경우도 외형적으로는 학생 활동 중심 수업처럼 보일지라도 강의자가 여럿인 강의식 수업이라 할 수 있다. 이런 교실에서는 대부분 모둠 활동의 질이 낮다.

배움은 무엇이며, 어떻게 일어나는 것일까? 배움에 대한 철학의 변화 없이 외형만 달라진다고 해서 수업이 바뀌지는 않는다. 교사가 중요시하는 것은 어떻게든 학생들에게 묻어난다. 모둠 활동에서 배움이 일어난다고 믿는 교사는 모둠 활동을 발표를 위한 도움닫기 단계일 뿐이라고 한정하지 않는다. 모둠 활동이 최종적인 배움의 장(場)인 것처럼 공들여 설계한다. 적합하고 적절한 수준의 모둠 활동을 디자인하기 위해 애쓴다. 교사 스스로 모둠 활동을 존중한다. 섣부른 개입과 불필요한 친절이 배움을 방해하지 않도록 주의한다. 모둠 공부에 참여하지 못하는 학생들을 섬세하게 돌보고 학생들의 말과 몸짓을 민감하게 경청한다.

그래서 교사의 철학이 모둠 활동이 잘되는 비법의 시작일 것이다. 이런 철학 위에서 학생들의 모둠 활동을 지원하기 위한 방법을 찾아보면 좋겠다.

〈생각자람 국어교실〉에서는 학기 초반부의 수업을 '왜 우리는 모둠으로 앉아 있는가'라는 주제로 2~3차시 운영해 왔다. 강의식 수업에 익숙한 학생들에게 소그룹 협력학습 방식으로 수업을 하겠다고 알리고 어떻게 이런 수업에 참여해야 하는지 의견을 나눌 필요가 있었기 때문이다. [그림 1]은 경기도 성남시의 보평중학교 학생들이 학년 초 학급별로 합의하여 만든 배움의 다짐(수업 규칙)이다. 많은 혁신학교에서 이렇게 입학식이나 신입생 오리엔테이션, 개강 오리엔테이션 등을 활용하여 소그룹 협력 수업에 관한 학생 연수나 수업 규칙 만들기를 진행한다.

선생님의 교실에서 왜 학생들을 모둠으로 앉게 하는지 몇 마디 말로 정리해 두면 좋다. 학생들은 난관에 부딪힐 때마다 묻는다. 왜 우리가 모둠별로 공부해야 하냐고. 혼자 하는 것이 훨씬 편한데 왜 책상을 돌리면서까지 모둠별로 공부를 해야 하느냐고. 어떤 아이는 무임승차를 하고 어떤 아이는 수업을 방해하는데 왜 이런 것을 해야 하느냐고.

학생들의 질문에 답하기 위해 이유를 정리해 두자는 말은 아니다. 학생들의 항의보다 더 힘든 벽은 교사 자신의 회의감일 수 있다. 모둠 학습을 해도 수업이 잘되는 것 같지 않은데 나는 왜 이것을 계속해야 하는가, 나는 강의를 잘할 수도 있고 학생들도 내 강의를 재미있어 하는데 굳이 모둠을 만들어 해야 할까 등등.

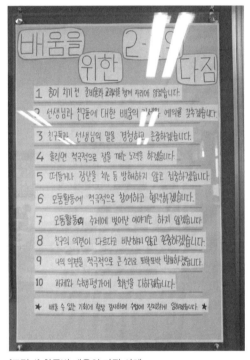

[그림 1] 학급별 배움의 다짐 사례

이런 내면의 질문에 대한 선생님의 답이 '우리는 왜 모둠으로 앉아 있는가'에 관한 수업을 디자인하는 뼈대가 될 것이다. 그래서 선생님의 답이 필요하다. 수업디자인은 교사의 철학에서 시작

된다.

## 역량 중심 교육과정의 비판적 해석

먼저 〈생각자람 국어교실〉에서는 모둠 학습에 관한 수업을 어떻게 하고 있는지 살펴보자. 우리는 어떤 해에는 학생들과 '학습 효율성 피라미드'[1]를 함께 보며 소그룹 협력학습의 필요성을 이야기하기도 했고, 어떤 해에는 '사막에서 살아남기'나 '가치관 경매' 같은 활동을 하면서 함께 공부하는 것을 익숙하게 만드는 방법으로 수업하기도 했다. 가장 최근에는 다음과 같은 내용으로 수업을 했다.

1차시: 나는 어떤 인재가 될 것인가?
2차시: 모둠 활동 규칙 세우기

신가중학교에는 5분 독서[2] 시간이 있기 때문에 한 시간 수업이 보통 40분이다. 40분 수업을 가정할 때 모둠 학습은 2차시 정도의 시간이 필요하다. 차시별로 상세하게 들여다보자.

---

1. 이 책 118쪽에 나와 있음
2. 부록1 참고

## [표 1] 1차시 수업 흐름

| 시간 | 활동 | 활동 안내 / 흐름 |
|---|---|---|
| 5분 | 5분 독서 | |
| 10분 | 포스트잇 배부 및 작성 | ─ "여러분이 현재 어떤 회사의 인사 담당자가 되었다고 생각해 봐요. 그리고 우리 반 친구들이 그 회사에 지원을 하러 왔다고 가정합시다. 누구를 뽑고 싶은지 한 사람만 적고 그 이유를 적어 보세요. '이유'를 잘 생각해 보는 것이 중요합니다." |
| 15분 | 포스트잇 답변 공유 | ─ "칠판에 나와서 포스트잇을 붙이는데, 먼저 붙인 사람과 '이유'가 다르면 옆으로 붙이고 '이유'가 같으면 밑으로 붙이세요."<br>─ 가장 많은 이유 공유 |
| 20분 | 읽기 자료 배부 및 읽기 | ─ "가장 많은 이유로 '일 잘하는 사람'이 나왔는데 일을 잘한다는 것이 무엇인지 생각해 보기 위해 읽기 자료를 함께 봅시다."<br>─ 학급에 따라서 대표독, 개별독, 단체독 등 선택하여 읽기 |
| 25분 | 모둠 대화 및 전체 공유 | ─ "모둠으로 합쳐서 읽기 자료 뒷면에 나온 질문 3개에 답해 보세요." |
| 30분 | | 1. 사회에서 요구하는 사람은 어떤 특성을 가졌는가?<br>2. 학교에서 키워 내는 사람은? / 학교에서 인정받는 사람은 어떤 특성을 가졌는가?<br>3. 학교교육은 어떤 방향이어야 할까? |
| 35분 | | |
| 40분 | | ─ 학생들이 모둠 토의를 하고 있는 동안 교사는 칠판을 9칸으로 나누어 놓기<br>─ 모둠 대화가 마무리 단계이다 싶을 때 "3번에 나온 이야기들을 칠판에 적어 주세요"라고 하기 |
| 45분 | 영상 보기 (시간이 부족할 경우 안 보거나 다음 시간으로 이동) | ─ "여러분이 3번에 '협력'을 많이 적어 주셨네요. '협력'의 효과에 관한 동영상 하나를 보고 마치겠습니다." (동영상 : EBS 교육 대기획 6부작 〈왜 우리는 대학에 가는가 5부 - 말문을 터라 I 〉(2014년 1월 27일 오후 9시 50분 방송됨) 중 '조용한 공부방과 말하는 공부방 부분') |

1차시의 수업 흐름은 [표 1]과 같다. 표를 보고 수업의 흐름을 살펴본다면, 이 수업을 기획할 때 교사의 고민이 무엇이었는지 짐작할 수 있을 것이다.

　같은 맥락으로 1차시 수업 주제를 '나는 어떤 인재가 될 것인가?'로 잡으면서 '인재'라는 표현이 풍기는 도구적 발상에 대해서도 고민이 많았다. 그런데도 이 표현을 쓴 이유는 '나는 어떤 사람이 될 것인가?'라는 문장과 '나는 어떤 인재가 될 것인가?'라는 두 문장이 학생들에게 주는 어감에 상당히 차이가 났기 때문이다. 나는 학생들이 이 시간을 단순한 인성 교육 시간이 아니라 사회를 좀 더 들여다보는 시간으로 받아들이기를 바랐다. 그래서 고심 끝에 다소 저급하고 원색적일 수도 있는 '인재', '사회의 요구' 같은 표현들을 사용했다. 미래학자 앨빈 토플러는 "한국 학생들은 하루 10시간 이상을 학교와 학원에서 자신들이 살아갈 미래에 필요하지 않을 지식과 존재하지도 않을 직업을 위해 시간을 허비하고 있다."[3]라고 한 적이 있다. 그 글을 읽으면서 '자신들이 살아갈 미래'라는 말이 마음에 턱 걸렸고, 학생들이 자신들이 살아갈 미래에 대해 생각해 보기를 바랐다. 〈생각자람 국어교실〉의 교사들은 미래 사회를 살아가게 될 학생들이 사회와 자신을 연결하여 생각할 수 있기를 바란다. 또한 자신들이 하고 있는 공부 자체에 대해 비판적이고 분석적인 눈을 가지게 되기를 바란다. 4차 산업혁명이 꽤 진행된 세상에서 살아가게 될 우리 아이들이 이전

---

3. 〈평등 · 획일화…… 한국교육 미래와 정반대로 가〉, 《중앙일보》, 2007. 9. 20

의 산업화 시대에 만들어진 교육 방식에 길들여지면 안 된다고 생각했기 때문이다. 우리 학생들이 미래에 어떤 세상에서 살아가게 될지 아주 구체적으로는 잘 모르겠다. 하지만 지금의 아이들은 부모 세대처럼 좋은 대학만 졸업하면 양질의 직장과 중산층 정도의 삶이 보장되는 사회에서 살게 되지는 않을 것이라는 점은 분명하다. 인공지능의 발달로 현재 존재하는 많은 직업들은 없어질 것이고 새로운 직업들이 생겨날 것이다. 인공지능은 놀라운 속도로 발전해 가는데 지금의 학교교육이 미래의 실업자를 양산하고 있는 것은 아닌지 두렵기도 하다.

어떤 사회가 되더라도 우리 학생들에게 가장 중요한 역량은 '협력하고 소통하는 힘'이라고 생각한다. 다만 이 이야기가 학생들에게 '추상적이고 도덕적인 설교'가 되지 않도록 하기 위해 입학이나 취업 상황처럼 학생들이 관심을 가질 만한 제재를 사용하여 읽기 자료를 만들었다.

지금까지 이 수업을 기획하는 과정에서 했던 고민들을 비교적 자세하게 말씀드렸다. 수업을 하다 길을 잃지 않으려면 수업 철학을 분명하게 세우는 것이 중요하기 때문이다.


## 1차시: 함께 일할 직원 뽑기

이제부터는 수업의 흐름에 대해 설명하겠다. 먼저 학생들에게 접착 가능한 메모지를 나눠 준다. 이때 교사는 "여러분들이 지금 어떤 회사의 인사 담당 면접관이고 지금 신입 사원을 뽑고 있는 상황이라고 상상해 봐요. 지원자는 우리 반 학생들이고요. 여러분은 우리 반 친구 중에서 누구를 직원으로 뽑고 싶어요? 왜 그 사람을 뽑고 싶어요? 우리 반 친구라면 누구라도 좋아요. 중요한 것은 뽑고 싶은 이유를 상세하게 답하는 것입니다."라고 말한다.

학생들은 [표 2]와 같이 포스트잇(접착 메모지)에 반 친구들 중에서 한 사람의 이름을 적은 후 이름 아래쪽에 그 친구를 선택한 이유를 적는다. 여러 명을 뽑고 싶을 때는 여러 장의 메모지를 가져가서 한 장에 한 사람씩 적으면 된다.

**[표 2] 사원으로 뽑고 싶은 친구**

| 장◇◇<br>이유 : 회사는 많은 사람들을 만나야 하기 때문에 친화력이 좋은 ◇◇를 뽑겠다. | 한○○<br>이유 : 사소한 일도 열심히 하고 성실 하기 때문에 |
|---|---|
| 서△△<br>이유 : 뭐든지 잘하려는 근성이 있기 때문에 | 박□□<br>이유 : 자기가 맡은 일을 잘 수행하고 협동을 잘한다. |

쓰기를 마치면 학생들은 서로 의견을 공유하기 위해서 포스트잇을 칠판에 붙인다. 포스트잇으로 의견을 공유하는 수업을 할 때는 붙이는 방법에 대해 미리 약속을 해 둔다. 칠판에 포스트잇을 붙일 때에는 [그림 3]과 같이 먼저 붙어 있는 다른 친구의 포스트잇 메모를 읽어 본다. 그 친구의 포스트잇에 쓴 이유와 자신이

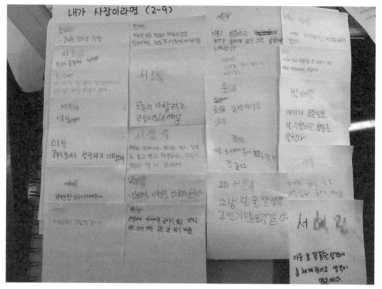

[그림 2] 내가 사장이라면, 사원으로 뽑고 싶은 친구 이름과 그 이유를 포스트잇에 적고 칠판에 붙이게 했다.

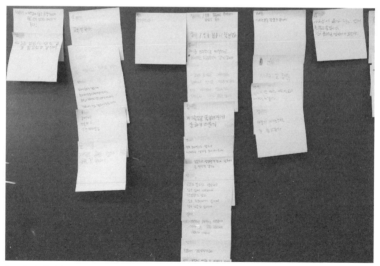

[그림 3] 이미 붙어 있는 친구의 포스트잇에 적힌 이유와 자신의 생각이 같으면, 자기 포스트잇을 그 아래에 붙이고 다르다면 그 옆에 붙인다.

생각하는 이유가 같다면 그 친구 포스트잇 아래에 자신의 생각을 쓴 포스트잇을 붙이고, 이유가 다르면 그 옆에 붙인다. 이 방식은 포스트잇을 붙일 때 친구들의 의견을 읽어 보고 공통점과 차이점을 파악할 수 있어 의견을 공유하기에 좋고, 다수의 의견을 빨리 파악하는 데도 좋다.

대부분의 학급에서 '일 잘할 것 같은 친구'의 이름이 많이 나온다. 일을 잘한다는 기준이 상당히 모호하기 때문에 '일을 잘한다는 것이 무엇일까?'에 관한 생각을 돕기 위해 읽기 자료를 함께 나누어 주었다. 읽기 자료는 4개의 글로 이루어져 있다.

〈읽기 자료〉

1. 어떤 동창생들의 모임

**동창생 A(서울 지역 초등학교 교사, 51세)** 이 나이가 되니까 제자들도 다 컸는데 요즘은 참 불쌍한 제자들이 많아. 남들이 부러워하는 대학을 나와 놓고도 직장을 구하지 못하더라. 학교 다닐 때는 그렇게 공부를 잘했는데 다 커서는 백수로 살고 있으니 본인도 힘들어 하고 보는 나도 참 안타깝더라. 너희 회사는 도대체 무슨 기준으로 신입 사원을 뽑는지 궁금하다.

**동창생 B(대기업 인사 담당관, 51세)** 글쎄, 난 면접을 주로 보니까 어느 대학 나왔는지는 관심 없어. 면접 때 젊은이들이 들어오면 그걸 보지. 이 사람은 혼자 잘나서 자기 일만 잘하고 살 사람인지, 아니면 우리 회사에 들어와서 사람들과 잘 어울리겠는지. 회사일이라는 게 그렇잖아. 혼자 자기 일 잘한다고 성과를 낼 수 있는 것이 아니잖아. 아이디어를 합쳐 가야 하고 서로 협력해야 성과가 나오는 법이지. 자기 일만 잘하는 사람은 얼마 견디지 못하고 회사를 그만둬 버리는 일이 많아서 뽑고 싶어 하지 않아. 내가 면접에서 후한 점수를 주는 사람은 '아, 이 사람이 들어오면 우리 회사에 좀 기여하겠다. 팀 전체 분위기가 밝아지거나 좋아지겠다.'는 느낌을 주는 사람이라고 할 수 있지.

**동창생 C (대기업 부장, 50세)** 맞아. 너의 제자들이 어떤 애들인지 난 잘 모르겠지만, 명문대 나왔다고 해서 사회에서도 잘 적응하는 것은 아니더라. 회사에서 보면 오히려 소위 '엄친아'였던 애들이 남의 말 잘 안 듣고, 팀의 성과보다는 자기 성과를 내려고 하고, 다른 팀원들과 소통이 되지 않아서 제일 힘든 직원일 때가 많아. 명문대 나왔다고 해서 직원으로 뽑고 싶은 마음은 없어.


## 2. 최희 아나운서의 합격 비화

최근 '매력녀 특집'으로 진행된 KBS 2TV 〈해피투게더 3〉 녹화(2013년 9월 26일 방송)에는 '야구 여신'이라 불리는 스포츠 아나운서 최희가 나왔다. 최희는 이날 "스포츠 아나운서 면접 때 생각만큼 잘 못 봐서 면접장에서 울었다."고 자신의 아나운서 면접 합격 비화를 공개했다. 그는 이어 "그렇게 면접을 어렵게 끝내고 대기실로 돌아왔는데 먹다 남은 물병 등 쓰레기가 널브러져 있더라. 그 자리가 너무 지저분하니깐 내 것을 치우면서 나머지 쓰레기도 함께 가지고 밖으로 나왔는데 그게 바로 나의 합격 비법이었다."고 밝혔다.

## 3. 영재가 떨어진 시험

○○중학교 3학년 ○○○ 학생은 전문가들이 인정한 영재였다. 카이스트 대학생들과 과학 분야 문제 풀이 능력을 측정해도 뒤지지 않았으며, 그 분야에서는 대학 교수들과 토론을 나눌 수 있을 정도로 뛰어난 실력을 가진 학생이었다. 그 당시 그렇게 뛰어난 중학생이 없었기 때문에 그는 많은 어른들의 기대를 한 몸에 받았다. 그 학생은 숙고 끝에 전국 단위로 학생을 모집하는 Y고등학교에 원서를 넣었는데, 1차 서류 전형과 2차 필기시험은 아주 우수한 점수로 통과했다. 특히 2차 필기시험은 다른 지원자들과 비교가 안 될 만큼 월등한 점수를 받아 모두를 놀라게 했다.

그러나 문제는 3차 시험. 심층 면접과 조별 미션 수행으로 이루어진 3차 시험은 면접시험 점수와 미션 수행 과정을 관찰 평가하여 당락을 결정하는데, 평소 혼자 공부하는 데 익숙하고 극심한 공부 스트레스를 갖고 있던 이 학생은 조별 토의 과정에서 다른 친구들과 화합하지 못하고 언성을 높이는 경우가 많았다. 진통 끝에 조별 미션 과제는 성공했으나 기쁨도 잠시, 이 학생은 3차 시험에서 불합격을 통보받았다. 3차 시험은 미션을 성공했느냐가 아니라, 문제 해결 과정에서 다른 사람들과 잘 소통하고 화합할 수 있느냐가 평가 기준이었던 것이다.

### 4. S대학교 자기소개서 1번 문제 및 이에 답한 서류 합격 학생의 답안

**1번 문제** 학교 재학 기간 또는 최근 3년간 지적 호기심을 가지고 학업 능력을 향상시키기 위해 노력한 내용을 기술하여 주십시오.

**학생 답안** 저는 협력학습을 통해 지적 호기심을 키우고 발전시켰습니다. 협력학습을 통해 나 혼자 하는 공부보다 함께 하는 공부가 훨씬 효과적이라는 것을 알게 되었고, 그것이 결국 다른 사람과 함께 나를 더 성장시킨다는 것을 경험했습니다.

문학 시간에는 독서 토론 활동을 많이 했습니다. 친구들과 함께 예상 질문을 뽑고 답변을 준비하면서, 혼자 읽을 때 미처 생각하지 못했던 것이 많았다는 것을 깨달았습니다. 토론을 할 때도 반대 측의 입장을 경청해서 듣다 보니 제 생각이 미치지 못했던 곳까지 더 넓게 생각해 볼 수 있는 좋은 기회가 됐습니다. 토론 학습은 친구들과 다양한 해석과 이해를 공유하는 과정을 통해 심층적인 이해를 도와주었고 비판적 안목을 키워 주었습니다.

초등학교, 중학교에 이어 고등학교에서까지 수학은 저를 괴롭혔습니다. 그러나 스스로 한계를 짓고 싶지 않아 수학을 극복해야 할 과제로 설정하고, 기초부터 다시 시작했습니다. 혼자 고민하다 안 되면 선생님께 가서 질문하거나, 친구들에게 물었습니다. 그런 과정을 통해 친구들과 묻고 답하며 공부할 때 큰 효과가 있다는 것을 깨닫게 되었습니다. 친구의 말 한마디가 제 생각의 받침대가 되어 그 받침대를 발판 삼아 제 생각이 점프하기도 했고, 친구들에게 설명하는 과정에서 제가 모르는 개념이 확실해지기도 했습니다. 친구들과 얘기하다 보면, 제가 모르고 있었던 또 다른 부분에 대한 의문이 생겼고, 그것을 파고들다 보니 수학에 대한 논리와 자신감이 생겼습니다. 이렇게 생긴 수학에 대한 자신감이 교내 수학경시대회에 도전하는 용기를 북돋아 주었습니다. 수상 여부와 상관없이 '더 이상 수학이 두렵지 않다'는 것을 제게 보여 주는 의미가 되었기 때문에 뜻깊은 도전이었습니다.

영어를 힘들어 하는 친구를 위해 기숙사에서 영어 스터디 그룹을 구성해서 시험 기간에 시험 대비 '특강'을 기획했습니다. 수업 시간에 배운 내용을 스스로 재정리하고, 부족한 부분은 EBS 강의로 보충하며 특강을 준비했습니다. 준비하는 과정은 저의 실력 향상에도 많은 도움이 되었습니다. 나를 위해 공부할 때보다, 수업 준비를 위해 공부하는 것은 두세 배 이상 깊이 있는 학습을 필요로 했습니다. 친구들의 질문을 대비하여 막히는 부분이 없도록 꼼꼼하게 살펴 공부했습니다. 저의 노력은 좋은 성취를 낳았습니다. 함께 공부한 친구들의 성적이 눈에 띄게 향상됐고 자신감이 생겼다고도 했습니다. 뿌듯하기도 하고 친구들이 고맙기도 했습니다. 영어 스터디의 최대 수혜자는 바로 저라는 것을 알았기 때문입니다. 시험지를 받자마자 특강했던 내용들이 생생하게 기억났고, 너무나 수월하게 문제를 풀 수 있었습니다. '협력한다는 것은 결국 나를 키우는 방법'이라는 것을 깨닫게 되었습니다.

한 기업가는 "핵심 인재 한 명이 만 명을 먹여 살린다."라고 말했습니다. 하지만 제 생각은 조금 다릅니다. 아무리 뛰어난 인재라도 '협력과 소통' 없이는 그 역시도 역량을 발휘할 수 없다고 생각하기 때문입니다.


이 읽기 자료는 〈생각자람 국어교실〉 교사들이 일전에 겪은 일, 또는 주변 사람들이 겪은 일, 신문 기사에서 뽑은 내용으로 구성되어 있다. 따라서 수업 중 학생들이 글에서 이야기되고 있는 상황에 대해 궁금해하면 교사가 더 자세하게 말해 줄 수 있었다. 이런 흐름으로 수업을 진행하고 싶다면 선생님께서 지금 만나는 학생들에게 보다 친숙한 자료로 다시 찾아보기를 권한다. 사회가 점점 많이 변하고 있기 때문에 어렵지 않게 사례를 구할 수 있을 것이다.

읽기 자료를 읽고 나면 읽기 자료 뒷면을 펼치도록 한다. 읽기 자료 뒷면에 다음과 같은 질문 자료가 인쇄되어 있다.

[표 3] '나는 어떤 인재가 되고 싶은가?' 활동지

**친구들과 이야기 나눠 보세요.**

나는 어떤 인재가 되고 싶은가?

| 1. 사회에서 요구하는 사람은? | 2. 학교에서 인정받는 사람은? 학교에서 키우고 있는 사람? |
|---|---|
| | |

3. 학교교육은 어떤 방향이어야 할까?

학생들은 모둠 친구들과 함께 이 세 가지 질문을 중심으로 이야기를 나눈다. 자료를 먼저 읽었기 때문에 아이들의 대화가 방향 없이 흩어지지는 않는다. 이런 식의 수업에서는 읽기 자료가 학생들의 사고에 어떤 테두리를 치기는 한다. 하지만 읽기 자료가 없다면 학생들의 대화는 한정 없이 흩어진다. 중학교 1학년 학생들은 아직 사회를 깊게 들여다보지는 못하기 때문이다.

학생들은 자신이 알고 있는 일, 겪은 일, 읽기 자료에서 제시된 상황을 바탕으로 이야기를 나눈다. 어떤 학급에서는 이야기를 길고 깊게 나누기도 하고 어떤 학급에서는 짧고 명확하게 나눈다. 어떤 양태로든 이야기를 나누는 시간은 중요하다. 대화를 통해 의미가 구성되기 때문이다.

학생들은 주로 어떤 이야기를 나누었을까? 〈생각자람 국어교실〉에서는 토의 사항이 주어지면 공책에 쓰기보다는 상호 토의에 집중하는 것이 원칙이다.[4] 이를 위해 학습활동을 안내할 때 "문제를 풀어 보세요."라고 하지 않고 "친구들과 이야기해 보세요."라고 한다. 그래서 학생들의 토의 내용이 기록으로 잘 남지는 않는다. 그런데 종종 [그림 4]와 같이 정리 습관이 있는 학생들의 공책을 통해 학생들이 어떤 내용으로 토의했는지 짐작해 볼 수 있다.

두 번째 질문에 대한 학생들의 답변은 마음 아프다. 신가중학교는 혁신학교라서 예외적인, [그림 5]과 같은 답변이 나와서 기쁘기도 했지만, 대부분의 학급에서 학생들은 일반적인 학교를 생각하고 답변을 하기 때문에 많은 경우 [그림 4]에 적힌 것과 비슷한 이야기가 나온다.

학생들의 토의가 끝나 간다 싶을 때 칠판에 모둠 수만큼 칸이 생길 수 있도록 분할선을 긋고 3번 질문에 대한 답변을 공유하도

---

4. 손우정, 《배움의 공동체》, 해냄, 2012, 110쪽

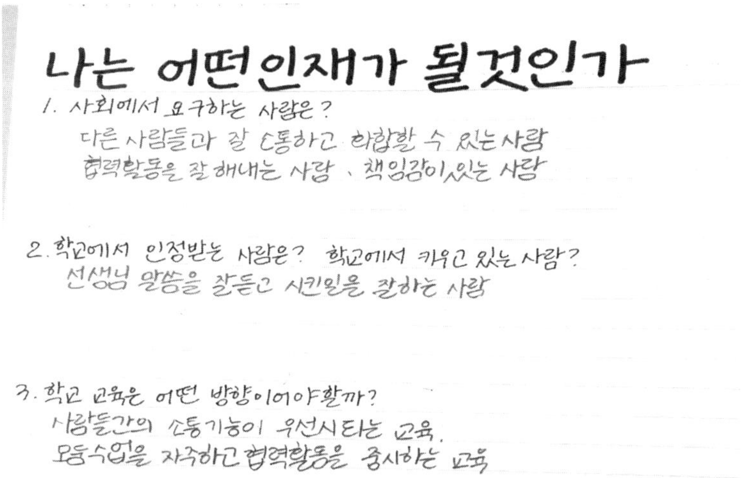

## 나는 어떤 인재가 될것인가

1. 사회에서 요구하는 사람은?
    다른 사람들과 잘 소통하고 타협할 수 있는 사람
    협력활동을 잘 해내는 사람, 책임감이 있는 사람

2. 학교에서 인정받는 사람은? 학교에서 키우고 있는 사람?
    선생님 말씀을 잘 듣고 시킨일을 잘하는 사람

3. 학교 교육은 어떤 방향이어야할까?
    사람들간의 소통기능이 우선시되는 교육.
    모둠수업을 자극하고 협력활동을 중시하는 교육

[그림 4] 세 가지 질문에 대한 토의 내용을 한 학생이 정리한 내용

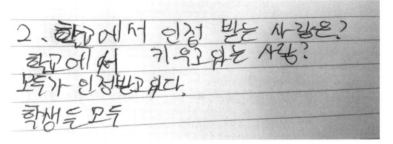

[그림 5] 2번 질문에 대답한 예외적인 답변

록 한다. 다음은 한 학급의 칠판에 공유된 내용이다.

- 조별 봉사활동을 하며 협동심과 소통하는 능력을 기른다.
- 성적에 의한 경쟁보다 학생들이 서로 협력하는 능력을 길 러야 한다.
- 자신이 혼자 문제를 해결하는 방식보다 모둠원이 함께 문

제를 해결하도록 해야 할 것 같다.

- 협력과 소통이 습관화되도록 모둠 활동을 수시로 한다.
- 모둠 활동을 통해 학생들이 자신의 생각을 말하고 상대방의 의견을 잘 이해하도록 수업해야 한다.
- 사회에 나가서 적응할 수 있도록 교육시켜야 한다.

[그림 6] 질문 3에 대한 답변을 칠판에 공유하는 모습

많은 학급에서 주로 적힌 내용들도 위와 대동소이했다. 읽기 자료가 강렬했다는 증거이기도 하다. 분명한 것은 모둠 활동을 해야 하는 이유에 대해서 학급 구성원 전체가 필요성을 공감했다는 것이다. 그것이 이 수업의 주요한 기획 의도였다.

# 2차시: 모둠 활동 규칙 세우기 OX

〈생각자람 국어교실〉에서는 이 수업과 연결하여 다음 차시에는 '모둠 활동 규칙 세우기' 수업을 했다. 1차시가 모둠 활동을 왜 하는지에 대해 모두 공감하는 시간이었다면, 2차시는 모둠 활동을 할 때 구체적으로 어떻게 할 것인가에 대해 생각해 보는 시간으로 구성했다. 2차시의 수업 흐름도는 [표 4]와 같다.

2차시 수업은 크게 두 가지 활동으로 구성했다. 하나는 학생들이 직접 우리 학급의 모둠 활동 규칙을 만드는 것이고, 또 하나는 주어진 규칙들을 지켜야 할 것과 그렇지 않은 것으로 분류해 보는 활동이다.

첫 번째 활동은 지난 차시처럼 포스트잇을 사용한다. 학생들은 우리 반에서 모둠 활동 시간에 함께 지켜야 한다고 생각하는 것을 한 가지씩 포스트잇에 적는다. 칠판에 붙일 때는 지난 시간에 했던 방법처럼 먼저 붙인 친구들의 포스트잇 메모를 읽어 본다. 자신이 쓴 내용과 같은 내용이 있으면 그 포스트잇 아래쪽으로 자신의 포스트잇을 붙인다. 같은 내용이 없으면 친구의 포스트잇 옆에 자신의 포스트잇을 붙인다. 이렇게 포스트잇을 붙이면 가장 많은 학생들이 지켜야 할 내용으로 적은 포스트잇 줄이 아래쪽으로 길어진다. 가장 긴 포스트잇 줄에 적힌 내용을 공유하여 그 학급의 모둠 활동 규칙으로 공표한다.

두 번째 활동에서는 모둠 토의를 위한 간단한 준비물을 사용한

## [표 4] 2차시 수업 흐름

| 시간 | 활동 | 활동 안내 / 흐름 |
|---|---|---|
| 5분 | 5분 독서 | |
| 15분 | 학급 규칙 만들기 | — "지난 시간에 모둠 활동에 대한 필요성을 함께 나눴어요. 오늘은 모둠 활동을 할 때 어떻게 잘 할 것인지 우리 반의 규칙을 함께 만들어요."<br>— 포스트잇 배부: " '친구들아. 모둠 활동할 때 이것만은 지켜 보자.' 하는 규칙을 1개씩만 적어서 칠판에 붙여 보세요."<br>— 학생들은 포스트잇을 칠판에 붙일 때 같은 내용이면 아래로 붙이고 다른 내용이면 옆으로 붙임<br>— 가장 많이 나온 규칙을 공유 |
| 20분<br><br>25분 | 모둠 활동1 - 규칙 O X로 분류하기 | — 각 모둠에 봉투를 배부: 8개의 종잇조각 중에서 ⑧번 조각만 백지 상태이므로 거기에 우리 학급에서 가장 많이 나온 규칙을 적으라고 안내<br>— "8가지 규칙 중에서 ⑧은 여러분이 만든 규칙이니까 무조건 O입니다. 나머지는 O인 것도 있고, X인 것도 있어요. 분류해 보세요. 분류하면서 왜 그렇게 분류했는지 서로 이유를 이야기 나눠 보세요."<br>— "O X 분류가 끝나면 칠판에 공유해 주세요." |
| 30분<br><br>35분 | 전체 대화 | — O가 왜 O인지, X가 왜 X인지 이야기 나누기 |
| 40분 | 모둠 활동2 - 규칙 우선순위 정하기 | — "O인 규칙의 우선순위는 여러분 학급에 맞게 정해 봅시다. 1위부터 5위까지 정해 보세요."<br>— 학생들이 회의하는 동안 교사는 칠판에 순위표 그리기 |
| 45분 | 공유 | — 각 모둠별로 규칙 순위를 칠판에 공유<br>— 칠판에 공유한 대로 학급의 모둠 활동 규칙을 확정(다음 시간에 오늘 만든 규칙 체크 리스트를 배부한다고 안내) |

다. 사전에 학생들이 만지작거리면서 토론할 수 있는, 주제를 적은 종잇조각을 마련한다. [표 5]를 인쇄하여 한 칸씩 자르면 8개의 종잇조각이 된다. 8개의 종잇조각 중에 7개의 조각에는 각각

규칙을 하나씩 적어 놓았고 남은 하나의 조각에는 아무 규칙도 적어 놓지 않았다. 이 백지 상태의 종잇조각에는 아이들이 직접 규칙을 적도록 하기 위해서이다. 종잇조각 8개에 적힌 규칙 중에서 5개는 올바른 규칙이라는 의미에서 O를 표시하는 행동을, 3개는 그 반대의 의미에서 X를 표시하는 행동을 염두에 두고 만들었다. 그리고 한 모둠에 한 벌씩 나눠 줄 수 있도록 봉투 8개를 준비했다. 봉투에 한 벌씩 담아서 모둠별로 하나씩 나누어 주었다. 이때 백지 상태로 준비해 온 종잇조각에 학생들이 자기 학급에서 스스로 정한 규칙을 적도록 했다. 이 종잇조각은 학생들이 스스로 정한 규칙이 적혀 있기 때문에 무조건 O로 분류하도록 안내했다. 그런 다음 학생들에게 나머지 7개를 O, X로 분류하는 시간을 주었다. 종잇조각들을 분류하는 시간은 이유를 생각하고 이야기를 나누는 과정이기 때문에 중요하다. O, X로 분류한 후에는 그 결과를 [그림 7]처럼 공유했다. 이런 수업을 한 학급 중에서 종잇조각 8개를 모두 〈생각자람 국어교실〉의 교사들이 의도했던 것과 똑같이 O, X로 분류한 학급은 없었다. 규칙 하나하나에 대해 교사로서 우리들의 의도와 아이들의 반응을 설명하겠다.

#### [표 5] '모둠 활동을 어떻게 할 것인가?'  토론거리

① 요청하기(물어 보기) 전까지 가르치지 않는다.

② 모르면 친구에게 묻는다.  "뭐라 하셨어?" ,  "왜 그렇게 돼?" ,  "어떻게 하는 거야?"

③ 친구가 물어 보면 '친절하게'  대답한다.

④ 친구가 말을 할 때는 내 입은 다물고 친구 쪽을 보고 반응하되, 비난하지 않는다.

⑤ 아는 문제가 나오면 얼른 친구들에게 말해 준다.

⑥ 모둠에서 이야기 나온 것을 발표하거나 공유할 때는 모둠 친구들의 의견을 종합하여 말한다.

⑦ 친구가 물어 보면 내 활동지를 통째로 빌려준다.

⑧

한 칸씩 잘라서 봉투에 담는다. 한 모둠에 한 벌씩 나눠 줄 수 있도록 봉투를 준비한다.

[그림 7] 학생들이 O, X로 분류한 것을 칠판에 공유한다.

### ① 요청하기(물어 보기) 전까지 가르치지 않는다.

모둠 학습에 대해 학생들이 오해하는 것 중 하나가 '모둠 학습은 서로 활발하게 이야기하는 것'이라는 생각이다. 그래서 모둠 학습을 시작하면 자기가 알고 있는 것을 친구들에게 가르쳐 주는 경우가 많다. 특히 학원에 다니면서 미리 선행 학습을 한 학생들에게서 자주 발견되는 현상이다. 하지만 이런 행동은 깊이 생각해 보고 싶은 학생들에게는 크게 방해가 된다. 재미난 수수께끼를 듣고 풀어 보고 싶은데 답을 미리 아는 친구가 옆에서 말해 버리면 김새는 상황과 유사하다. 그래서 이 항목은 친구가 묻거나 요청하기 전까지는 가르치려 들지 않는 것이 친구를 배려하는 행동이라고 말하고 있다. 물론 저 '요청'이 매우 미세하게 드러나는 경우도 있다. 학생들 중에는 요청을 못 하는 경우도 있다. 요청해 봐야 소용이 없다는 경험을 오랫동안 했을 수도 있고 요청하는 법을 배우지 못한 경우도 있다. 이런 친구들은 말로 분명하게 요청하는 것을 잘 못 한다. 혼잣말로 하거나 표정으로 하거나 심지어는 텔레파시(?)로 요청하는 경우도 있다. 우리 아이들이 주위 친구들의 이런 것까지 읽어 낼 수 있는 따뜻한 민감성이 있으면 좋겠다. 이런 따뜻함이 있다면 서로 아무 말 없이 모둠 활동을 하고 있어도 나는 그것이 훌륭한 모둠 활동이라고 생각한다. 서로 자랑하는 관계가 아니라 돌보는 관계로 앉아 있으니 말이다.

② **모르면 친구에게 묻는다. "뭐라 하셨어?", "왜 그렇게 돼?", "어떻게 하는 거야?"**

아이들을 소그룹 형태로 앉힌 것은 어떤 상황에서도 친구의 도움을 받을 수 있는 구조를 만들기 위해서다. 학생들이 인생을 살면서 어떤 것을 결정하고 앞으로 나아가야 할 때 다음 두 가지 경우 중 어느 쪽에 더 가까울지 상상해 보라. 첫 번째, 답을 알고 있는 완벽한 리더가 늘 곁에서 조언해 줄 수 있는 상황이다. 두 번째, 주위에 비슷비슷한 처지의 사람들이 많다. 혹 나보다 잘 알더라도 완벽하게 잘 아는 것은 아니다. 그 사람들과 이야기하고 생각을 정리한 후에 결정을 해 나간다.

첫 번째 경우보다는 두 번째 경우가 더 일반적인 상황일 것이다. 그래서 교사에게도 물을 수 있지만 친구들에게 물어 보자고 강조한다. 나는 수업 시간에 이렇게 말하기까지 한다. "우리는 서로 물어 보기 쉽도록 모둠으로 앉아 있는 거예요."

내가 막힌 곳이 어딘지 알 만한 사람을 감지하는 능력, 어떻게 해야 막힌 곳을 넘어갈 수 있을지 알 만한 사람을 알아보는 능력, 내가 어딘가에서 막혔을 때 그 지점에서 포기하지 않고 주위 사람들에게 도움을 요청하고 주위의 도움을 이끌어 낼 수 있는 능력은 삶의 중요한 능력이다. 사실 많은 학생들이 간단해 보이는 이 능력이 없어서 막히는 지점에서 포기한다. 그래서 학습 결손이 누적되고 학습 부진이 생겨난다. 심지어 이런 능력이 없어서 삶을 포기하는 일도 있다. 그런 면에서 이 능력은 중요한 생존 능력이기도 하다.

학생들은 친구들에게 질문하는 것을 훈련하기 전까지는 묻기를 어색해한다. 그래서 학생들이 서로에게 가장 많이 묻게 되는 질문 세 가지를 의도적으로 연습시키기도 한다.

"뭐라 하셨어?"는 성인의 말로 하는, 교사의 발문을 이해하지 못했을 때 친구에게 물어 보는 말이다. 모둠에서 학생들이 하는 질문의 50%가 이 질문이라고 해도 과언이 아닐 정도로 교실에서 잦은 빈도로 나타난다.

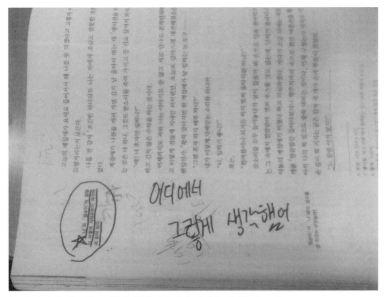

[그림 8] 자주 사용하는 질문을 학생이 교과서 여백에 적어 놓은 모습

"어떻게 하는 거야?"는 교사가 제시한 과제를 이해했고 학습을 시작하고 싶으나 어떻게 접근해야 할지 감을 잡을 수 없을 때 친구들에게 묻는 말이다.

"왜 그렇게 돼?"는 학습 중간중간에 친구들의 설명을 들어도 이해되지 않은 경우 더 자세한 설명을 요구할 때 사용한다. 학생들이 이 세 가지 질문만 습관적으로 사용할 수 있어도 모둠 활동은 훨씬 수월하게 이루어진다.

이 세 가지 질문 외에도 좋은 질문은 교사부터 의도적으로 자주 사용한다. 교사가 자주 사용하는 질문은 학생들도 자주 사용한다. 필요하다 싶으면 아이들에게 따로 연습을 시키기도 한다.
[그림 8]에 적혀 있는 질문도 아이들이 모둠 활동을 할 때 자주 사
용하도록 연습해서 나온 것이다.

**③ 친구가 물어 보면 '친절하게' 대답한다.**

자아와 자존심을 걸고 친구에게 질문을 했는데 "그것도 모르
냐?"는 대답을 들으면 다시는 질문하고픈 용기가 생기지 않는다.
친구의 어떤 대응에 질문하고픈 마음을 닫았는지 학생들에게 물
어 본 적이 있었는데 그때 1위를 한 것이 "그것도 모르냐?"였다는
것을 아이들에게 알려 주었다.

"그것도 모르냐?"라는 말을 한 아이 입장에서는 아무 생각 없이
한 말일 수도 있고 '나는 안다'는 것을 자랑하고 싶은 마음에서 한
말일 수도 있다. 하지만 듣는 사람 입장에서는 기가 꺾이고 마음
이 다친다는 것을 학생들과 모두 공유해야 한다.

**④ 친구가 말을 할 때는 내 입은 다물고 친구 쪽을 보고 반응하되, 비**
**난하지 않는다.**

이 항목은 ③과 유사해 보인다. 다만 ③은 친구의 질문에 응하
는 모습을 보여 주고, ④는 친구의 의견을 들을 때 모습을 보여
준다. 경청하는 모습을 표현한 문장이다. 〈생각자람 국어교실〉
에서는 경청을 강조하면서 경청의 3단계를 정해 교육과정으로
구성하여 각 단계를 체험하는 수업을 했다. 우리의 경청 3단계는

'말하는 사람의 눈을 보기' - '적절한 반응을 하기' - '들은 내용을
바탕으로 질문하기'이다. 이 수업 규칙은 학생들이 그전에 이미
연습했던 경청 1단계를 적용한 것이다.

⑤ 아는 문제가 나오면 얼른 친구들에게 말해 준다.

이 항목은 X이다. ①을 생각하면 그 이유를 금방 알 수 있다.
금방 말해 주는 것은 결코 친절한 행동이 아니다. 오히려 많은 경
우 친구들의 배움을 방해한다.

⑥ 모둠에서 이야기 나온 것을 발표하거나 공유할 때는 모둠 친구들
의 의견을 종합하여 말한다.

이 항목은 교사와 학생들 간 의견 차이가 가장 많이 나는 부분이
다. 학생들은 대부분 O라고 생각하지만, 〈생각자람 국어교실〉의
교사들은 X라고 설정한 항목이다. 우리들은 학생들이 어떤 순간
이든 '자신의 생각'을 표현하기를 바란다. 다수의 의견 속에 숨거
나 자신 됨을 포기하지 않기를 바란다. 그래서 모둠 학습을 할 때
답을 모둠별로 하나로 통일하라는 주문을 하지 않는다.[5] 서로 이
야기를 나누지만 각자 자신의 생각을 가지도록 주문한다. 그래서
굳이 '종합하여' 발표하지 말고 자신의 생각을 발표하도록 장려하
고 있다.

---

5. 손우정, 《배움의 공동체》, 해냄, 2012, 143쪽

⑦ **친구가 물어 보면 내 활동지를 통째로 빌려준다.**

이것도 X이다. 〈생각자람 국어교실〉에서는 모둠 학습을 할 때 친구의 활동지를 보고 베끼는 것을 막지는 않는다. 안 하는 것보다 나으니까. 베끼면서 공부가 되는 경우도 많다. 하지만 어떤 아이가 친구에게 질문을 한다는 것은 뭔가 해 보려고 하는 마음이 있다는 것이다. 이때는 말로 설명해 주어야 좋다. 활동지를 통째로 줘 버리면 생각해 보려는 의지를 꺾게 된다.

⑧ **학급에서 아이들 스스로 정한 규칙**

반별로 달라지는 규칙이다. 말수 없는 학생들이 많이 모여 있는 반에서는 '우리 제발 말 좀 하자.'라는 규칙이 선정되기도 했고, 말하기 좋아하는 친구들이 많이 모여 있는 학급은 '주제와 관련된 말만 하자.'는 규칙이 만들어지기도 했다.

[그림 9] 규칙의 우선순위를 정해 가는 모습

[그림 9]처럼 8개 항목의 우선순위가 학생들의 투표로 결정되

[그림 1] 모둠 활동 규칙표로 자기 점검을 하는 모습

기 때문에 최종 형태는 반마다 다르다. 교사는 각 반에 해당하는
모둠 활동 규칙 체크리스트를 제작하여 학생들에게 나누어 주었
다. 그리고 수업 시간마다 1분 정도 수업을 빨리 끝내고 이 체크
리스트를 자기 점검표로 활용할 수 있도록 했다.

## 내가 할 수 있는 작은 것에서부터 변화를 찾자

지금까지 '왜 모둠으로 앉아서 공부하는가?'에 대해 정리한 두
개 차시의 수업을 계획하고 진행한 과정을 보여 주었다. 이제 이
글을 읽은 선생님들 차례이다. 선생님께서도 왜 우리 아이들이
모둠으로 모여 앉아 공부해야 하는가에 대해서 자신의 말로 정리

해 보고, 그 말들을 수업으로 디자인해 봤으면 좋겠다. 학기 초에 이런 생각을 학생들과 공유해야 한 학기 내내 모둠 활동을 하며 만나게 되는 여러 가지 갈등과 장애물을 잘 넘어갈 수 있다.

수업이 힘든 이유가 100% 개인에게 있는 것은 아니다. 사회의 구조적인 문제부터 시작해서 우리가 당장 개인의 힘으로 바꿀 수 없는 것들이 더 많은 영향을 끼친다. 사회 전체 또는 학교 문화 전체가 바뀌어야 수업이 제자리를 찾을 수 있다는 말도 맞다. 그래서 우리는 사회를 더 좋게 바꿔 가려는 시민운동이나 학교 생태계를 더 좋게 바꿔 가려는 움직임에도 직간접적으로 힘을 보탠다.

그런데 외부적 요인이 바뀌기 전에는 학교나 교실에는 희망이 없는 걸까? 나도 한때는 수업이 잘 안 되면 습관적으로 학생들에게서 원인을 찾았다.

'이 반은 원래 서로 얘기를 안 해.'

'이 애들은 입학할 때부터 힘든 아이들이었어.'

'그 애가 수업을 방해하는데 잘될 리가 없지.'

그게 마음이 편했다. 원인이 외부에 있어야 내 탓이 아니니까. 그러나 그렇게 생각할 때는 수업이 바뀌지 않았다.

학생들의 상황이 어떠하든 내가 할 수 있는 일들을 찾고, 교육과정을 살피며 탐구 학습 형태로 수업을 디자인하고, 학생들이 서로 배울 수 있는 관계가 될 수 있도록 애써 갈 때 교실에 작은 변화와 기적들이 시작되었다.

다음은 수업을 모둠별 협력 수업, 모둠별 탐구 수업으로 바꿔 가려고 노력했던 초창기에 아이들이 작성한 수업 평가서 답변들이다. 당시 교실에 어떤 변화가 생겼는지 알 수 있게 해 주었고, 계속 수업 혁신을 실천해 볼 수 있도록 격려해 주는 말들이었기 때문에 아직도 간직하고 있다.

**질문**

국어 수업을 통해 달라진 점이 있습니까? 있다면 어떤 점입니까?

**답변**

● 어떤 것에 더 생각하게 되고 하고 싶어 하는 욕구가 생겼다.

● 친구들과 함께 토의하고 수용하는 법을 배우고 질문을 보지 않고 답만 베끼는 습관을 고쳤다.

● 내 생각이 틀렸다고 생각하지 않는 점이나 여러 가지 활동을 해 본 것. 자신감을 가졌다.

● 생각을 하는 시간이 늘어난 느낌이다.

● 친구를 대하는 태도인 것 같다. 전에는 부끄러움이 많아 친구가 뭐라 하면 '어쩌라고', '너나' 등 유치하게 굴었는데 지금은 '그래', '응' 등 반박한다. 좀 자신감이 업[up]된 것 같다.

● 난 공부도 별로라고 생각했는데 좀 더 생각이 잘 자라고 나 자신을 존중히 여긴다.

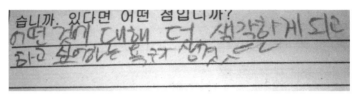

[그림 11] 아이들이 쓴 수업 평가서

- 생각을 별로 안 하고 다녔는데 생각을 좀 하게 됐고 글도 길게 쓴다.
- 모둠 활동이나 짝과 하는 활동이 많아서 인성을 기르기가 쉬웠고 배려하는 능력도 생긴 것 같다.
- 생각을 할 때 그 전에는 한 가지에 얽매여 생각한 반면에 국어 수업을 해 보니 이렇게도 생각해 보고 저렇게도 생각해 보니 좋았다.
- 질문형 문제가 있을 때 주로 단답만 썼는데 이제는 나의 생각을 정리하여 쓴다.
- 그전에는 그냥 아무 생각 없이 수업에 참여를 했는데 지금은 생각들이 하나 하나씩 나기 시작한다.
- 초등학교 때는 선생님이 다했는데, 중학교 국어 수업은 우리들이 다한다.

지금은 많은 교실에서 모둠별 탐구 수업을 하기 때문에 이런 극적인 문장을 수업 평가서에 쓰는 학생들은 드물다. 하지만 학생들의 반응은 수업 시간의 몰입도로 확인할 수 있다.

안전한 탐구의 장이 펼쳐질 때 학생들이 즐겁게 배워 가는 것을 매번 확인할 수 있다. 그것을 여러 선생님들과 함께 나누고 싶다.

# 7장

# '시험'은 없고
# '평가'가 있습니다

## 무엇이 우리 아이들을 이렇게 만들었을까?

2016년 여름, 나는 《우리도 행복할 수 있을까》, 《위대한 평민을 기르는 덴마크 자유교육》에서 읽었던 것[1]을 눈으로 확인하고 싶어서 '덴마크 사회 취재단'[2]에 합류했다. 덴마크 사회가 왜 행복지수가 높은지를 조별로 취재하는 시간에 내가 겪었던 일이다. 우리 조는 코펜하겐의 한 노점상 앞에서 두 청년을 인터뷰했다. 인터뷰 대상자 중 한 사람은 우리 취재단의 가이드를 맡고 있던 한국 청년 희욱 씨였고, 또 한 사람은 희욱 씨의 덴마크 친구 라

---

1. 오연호, 《우리도 행복할 수 있을까》, 오마이북, 2014; 송순재 · 고병헌 · 카를 K. 에기디우스 편저, 《위대한 평민을 기르는 덴마크 자유교육》, 민들레, 2011
2. 오연호 대표와 함께하는 꿈틀비행기 5호, 2016년 7월 25일~8월 2일

스무스였다. 인터뷰 주제는 덴마크 학교의 수업과 평가였다. 이 주제에 대해 내부에서 처음부터 직접 겪은 사람(덴마크인 라스무스)과 외부인의 시선으로 겪어 본 사람(한국인 희욱)이 함께 인터뷰 대상자가 된 것이다.

덴마크에는 7학년(우리나라로 보면 중학교 1학년)까지 시험이 없는데, 왜 7학년까지 시험이 없느냐고 묻자 라스무스는 이렇게 대답했다.

"자발성이 중요하니까요. 아이들이 충분히 자신에 대해서 탐색해야 하는데, 눈에 선명하게 보이는 점수가 있으면, 예를 들어 교사가 무의식중에라도 아이들을 '푸시(push)'하는 일이 있을 수도 있잖아요. 아직 생각이 무르익기 전에 어른의 판단에 의해 아이의 탐색이 방해받아서는 안 된다고 생각해요. 좋아하는 것과 잘하는 것이 있다면 좋아하는 것을 선택해야 하고 그 과정이 자기주도적이어야 한다고 생각해요. 또 필기시험은 지식에 대한 이해도는 평가할 수 있지만 습득한 지식을 활용하는 방법에 대해서는 평가할 수 없잖아요. 그래서 시험이 없고 수행평가 정도만 있지요."

희욱 씨는 자신이 덴마크에 와서 첫 시험을 봤을 때 겪은 이야기를 다음과 같이 들려줬는데, 앞서 들은 이야기와는 참 대조적이었다.

"첫 시험 때 3일 밤을 새다시피 하여 시험 범위에 있는 내용을 모조리 외웠어요. 이 정도면 남들보다 잘 보겠다 하는 마음에 자신 있게 시험을 봤죠. 결과가 나왔는데 12점 만점에 7점을 받았어요. 너무 놀라서 교수님께 가서 이유를 물었죠. 교수님의 응답은 '이것은 네 생각이 아니다. 너는 들은 것만 말했다. 네 생각이 전혀 없었다.'는 것이었어요. 한국과는 많이 다르죠? 또 다른 점은 이거예요. 덴마크 사람들은 너는 너대로 잘하는 것이 있고 나는 나대로 잘하는 것이 있다는 생각을 가지고 있어요. 각자 잘하는 게 있다는 것을 인정하는 거죠. 저는 친구들보다 잘해야 안심이 되던데, 덴마크 친구들은 그렇지 않았어요. 제 뼛속 깊이 들어 있는 경쟁의식을 내려놓는 데 1년 정도 걸린 것 같아요."

'뼛속 깊이 들어 있는 경쟁의식'이라는 표현은 황선준 선생님도 썼던 표현과 비슷하여 낯익다.[3] 이 표현이 평가에서 나타날 수 있는 부작용을 최소화하려는 덴마크 사회와 대조되어 인터뷰 후에도 내 마음을 무겁게 했다.

황선준 선생님이나 희욱 씨처럼 우리와 대조적인 공동체에 머물러 본 경험이 없는 이상 우리 아이들이 자기 속의 경쟁심을 자각한다거나 그 경쟁 심리가 병리적이라는 것을 깨닫기는 쉽지 않다. 아래 글의 분석처럼 이미 우리 사회의 '집합심리'가 되어 있는 상황이니까.

88만 원 세대라 불리는 21세기 한국의 청년 세대는, 생존

---

3. 황선준 · 황레나, 《스칸디 부모는 자녀에게 시간을 선물한다》, 예담프렌드, 2013, 158쪽. 이 책 36쪽에 인용되어 있다.

에 대한 불안이라는 기조 감정과 서바이벌을 향한 과열된 욕망, 그리고 경쟁에서의 승리를 위해 자신 존재의 가능성들을 전략적으로 계발하려는 집요한 계산으로 특징지어지는 독특한, 마음의 역동을 보여 준다. 행위와 실천을 이끌어 내는, 이 세대에 고유한 삶의 형식들을 생산하는 이런 행위 능력의 원천이 바로, 우리가 생존주의라고 명명하는, 이 집합심리이다. 생존주의는, 개인의 인생에서 가장 중요한 문제로서 인지되고 체험되는 경쟁 상황에서, 다양한 퍼포먼스를 통해 자신의 수월성을 증명함으로써, 패배와 그 결과 주어지는 사회적 배제로부터 스스로를 구제하는 것을 최우선의 과제로 믿는 마음을 (중략) 가리킨다.[4]

학교에서 이러한 심리는 시험과 관련된 현상에서 강력하게 나타나고 시험으로 인해 더욱 공고해지는 것 같다.


## 꼬리가 머리 흔들기

지난해 우리 학교에 잠깐 들른 이형빈 선생님께서 이제 막 나왔다며 책 한 권을 선물해 주고 가셨다. 그날 밤 선물받은 책을

---

4. 김홍중, 〈서바이벌, 생존주의, 그리고 청년 세대: 마음의 사회학의 관점에서〉, 《한국사회학》, 제49집 1호, 2015, 186쪽

읽다가 그 쪽만 펼쳐 놓고 한참을 쳐다봤던 부분이 있었다. 깊이
공감했기 때문이다.

이상적인 교육과정-수업-평가의 흐름을 표로 나타내면 다
음과 같다.

그러나 그동안 학교 현장에서는 이러한 평가의 본래적 의
미가 제대로 실현되지 못했다. (중략) 평가가 학생 서열화의
도구로 전락함에 따라 교육과정과 평가 사이에 전도 현상이
나타나고 있다. 즉 교육목표가 설정되고, 이 목표를 이루기
위해 교육내용이 선정되고, 이에 따라 교수-학습이 진행된
후 자연스럽게 평가가 뒤따르는 것이 아니라, 평가가 교육
목표, 교육내용, 교수-학습 방법론까지 역으로 규정하는 현
상이 발생하고 있는 것이다. 그 결과 현실적으로 나타나는
교육과정-수업-평가의 모습은 다음과 같다.[5]

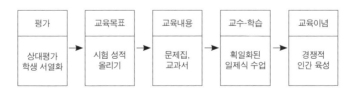

5. 이형빈, 《교육과정-수업-평가 어떻게 혁신할 것인가》, 맘에드림, 2015, 62~63쪽

희욱 씨에게 '뼛속 깊이 들어 있는 경쟁의식'이라는 말을 들었을 때 위의 표를 실제로 확인한 것 같아서 마음이 그렇게 씁쓸했는지도 모르겠다. 꼬리가 머리를 흔들고 있는 셈이다.

생각해 보니 내게도 비슷한 경험이 있었다. 몇 년 전 평가를 평계로 정작 하고 싶던 수업을 포기했던 일이 떠오른다. 그때 나는 소설에 관련된 교육과정을 토론형 수업으로 설계하고 있었다. 당시 학생들은 수업 대부분을 강의식 형태로 경험하고 있던 터라 토론 수업은 꽤 혁신적인 수업 형태였다. 나도 이렇게 전면적으로 토론식 수업을 하는 것은 처음이었다. 첫 시도라 매시간 떨렸지만 수업하는 내내 학생들이 소설을 꼼꼼하게 읽고 깊게 생각하는 것이 눈에 보여 다음 학기에도 토론 수업을 더 확장해서 하겠노라 결심했었다.

하지만 다음 학년도에는 그 결심을 지키지 못했다. 정기고사를 한 번 치르고는 스스로 풀이 죽어서 포기를 했기 때문이다. 지금 같으면 토론 과정 자체를 수행평가 항목에 넣어서 실시할 수도 있고 토론 내용을 논설문 쓰기로 연계시켜 평가할 수도 있었을 것 같다.

그러나 당시에는 주위 선배 교사들과 동료 교사들이 그러는 것처럼, 또는 나도 늘 그래 왔던 것처럼 30개 정도의 선택형 문항으로 평가를 하는 것이 가장 당연하고 안전하게 느껴졌다. 분명한 위험 요인이 예측되어 피하려고 그랬던 것은 아니다. 기원을 알수 없는 불안과 염려 때문에 하던 대로 하는 선을 넘지 못했다.

'하던 대로 하는 선'의 위력은 학교 현장에서 상당히 힘이 세다. 이혁규 교수는 이러한 현상을 '경로의존성'이라는 용어로 설명한다. '하나의 관행이 제도화되면 이를 바꾸기가 쉽지 않다.'[6]는 것이다.

정기고사가 다가오자 곤혹스러웠다. 한 학기 내내 학생들과 이런저런 토론을 위주로 수업했는데, 그것을 30개 정도의 선택형 문제로 만들기가 어려웠기 때문이다. 토론 활동과 오지선다형 문항은 참 어울리지 않았다. 그런데도 꾸역꾸역 안간힘을 쓰며 선다형 문항을 만들어 나갔다. 결국 정기고사 때 토론과 관련된 평가 문항은 이런 것들이었다.

17. 다음은 독서토론 녹취록이다. 토론의 흐름상 가장 적절하지 <u>못한</u> 발언은?

토론 주제: 왜냐 선생이 허생을 비판한 것은 타당한 것인가?

| 1차 발언 | |
| --- | --- |
| 김춘추<br>토론자 | ① 타당합니다. 왜냐 선생님이 보기에 허생은 홍길동보다 소극적이었습니다. |
| 미실<br>토론자 | 타당하지 않습니다. 허생이 아무것도 안 한 것은 아닙니다. |
| 김유신<br>토론자 | 타당합니다. 허생은 말만 하고 실천하지 않았습니다. |
| 덕만<br>토론자 | 타당하지 않습니다. 허생과 홍길동에게 같은 기준을 요구할 수는 없습니다. |

6. 이혁규, 《수업-누구나 경험하지만 누구도 잘 모르는》, 교육공동체벗, 2013, 158쪽

| | 2차 발언 |
|---|---|
| 김춘추<br>토론자 | (미실에게) 허생이 아무것도 안 한 것은 아니지만, 더 큰 일을 할 수 있는데도 숨어 버린 것은 아닙니까? |
| 미실<br>토론자 | 할 수 있는데도 안 한 것이 아니라 시대가 그것을 수용할 수 없었기 때문에 못한 것입니다. (김춘추에게) 한 개인에게 물어야 할 책임과 사회에 물어야 할 책임이 있는 것 아닙니까? |
| 김유신<br>토론자 | ② 허생이 책임져야 할 부분은 시대를 보는 눈이 없었다는 것입니다. 시대가 받아들이지도 못할 과격한 개혁을 추진했기 때문에 거부당한 것입니다. 허생은 지나치게 급진적이었습니다. (덕만에게) 이것이 허생의 오류가 아니라고 말할 수 있습니까? |
| 덕만<br>토론자 | ③ (김유신에게) 허생은 자기 나름대로 할 수 있는 최선의 방법을 모색했습니다. 빈 섬의 시험이나, 매점매석을 통해서 나라 안의 문제점을 밝히지 않았습니까? 허생의 오류가 아니라 허생의 깨어 있음이라고 보아야 하지 않겠습니까? |

| | 3차 발언 |
|---|---|
| 김춘추<br>토론자 | 이완 대장을 통해 관직에 나가 자신의 개혁안을 시도해 보지 않은 것은 허생의 무책임이라고 볼 수 있습니다. |
| 미실<br>토론자 | ④ 허생은 식견이 있었으므로, 조정과 양반 세력이 자신의 개혁안을 수용할 수 없다는 것을 눈치챘을 뿐입니다. |
| 김유신<br>토론자 | 상황을 다 따지면서 사회가 개혁이 된 적이 있었던가요? 어느 정도의 희생을 감수하는 선구자들이 있어야 사회는 개혁됩니다. 우리나라의 4·19혁명이나 5·18민주화운동을 기억해 보십시오. |
| 덕만<br>토론자 | 4·19혁명이나 5·18민주화운동은 동조하는 무리라도 있었습니다. 하지만 당시 양반 중에서 허생에게 동조하는 세력이 있었다는 이야기는 없습니다. 때에 맞지 않는 무리한 개혁은 사회 혼란을 초래하지 않을까요? |

| | 최종 발언 |
|---|---|
| 김춘추<br>토론자 | ⑤ 과감한 개혁이 사회적 혼란을 가져오는 것은 사실입니다. 하지만 그렇게 시작하지 않으면 사회는 끝내 변하지 않을 것입니다. |
| 미실<br>토론자 | 우리는 모두에게 똑같은 역할을 기대할 수는 없는 것입니다. 허생은 지식인으로서 자신의 역할을 충분히 수행한 것입니다. |
| 김유신<br>토론자 | 진짜 지식인이라면 알고 있는 바를 실천해야 합니다. 저는 허생이 자신부터 청나라 복장을 하고 다녀야 했다고 생각합니다. |
| 덕만<br>토론자 | 그것은 허생의 실천하지 않음이 아니라 지혜로움입니다. 섣부른 개혁으로 애꿏은 목숨을 잃는 것보다는 때를 기다렸다가 하나의 씨앗처럼 남는 것이 후세를 위해서 더 좋은 방법이었다고 생각합니다. |

고작 이런 문항이 나갔다. 이 문항은 실제 수업 시간에 학생들이 만든 토론 주제로 학생들이 실제 토론한 상황을 녹취하여 만든 것이다. 그런데도 창피했다. 그것은 독해를 평가하는 문항이지 토론을 평가하는 문항이 아니니까.

수업을 바꿔 보려는 도전이 전혀 의미가 없었던 것은 아니었다. 그해 함께 수업했던 학생들은 토론의 재미에 푹 빠져서 해당 단원이 끝난 후에도 희망자들끼리 모여서 토론을 이어 가더니 자생적으로 토론 동아리를 만들기도 했고, 자기들끼리 토론 대회를 열기도 하고 교외 토론 대회에 출전하기도 했다.

그러나 확실히 지필 평가를 저렇게 하고 나서 토론에 흥미를 느낀 몇몇 학생들 외에는 전체적으로 열기가 푹 꺼진다는 느낌을 받았다. 나도 힘이 쭉 빠졌다. 수업과 결이 다른 평가는 학생뿐 아니라 교사도 지치게 한다. 수업과 괴리된 평가가 주는 무의미함에 기운을 뺏긴 나머지 다음 해에는 수업 중에 토론을 다루는 비중을 대폭 축소해 버리고 말았다. 평가를 개선하면 될 일이지 왜 의미 있는 수업을 포기하고 말았을까? 꼬리가 머리를 흔들도록.

## 평가에 대한 고민

그해 처음으로 시험 문제 때문에 학부모로부터 전화를 받았다.

도리어 그 일이 본질적인 평가 문항을 고민해 봐야겠다는 용기를
가지게 해 주었다.

수화기 너머로 "○○ 엄마입니다."는 소리를 듣자 그 아이 담
임교사에게 엄마가 어디 대학의 교수라는 말을 들었던 기억이 났
다. 처음 받아 보는 시험 관련 민원 전화라 잔뜩 긴장이 되었다.
전화했던 학부모가 이의를 제기한 것은 이 문제였다.

1. 〈보기〉의 관점에서 토론 주제를 가장 잘 정한 ○○학교
   학생은?

   ───── 〈 보기 〉 ─────

   토론 주제는 토론자들이 처해 있는 현실에 문제를 제기하기 위해 만들어집
   니다. 그래서 지금 현실을 유지하고 싶은 사람들은 토론 주제에 반대하게 되
   고, 현실을 개혁하고 싶은 사람들은 토론 주제에 찬성하게 되는 주제로 만드
   는 것이 좋습니다. 또한 가치 지향적인 사안으로 하지 않습니다. 찬성과 반대
   로 의견이 갈릴 수 있는 사항으로 만들되 의문문으로 만들지 않는 것이 좋습
   니다.

   ① 남녀 합반을 실시해야 한다.
   ② 교과 교실제가 내년부터 시행된다.
   ③ 학생은 학생의 본분을 지켜야 한다.
   ④ 매점을 학교 안에 설치하면 안 된다.
   ⑤ 학생들에게 색깔 티셔츠를 금지해야 하는가?

학부모의 요구 사항은 교사가 정답으로 제시한 ① 외에 ④도
정답이 될 수 있으니 복수 정답 처리를 해 달라는 것이었다. 문두

에 나오는 '○○학교'는 그 당시 내가 근무하던 학교였는데 남녀 분반을 하고 있었고 교내 매점은 없는 상태였다. '현실에 문제를 제기하기 위해 만들어'지려면 ④는 부적합하다. 학교에 매점이 없었고 매점을 설치하자는 논의 자체도 형성되지 않았기 때문이다. 이런 상황 때문에 시험 문항의 문두에 학교명을 일부러 넣은 것이었다. 이 상황을 설명드리자 그 학부모는 "전 그런 상황은 몰랐죠."라며 전화를 끊었다. 막무가내로 고집을 피우지도 않았고 합리적인 이유에 대해 수긍했던 것이다.

통화가 끝나고 나서 나는 '내가 평가와 관련하여 가지고 있는 막연한 불안감에는 합리적인 이유가 없다.'는 생각이 들었다. '나는 수업하는 교사로서 평가의 전문성과 평가권을 가지고 있는 것이 정당한데 무엇에 그리 매어 있었을까?'라는 생각도 들었다. 평가가 예민한 사항이기는 하지만 교육 주체들 간에 서로 의사소통이 잘된다면 얼마든지 더 좋은 교육적 선택을 하는 것이 가능할 것 같았다.

그러나 만약 그날의 전화가 '그것이 토론 수업을 제대로 평가할 수 있는 문항이냐?'는 항의였더라면, 나는 많이 뜨끔했을 것이다. 내가 출제하는 문항이 수업이나 교과의 본질과 거리가 멀다는 생각에 내내 시달리고 있었기 때문이다. 평가에 대해 공부해야겠다고 결심하고 우선은 전국의 훌륭하다는 교사들의 강의를 찾아다니며 듣기 시작했다.

그러다가 한 교사 연수에서 놀라운 평가 문항을 만났다. 서울

여자상업고등학교에서 도덕을 가르치는 박영하 선생님의 강의를 들었는데, 박영하 선생님은 시험을 100% 서술형·논술형으로 낸 다고 했다. 최근에는 '이번 학기 동안 자신이 행한 도덕적 실천을 서술하시오.'라는 문제를 출제했다고 했다. 그 문제를 들었을 때 의 놀라움이 아직도 생생하다.

첫째 '도덕 과목'의 본질에 비교적 맞는 문항이라는 점이다. 그 런 문제를 푼다면 학생들도, 채점하는 교사도 '무의미하다'라는 생각이 들지 않을 것 같다. 둘째, 이런 문제를 출제해도 행정적 처리가 가능하다는 점이다.

나는 '그동안 학생들이 자기 생각을 쓰도록 하면 왜 행정적 처 리가 까다로워질 것이라고 여겼을까? 이미 하고 계신 분들이 있 잖아. 나도 해 보자.'는 생각이 들어 설레기까지 했다.


## 대입 제도 때문에?

이렇게 평가에 대한 공부를 하면서 발견했던 것 중의 하나는 나 자신을 포함하여 많은 교사들이 '입시 때문에 평가를 바꿀 수 없다'라는 주장 뒤에 어느 정도는 숨어 있다는 것이다. 우리는 정 말 평가를 본질적으로 바꾸고 싶은데 입시라는 현실 때문에 불가 능한 것일까? 만약 그렇다면 대학 입시가 끝난 후에는 본질적인 평가가 가능해져야 하지 않을까? 그런데 왜 대학 강의실에서도 비슷한 평가가 이루어지는 것일까?

대학 강의실은 초·중등학교의 국가 교육과정이나 교과서, 객관식 평가로부터 비교적 자유롭다. 그래서 필자는 자유롭게 교육과정을 짜고 자유롭게 수업을 진행한다. 그리고 필자의 수업에 대해서 학생들은 대체로 만족하는 편이다. 그러나 학기 말이 되면 어쩔 수 없는 고민에 빠진다. 어떻게 평가를 할 것인지에 대해서 별로 고민을 하지 않고 수업을 하기 때문이다. (중략) 어떻게 평가해야 할지를 깊게 고민하지 않고 수업을 하다 보니 필자가 내는 시험은 암기 서술형 문제로 귀결되는 경우가 적지 않았다. 수업과 평가를 연동시켜서 사고하지 않아서 딜레마에 빠지는 것이다. 이 반복적 습관에서 필자는 아직도 자유롭지 못하다. 그리고 학생들은 필자의 수업과는 별 상관없이 평가를 위해서 무엇인가를 또다시 외워야 한다. 이런 필자의 딜레마가 초·중등학교 평가의 딜레마와 아주 다른 것일까?[7]

대학 입시에서 자유로운 대학에서조차 이런 암기형 평가가 이루어진다면 평가 혁신이 이루어지지 못하는 진짜 원인이 앞서 말한 '경로의존성'은 아닌지 생각해 봐야 한다. 관행이 제도화될 당시의 초기 상태는 입시가 큰 영향을 미쳤을 수도 있지만 현재

___

7. 이혁규, 《수업-누구나 경험하지만 누구도 잘 모르는》, 교육공동체벗, 2013, 160쪽

는 입시보다는 '경로의존성' 자체가 원인으로 굳어 버린 것은 아닐까? 게다가 요즈음의 대학 입시는 수능 점수만을 사용하는 정시 모집보다는 수시 모집 비율이 훨씬 높다. 한국대학교육협의회에 의하면 2017학년도 대입 수시 모집의 비율은 총 모집 정원의 70.5%이다.[8]

## 평가는 수업 혁신의 걸림돌?

사실 수업 혁신을 실천하려는 교사들이 가장 먼저 부딪히는 장애물은 평가이다. 교실 수업은 상당히 바뀌었는데 평가 방식이나 문항이 이전과 같으면 학생들이 새로운 수업 형태에 젖어들지 못하기 때문이다.

지난해 학년 나눔 수업을 하고 나서 수업 협의회를 할 때 한 선생님께서 다음과 같이 토로했다.

"중간고사 이후 모둠 토의가 잘 안 됩니다. 모둠 활동 시간에는 가만히 있다가 나중에 교사가 정답을 정리할 때 받아 적으려고만 해요."

이 말이 현재의 학교 상황을 잘 보여 준다. 교사들은 수업을 바꿔 보려고 애쓰지만, 평가는 이전 방식과 다르지 않아서 부조화

---

8. 한국교육협의회(http://www.kcue.or.kr)〉대학교육소식〉대교협보도자료〉453번글-〈2017학년도 수시 모집요강 주요사항 발표〉

가 일어나는 현상 말이다. 나도 겪었던 일이니 더 잘 이해되었다.

이 발언을 꼼꼼하게 뜯어 보면 학교에서 흔하게 목격되는 두 가지를 발견할 수 있다. 첫 번째는 수업에서 '정리 부분의 효과'다. 교사가 처음에 수업을 바꿔 보려고 할 때는 학생들이 스스로 뭘 해낼 수 있을까 불안하다. 그러니까 학생들이 스스로 해 볼 수 있는 시간과 활동을 주고 나서도 교사가 중요하다고 생각하는 것을 수업 말미에 다시 한 번 강의하며 정리해 준다. 영민한 아이들은 안다. 그 내용이 시험에 출제된다는 것을. 두 번째는 '시험이 가져오는 효과'이다. 시험을 보고 나면 영민하지 않는 아이들도 알게 된다. 모둠 활동을 잘해도 시험을 보는 데는 별 소용이 없다는 것을. 교사가 정리해 주는 것만 메모했다가 외우면 된다. 그래서 시험이 끝나면 많은 교사들이 상당 기간 공들여서 만들어 놓은 모둠 학습 분위기가 흐트러지고 마는 것이다.

## 걸림돌을 디딤돌로

몇 달 동안 해 오던 것을 깨끗하게 엎어 버릴 수 있을 만큼 현재 우리나라에서는 시험의 힘이 이렇게나 세다. 이 힘을 역이용할 방법은 없을까? 시험을 보고 나면 학생들이 오히려 이렇게 말하는 상황을 상상해 본다.

"이제부터는 수업 시간에 친구들의 말을 더 경청하겠어요."

"모둠 활동에 더 적극적으로 참여하겠습니다."

학생들이 시험을 보고 난 후에 이렇게 느낀다면 그전보다 수업 시간이 훨씬 생동감 있을 것이다. 〈생각자람 국어교실〉에서도 이런 경험을 한 적이 있다.

우리는 '질문놀이'라고 이름 붙인 단순한 형식을 이용해 꽤 자주 수업을 진행한다. '질문놀이'는 크게 다음의 3단계로 이루어진다.

1단계: 질문 만들기
2단계: 친구들과 그 질문으로 대화하기
3단계: 친구들과의 대화를 통해 내 생각이 확장되거나 달라진
      점 표현해 보기

2단계와 3단계에서 말을 사용할 때도 있고 드물게는 글을 사용하기도 했지만 이 세 단계가 큰 뼈대이다. 이 틀을 유지하며 세부 내용만 수업 내용에 맞게 응용해서 활용한다. '질문놀이'는 자주 활용하는 것이라 학기 초반부 여러 단원에서 사용하여 익숙하게 만들어 두곤 했다.

처음 시작할 때는 가볍게 3단계를 체험할 수 있도록 학생들이 자신의 관심사로 만든 질문을 가지고 진행한다. [그림 1]에서 질문을 만든 학생의 당시 관심사는 전쟁이었다. 5분 독서 시간에 그 학생이 전쟁사에 관한 책을 읽는 것을 여러 번 봤다. 전쟁이 기술 발전과 문명의 진행에 어떻게 연관되었는지를 읽으면서 '기

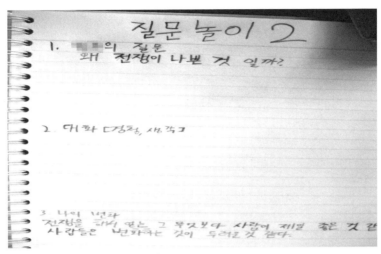

[그림 1] 질문놀이 진행 절차를 메모한 모습

술 발전에 도움이 되는 전쟁이 꼭 나쁘다고만 할 수 있을까?' 하는 궁금증이 들었던 것 같다. 그래서 '전쟁이 나쁘다고만 할 수 있나?'라는 취지의 질문을 만들었다. 그 질문으로 친구들과 대화를 나누는 모습을 들여다보는데 "전쟁 때문에 네 가족이 죽는다고 생각해 봐. 네 친구도 죽고. 너도 위험해.", "사람이 다치고 죽는데 아무리 기술이 발전한다고 해도 이런 전쟁을 선택하는 것이 과연 옳을까?"라는 이야기들이 나온다. 이 학생은 친구들과 대화하고 나서 자신이 '사람'을 생각하지 못했다는 것을 성찰했다.

이 방식에 익숙해지면 사용할 수 있는 단원이 많다. [그림 3]과 같이 말하기-듣기 관련 수업을 할 때도 활용할 수 있다. 또한 소설이나 영화를 공부할 때도 사용한다([그림 4] 참조). 학생들에게

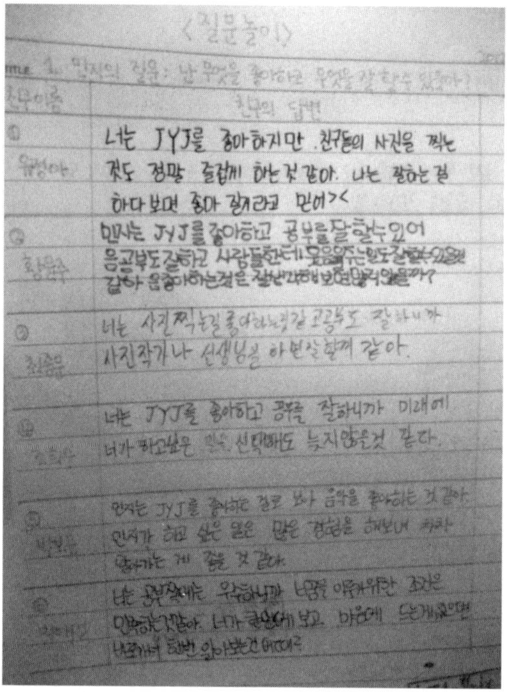

[그림 2] 질문놀이를 할 때 서로 글을 써서 대화를 나눈 모습.
청각 장애가 있는 학생이나 말하기를 극도로 꺼리는
학생들을 적극적으로 놀이에 참여시키는 데 유용하다.

왜 모둠 활동으로 공부하는지에 관한 동기부여를 하는 수업으로
활용할 수도 있다. 이해를 돕기 위해 읽기 자료([표 1])과 함께 학
생들의 공책([그림 5])을 함께 제시한다.

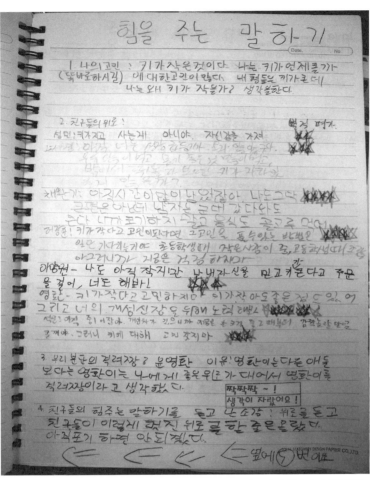

[그림 3] '격려하는 말하기' 단원에서 질문놀이를 활용했는데 그때 한 학생이 필기한 공책

# 자전거도둑 질문놀이

1 ___의 질문 = 만약 수남이가 도시로 올라올때 아버지가 도둑질을 하거 마라 와 큰형이 도둑질을 했다는 말으서 말했다면 수남이는 어떻게 되었을까?

| 이름 | 질문평가 | 답변 | 평가 |
|---|---|---|---|
| | ⭐⭐⭐⭐ | 아버지가 말을 하지 않았다면 수남이는 아버지가 그러서 자지도 않고 고향으로 돌아갈 생각도 없어서 고향으로 돌아가지 않았을 것이다 | ⭐⭐ |
| | ⭐⭐⭐ | 수남이는 아버지의 마지막 말 때문에 죄책감을 느꼈을 거야. 그래서 죄책감도 느끼지 못하고 고향으로 돌아가지도 않았을 거야 | ⭐⭐⭐⭐ (0.5) |
| | ⭐⭐⭐⭐ | 시골에서 도시로 올라왔을 때 도둑질을 하지 말아야 겠다는 굳은 생각이 없어서 조금한 도둑질을 하지 않을까 해. 그리고 자전거를 가지고 훔쳐 왔을 때 아무런 생각을 느끼지 못했을 것 같아. | ⭐⭐⭐⭐ |
| | ⭐⭐⭐ | 자전거를 훔치고 나서 수남이의 형 방각도 안났을 것이고 그 일에 대한 죄책감을 못느껴 반복된 일을 했을것이다. | ⭐⭐⭐ (2.6) |
| | ⭐⭐⭐ | 난 좀 애들과 생각이 다른데ㅅ... 형이 도둑질을 하지 않았으면 수남이가 도시로 안 올라 왔을 것 같은데. 만약 수남이가 도시로 올라 오더라도 형과 아버지가 한번도 도둑질을 한 적이 없으니까 더 올바른 생각을 했었지 않을까? | ⭐⭐⭐ |
| | ⭐⭐⭐⭐ | 죄책감을 느끼긴 했지만 아버지가 말할 때와 말하지 않을 때는 분명히 차이가 있어. 고향에 돌아가지 않고 | ⭐⭐⭐ (2.5) |

[그림 4] '소설' 단원에서 질문놀이를 사용한 것을 필기한 공책

**[표 1] 모둠 활동 동기부여 수업을 위한 읽기 자료**

## '잘 배운다는 것'이 뭘까?

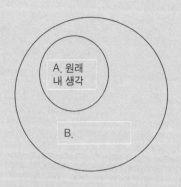

로라는 많은 학원에 다니면서 미리 공부를 해 둡니다. 공부도 잘합니다. 모둠 활동을 하면서 친구들에게 잘 가르쳐 줍니다. 그런데 국어 선생님께서는 모둠 활동 점수는 낮게 주셨습니다. 로라가 이유를 묻자 수업 시간에 로라가 잘 배우지 못하고 있다고 하셨습니다. 로라는 자기가 잘하고 있다고 생각했고 모둠 활동도 누구보다 열심히 했기 때문에 그 말을 이해하지 못했습니다. 선생님께서는 벤다이어그램을 그려 주셨습니다. "로라야. 네가 다른 아이들보다 A의 크기가 큰 것은 맞아. 그러나 A가 크다고 해서 잘 배우는 것은 아니야. 선생님은 B의 크기가 중요하다고 생각해. B를 키우려면 어떻게 해야 할까?"

로라는 그 말을 이해할 수 없었습니다.

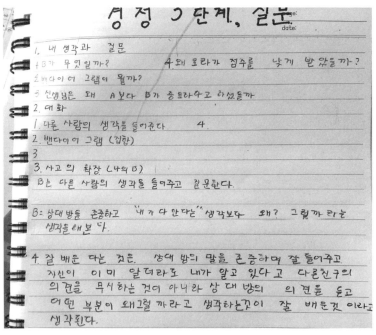

[그림 5] 자료를 읽은 후 학생들의 대화를 적은 공책

### [표 2] 질문놀이 수업에 관한 평가 문항

서술형 1. 국어 시간에 했던 '질문놀이'에 대한 기억을 떠올려 다음 조건에 맞게 서술하
시오. (25점)
  조건1. 모둠 안에서 이야기했던 대화 주제가 무엇이었는지 하나 골라서 쓰고 (5점)
  조건2. 조건1에서 선정한 대화 가운데 나왔던 모둠 친구의 말 중에서 가장 기억에
      남는 말을 떠올려 누가 뭐라고 말했는지 쓴 후 (10점)
  조건3. 그 대화를 통해 내 생각이 어떻게 달라지거나 확장되었지를 서술하시오. (10점)

학생들은 생전 처음 보는 문제 유형이라 당황했을 것이다. 그
러나 곧 수업 시간에 했던 그대로 제시되어 있다는 것을 알고 차
분히 자신에게 의미 있었던 친구의 말을 떠올려 보았을 것이다.

학생들 대부분이 조건에 맞는 글쓰기를 해냈다. 학생들이 쓴 글을 몇 개만 읽어 보자. 먼저 전쟁사를 즐겨 읽고 질문했던 학생의 답안지 글이다.

전쟁이 나쁜 것일까?

○○가 "전쟁을 해서 이기면 땅, 식량, 노예와 같은 같은 것들을 얻을 수 있지만 전쟁을 하다가 제일 소중한 사람의 목숨을 잃을 수 있으므로 전쟁은 나쁘다."라고 말했다. 이 대화를 통해 생명이 제일 소중한 것이라는 생각을 가졌다. 그리고 생명을 소중히 여기게 되었다.

소설에 관한 질문놀이에 대해 쓴 답안지도 있었다.

국어 시간에 '질문놀이'를 했었는데 대화 주제 중에 '헤르만 헤세의 소설 〈나비〉를 왜 교과서에 넣었을까?' 라는 주제가 있었다. 그 주제의 답변 중에 제일 기억에 남는 답변이 "이 소설은 친구와의 우정에서 사과와 용서가 잘 나타난 소설이다. 아마도 우리 나이 같은 청소년 시기에는 그런 일들이 많이 발생하니까 아마 더 잘 소설을 이해할 수 있을 것이라는 생각으로 넣은 것 같다."이다. 이 답변을 통해 나는 예전처럼 그냥 책을 대충 읽지 않고 그 소설의 내용을 이해하며 나와 어떤 비슷한 점이 있는지 찾아보기도 한다.

'주인공의 사과를 받는 에밀의 태도가 주인공에게 도움이 되었는가?'라는 질문에 대한 의견을 나눌 때, 처음에는 정당한 태도라고 생각했다. 화를 내거나 때리지 않고 침착하게 답함으로써 주인공에게 자신의 잘못에 대해 충분한 죄책감을 느끼게 했을 뿐만 아니라, 에밀이 가장 아끼는 것을 망가뜨린 것에 그러한 태도를 보이는 것은 당연했기 때문이다. 하지만 몇몇 모둠원 이야기를 듣고 생각이 달라졌다. 그중한 명인 ○○는 "에밀의 그러한 행동이 주인공에게는 평생남을 상처가 될 수 있다."고 말했다. 이 이야기를 듣고, 에밀이 비록 피해자이긴 하지만 그 부분을 고려하여 너그럽게 용서해 주는 것도 좋겠다고 생각하게 되었다.

사소해 보일 수도 있는 질문이지만 질문자 입장에서는 큰 깨달음을 얻은 경우도 있었다.

나는 '우리집 햄스터는 왜 맨날 탈출할까?'라는 주제로 물었다. (중략) 많은 답변 중에서도 내 눈에 쏙 들어왔던 답변이 있었다. 바로 "햄스터는 내가 너무나도 커 마치 거인으로 보일 것이다. 그래서 무서워 탈출하는 것이다."라는 답변을한 ○○○의 답변이었다.

그 말을 듣고서야 내 입장에서만 생각했던 창이 깨진 듯한 기분이었다. 나는 그동안 내 입장에서만 '이상하다. 밥도

잘 주고 물도 잘 주고, 예뻐해 주는데 도대체 왜 도망갈까?'
라 생각하고 햄스터의 생각은 생각해 보려고도 들어 보려고
도 하지 않았던 것이다. 그날 나는 내 입장에서만 생각하는
관념을 인식하고, 또 그것을 바꾸기 위해 노력하고 있다.

채점하는 내내 즐거웠다. 학생들이 친구들과의 대화를 통해 배
우고 있고 생각이 넓어지는 것이 보였기 때문이다. 그보다 더 기
뻤던 것은 시험 직후 작성하는, 수업 평가 설문에 나온 학생들의
글을 읽는 일이었다.

[그림 6]은 위 문항이 들어 있는 중간고사를 보고 나서 학생들
이 작성한 평가서의 일부를 찍은 것이다. '중간고사를 보고 앞으
로는 국어 공부를 어떻게 해야겠다는 생각이 들었나요?'라는 질
문에 답한 내용이다. 학생들이 쓴 답들을 읽어 보면 처음 보는 시
험 형태에 당황해하는 모습도 보인다. 밑줄과 동그라미는 내가
쳤다. 이 부분을 눈여겨보면 수업 시간에 하던 대로 소그룹 탐구
학습에 집중을 해도 시험을 보는 데 불이익이 없다고 여기고 오
히려 더 열심히 참여하겠다고 결심하는 마음이 느껴진다. 실제로
이 시험을 치른 후 학생들은 수업 시간에 더 몰입하여 참여했다.
걸림돌이라고만 생각했던 평가가 디딤돌이 될 수도 있다는 것을
체험하는 순간이었다.

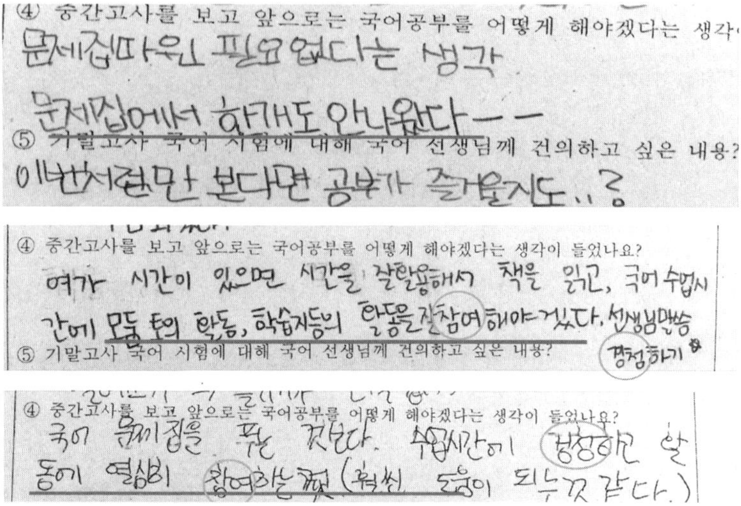

④ 중간고사를 보고 앞으로는 국어공부를 어떻게 해야겠다는 생각

문제집따위 필요없다는 생각

문제집에서 하나도 안나왔다——

⑤ 기말고사 국어 시험에 대해 국어 선생님께 건의하고 싶은 내용?

이번처럼만 본다면 공부가 즐거울지도‥?

④ 중간고사를 보고 앞으로는 국어공부를 어떻게 해야겠다는 생각이 들었나요?

여가 시간이 있으면 시간을 잘활용해서 책을 읽고, 국어 수업시간에 모둠 토의 활동, 학습지등의 활동을 잘참여 해야겠다. 선생님말씀 경청하기 ♡

⑤ 기말고사 국어 시험에 대해 국어 선생님께 건의하고 싶은 내용?

④ 중간고사를 보고 앞으로는 국어공부를 어떻게 해야겠다는 생각이 들었나요?

국어 문제집을 풀 것이다. 수업시간에 발항하고 활동에 열심히 참여하는게 (훨씬 도움이 되는것 같다.)

[그림 6] 중간고사를 보고 난 후 작성한 평가서에 학생들이 써낸 내용

## '수업한 대로 출제한다'의 함정

수업한 그대로 시험이 나오는 현상을 경험한 학생들이 수업에 더욱 잘 참여했기 때문에 우리들은 그 후로도 수업과 똑같은 평가 문항을 만들려고 애를 썼다. 성취기준을 분석한 후에 그것을 잘 평가할 만한 평가 문항을 먼저 제작하고 나서 수업을 디자인하기도 했고 수업디자인 단계에서 활동지와 평가 문항을 동시에 만들기도 했다.

수업 짝꿍 선생님과 매주 수업 회의를 하면서 수업디자인 단계에서 동시에 평가 문항도 함께 제작했기 때문에 확실히 수업 밀착형 평가 문항이 만들어지는 장점이 있었다. 그러나 '수업한 대

로 출제한다.'에만 집중할 때 생길 수 있는 문제점에 대해서도 성찰하게 되었다.

다음 사례를 함께 보자. 다루는 성취기준은 '2913.인물이나 관심사를 다양한 방법으로 소개하거나 설명한다.'이다. 이 성취기준을 평가하려면 소개해 보는 경험 자체가 평가 장면이어야 한다. 말로 하는 소개를 수행평가 항목으로 넣었고 글로 하는 수행평가는 [표 3]과 같은 문항으로 만들었다.

그리고 이에 맞게 수업 계획을 짰고 수업은 다음과 같은 흐름으로 진행했다.

첫째 주: 소개할 내용 생성하기
둘째 주: 청중을 파악하고 소개할 내용 조직하기
셋째 주: 말로 하는 소개 상황과 연습
넷째 주: 글로 하는 소개 상황과 연습

이렇게 거의 한 달 동안 '소개하기'에 대해서 공부를 했고 학생들은 수업 시간에 충분히 연습을 해 보았기 때문에 75점이나 되는 서술형 문항을 척척 써냈다. 학기 초에는 자기소개를 하자고 하면 할 말이 없다고 이름만 말하고 자리에 앉던 학생들이 상황에 맞게 꽤 긴 글을 써낸 것을 보니 흐뭇했다. 다음은 학생 답안지에 적힌 글 사례이다.

## [표 3] '소개하기'를 평가하기 위해 출제했던 서술형 문항

[서술형 1~4] 각 문항에서 제시하는 조건에 맞게 서술형 답안지에 자기소개서를 작성하시오.

서술형 1. 다음의 세 가지 상황 중에서 한 가지 상황을 고르되, (  ) 안을 적절하게 채우시오. (5점)

① (    ) 동아리에 들어가기 위해 자기소개서를 쓴다.

② (    )고등학교 (    )과에 들어가기 위해 자기소개서를 쓴다.

③ 대학교 (    )과에 들어가기 위해 자기소개서를 쓴다.

서술형 2. 위의 서술형 1번 문항에서 고른 상황에서 자기소개서를 읽게 되는 독자가 소개하는 이에 대해 관심 가질 만한 내용을 세 가지 선정하시오. (15점)

서술형 3. 지기소게서를 쓸 때 인상 깊게 소개하기 위한 석설한 전략을 쓰시오. (5점)

서술형 4. 위의 서술형 1번~서술형 2번에서 정한 독자 파악 내용과 서술형 3번의 전략을 적용하여 자기소개서를 작성하시오. (50점)

1. 어떤 상황 : 과학 동아리에 들어가기 위한 자기소개

2. 독자는 나의 무엇에 관심이 있을까? : ① 지원 동기 ② 성격 ③ 진로 계획

3. 소개 전략 : 다른 사람의 증언 인용하기

4. 자기소개서 :

　제가 과학 동아리에 지원하게 된 계기는 과학을 좋아해서입니다. 그리고 저는 호기심이 많습니다. 초등학교 선생님들이 항상 저에게 호기심이 많다고 하셨습니다. 제가 어떤 사물에 대해 질문을 많이 해서 그런 거 같습니다.

　제가 생각하는 과학 실험에 필요한 성격은 차분함인 것 같습니다. 왜냐하면 실험 도중 폭발 사건이 일어날 수 있습

니다. 만약 그때 차분한 성격이 없으면 더 큰 사고가 될 수도 있습니다. 그래서 저는 과학 실험을 하는 동안 차분함을 잃지 않으려 합니다.

제가 생각하는 진로 계획에 대해 말씀드리겠습니다. 저는 미래형 로봇을 만들 계획입니다. (후략)


지금 같으면 한 학기에 두 번씩 지필형 정기 고사를 치러야 할 필요가 없으니까 '소개하기' 단원을 정기 고사에서 다루지 않고 '소개하는 말하기'와 '글로 작성한 소개서'를 대상으로 수행평가를 했을 것 같다. 하지만 그 당시에는 평가에 관한 교육청 지침을 해석하는 과정에서 중간·기말고사를 없애기 어려웠으므로 이렇게 지필 평가를 치렀다.

그런데 이 시험을 보고 나서 회의가 드는 지점이 있었다. '학생들이 수업 시간에 이미 한 활동 그대로를 정기 고사에서 똑같이 반복할 필요가 있는가?' 하는 점이었다. 새로운 상황에 적용한다거나 심화 활동을 하는 것이 아니라 똑같은 것을 반복하는 것에 불과했으니까 말이다. 학생들에게 '내가 받은 수업과 시험은 직결된다.'는 강한 인상을 남기는 데는 성공했지만 '배움'의 측면에서는 의미가 없어 보였다.

# 8장

# 성장을 돕는
# 평가의 여러 방법

## 학습의 연장선으로서, 학생 성장을 위한 평가

지필형 정기 고사를 없앨 수 없다면, 그 시간이 학생들에게 의미 있는 시간이 되도록 해 보고 싶었다. 수업과 밀착되지만 단순한 반복이 아니라 했던 공부를 심화시키거나 적용해 보거나 정리해 볼 수 있는 평가 문항을 만들어 보려고 했다.

그때 만들었던 서술형 평가 문항을 보여 드리겠다. 해당하는 교육과정 성취기준은 '2959. 자신의 일상에서 의미 있는 경험을 찾아 다양한 작품으로 표현한다.'와 '2955. 작품의 세계가 누구의 눈을 통해 전달되는지 파악하며 작품을 수용한다.'이다.

짝꿍 교사와 수업 회의를 할 때 성취기준을 분석하면서 아이들이 직접 문학작품을 창작해 볼 수 있도록 하고 서술자를 파악하며 서로의 작품을 감상할 수 있도록 하자는 데까지 의견을 모았다.

그 무렵 세월호 참사가 일어났다. 온 나라가 그러했지만 학교에서도 아이들의 상처, 분노, 무감각, 무력감, 공포 같은 감정들이 고스란히 떠다녔다. 이 감정들을 학생들이 자신의 언어로 정리해 볼 수 있도록 해야 할 필요를 느꼈다. 특히 학생들의 분노가 성찰에서 비롯된 분노이기를 바랐다. 자기 성찰 없이 내뱉는 분노에 문제의식을 느꼈기 때문이다. "아~씨~ 수학여행도 못 가잖아."는 한 학생의 말이 교사들의 마음에 비수처럼 꽂혔던 것이다.

수업 회의를 하면서, 슬픔을 다독거리고 넘어갈 일이 아니라 아픔을 직면해 보자는 쪽으로 의견을 모았다. 간접적으로나마 학생들을 그 현장에 서 보게 하기 위해 창작글의 종류를 '재난 소설'로 해 보자고 제안했다. 서술자나 주인공을 통해 그 재난을 간접적으로나마 겪어 볼 수 있도록 하기 위해서였다. 수업은 다음과 같은 흐름으로 진행했다.

1차시: 세월호, 내게 어떤 어른이 될 것인지를 묻다

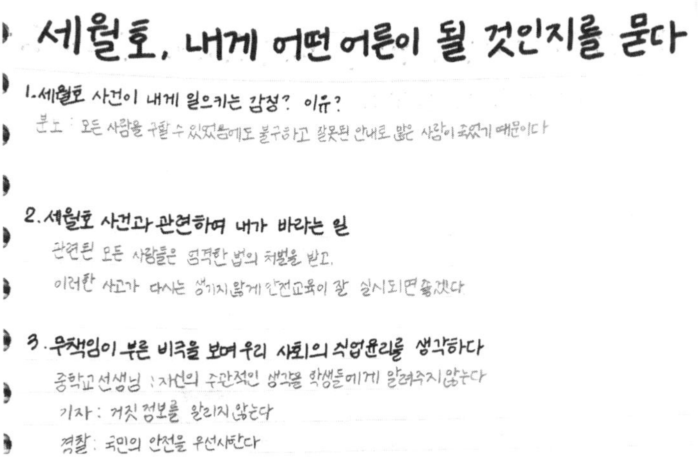

### 세월호, 내게 어떤 어른이 될 것인지를 묻다

1. 세월호 사건이 내게 일으키는 감정? 이유?
   근고 : 모든 사람을 구할 수 있었음에도 불구하고 잘못된 안내로 많은 사람이 죽었기 때문이다

2. 세월호 사건과 관련하여 내가 바라는 일
   관련된 모든 사람들은 엄격한 법의 처벌을 받고,
   이러한 사고가 다시는 생기지 않게 안전교육이 잘 실시되면 좋겠다

3. 무책임이 부른 비극을 보며 우리 사회의 직업윤리를 생각하다
   중학교 선생님 : 자신의 주관적인 생각을 학생들에게 알려주지 않는다
   기자 : 거짓 정보를 알리지 않는다
   경찰 : 국민의 안전을 우선시한다

[그림 1] 1차시 공책 사례

2차시: 소설 구상 (1) 주인공, 재난의 종류, 서술자 결정하기

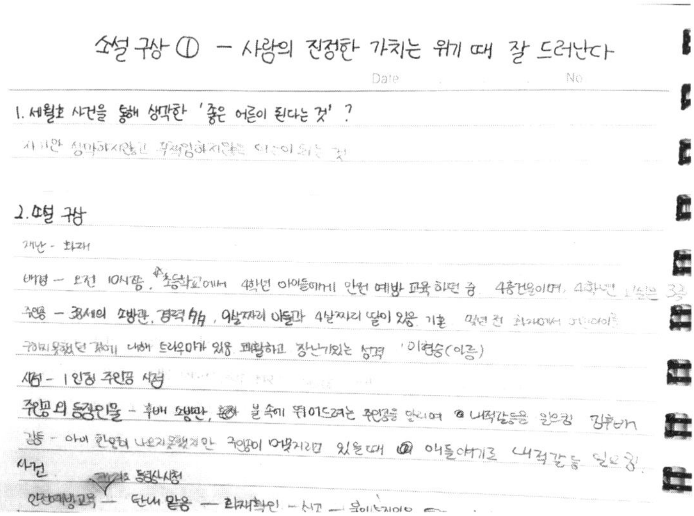

소설 구상 ① - 사람의 진정한 가치는 위기 때 잘 드러난다

1. 세월호 사건을 통해 생각한 '좋은 어른이 된다는 것'?
   자신만 생각하지않고 무책임하지않은 되는어른이 되는 것

2. 소설 구상
   재난 - 화재

   배경 - 오전 10시쯤, 초등학교이며 4학년 아이들에게 안전 예방 교육 하던 중   4층건물이며, 4학년 1반의 3층

   주동 - 38세의 2반쌤, 경력 3/6, 9살짜리 아들과 4살짜리 딸이 있음 기혼   몇년 전 화재에서 가족이야기

   구체묘사할 점이 - 대해 드러오아가 있음 쾌활하고, 장난기있는 성격   '이현숙(이름)

   서술 - 1인칭 주인공 시점

   주인공의 등장인물 - 후배 2반쌤, 후배 를 볼 수록 뭐이드2씨는 주인공을 만나며 @ 내적갈등을 읽으킴 김우H

   갈등 - 아버 편안히 나오지못했기만 구명의 여명거린 있었을 때 @ 아들에게로 내려갔을 ... 있던 3초

   사건
   안전예방교육 - 단내 맡음 - 화재확인 - 신고 - 움직여지여않...

[그림 2] 2차시 공책 사례

3차시: 소설 구상 (2) 구성 단계별 줄거리 만들기

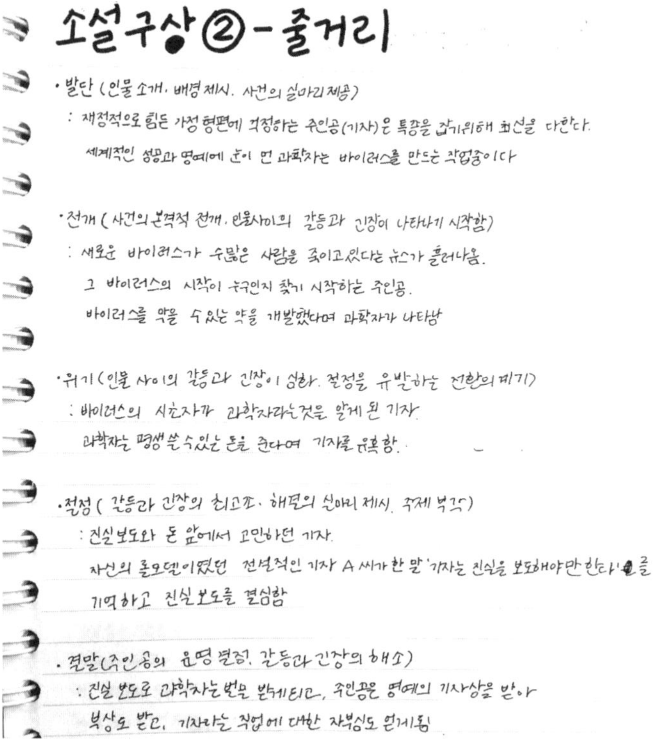

## 소설구상②-줄거리

- 발단 (인물 소개, 배경 제시, 사건의 실마리 제공)
  : 재정적으로 힘든 가정 형편에 걱정하는 주인공(기자)은 특종을 잡기위해 최선을 다한다.
  세계적인 성공과 명예에 눈이 먼 과학자는 바이러스를 만드는 작업중이다

- 전개 (사건의 본격적 전개, 인물사이의 갈등과 긴장이 나타나기 시작함)
  : 새로운 바이러스가 수많은 사람을 죽이고 있다는 뉴스가 흘러나옴.
  그 바이러스의 시작이 누구인지 찾기 시작하는 주인공
  바이러스를 막을 수 있는 약을 개발했다며 과학자가 나타남

- 위기 (인물 사이의 갈등과 긴장이 심화, 절정을 유발하는 전환의 비기)
  : 바이러스의 시초자가 과학자라는 것을 알게 된 기자.
  과학자는 평생 쓸 수 있는 돈을 준다며 기자를 유혹 함.

- 절정 (갈등과 긴장의 최고조, 해결의 실마리 제시, 주제 부각)
  : 진실보도와 돈 앞에서 고민하던 기자.
  자신의 롤모델이었던 전설적인 기자 A 씨가 한 말 '기자는 진실을 보도해야만 한다!'를
  기억하고 진실보도를 결심함

- 결말 (주인공의 운명 결정, 갈등과 긴장의 해소)
  : 진실 보도로 과학자는 벌을 받게되고, 주인공은 명예의 기사상을 받아
  보상도 받고, 기자는 직업에 대한 자부심도 얻게됨.

[그림 3] 3차시 공책 사례


4차시~5차시: 소설 쓰기

6차시: 친구들과 소설 바꿔 읽기 및 상호평가

7차시: 대표 작품 발표 및 감상

이 수업에 해당하는 평가 문항은 다음과 같이 만들었다.

### [표 1] 평가 문항

서술형 3. 다음 조건에 맞게 한 편의 완성된 글을 서술하시오. (25점)

조건1. '(           )해야 좋은 어른이라고 할 수 있다.'라는 주장을 완성하고 그 주장을 논증할 것

조건2. 조건1에서 완성한 주장이 자신이 국어 수업 시간에 쓴 재난 소설에 어떻게 반영되었는지 구체적으로 쓸 것

조건3. 재난 소설 쓰기 활동을 통해 자신이 느낀 점이나 생각한 점을 쓸 것

조건4. 글의 흐름이 자연스럽고 유기적일 것

수업 시간에 쓴 소설을 시험 볼 때 다시 한 번 쓰는 것이 아니라, 소설 쓰기 과정 자체를 점검하고 배운 점을 정리하는 문항을 출제한 것이다. 학생들은 다음과 같은 정도의 글을 써냈다.

> 자신의 직업윤리를 발휘해야 좋은 어른이라고 할 수 있다. 왜냐하면 자신의 직업윤리를 발휘하면 안정되고 편안한 사회가 형성되기 때문이다. 좋은 어른은 좋은 사회를 만드는 사람이고 직업윤리를 발휘하면 다른 사람들이 안전해지고 편안해져서 좋은 사회가 만들어지므로 직업윤리를 발휘해야 좋은 어른이다. (중략) 이런 나의 주장은 국어 시간에 쓴 재난 소설에도 반영이 되었다. 기자인 주인공이 직업윤리를 발휘해서 진실을 알리기로 결심하였기 때문이다. 그

로 인해 사회는 진실을 알게 되고 좋은 사회가 되었다. 재난 소설 쓰기 활동을 하면서 한 생각이 들었다. 지난 4월에 있었던 세월호 사고 때 어른들이 각자 직업윤리를 발휘했으면 희생자가 훨씬 적었을 것이라는 생각이었다. 나는 미래에 나의 직업윤리를 잘 지키는 좋은 어른이 되기로 결심했다.

이 수업을 진행하고 평가까지 해 보고 나서 교사들은 '소설 쓸 시간을 충분히 더 주고 줄거리 구상 단계에서 자료 조사 과정과 상호 첨삭 과정이 더 있었어야 했다.'라는 반성과 '서술자를 느끼기에는 소설 쓰기에 관한 조건이 너무나 내용 쪽에 치중되어 있었다.'라는 반성을 했다. 반성을 한 움큼 하고 나니 평가가 교수 학습 과정에 피드백을 주고 있다고 생각하게 되었다. '수업한 대로 평가하는' 시험에서 진일보한 셈이다.

## 채점하다 과로사?

국어 시험 시간에 감독으로 들어갔다 나오시는 선생님들께 많이 듣는 말이 "채점하기 힘들겠어요."였다. 그도 그럴 것이 100점 만점인 지필 평가에서 75점이 서술형 문항에 배점되어 있어 5개 정도의 선다형 문항을 풀고 난 후에는 학생들이 시간 내내 긴 글을 쓰기 때문이다.

대답부터 하자면 오엠아르(OMR) 카드를 기계가 읽어 주는 것보다 번거롭기는 하지만 그래도 할 만하다. 혹자는 우리에게 일중독 증상이 있거나 특이한 성향 때문에 가능한 일이 아닌가 생각할 수도 있다. 그렇지 않다. 우리 중에는 일과 육아를 병행하는 아줌마가 다수였다. 그런데도 〈생각자람 국어교실〉을 거쳐 갔던 열 명 넘는 교사들이 모두 '할 만하다'는 반응을 보였으니 평범한 교사들은 누구나 다 할 수 있을 것이라고 생각한다.

모든 정기 고사에 서술형 문항을 75점씩 배치해도 '채점할 만한' 상황이 되는 데에는 우리 나름의 방법이 있다. 우리도 처음에는 다음에 나오는 보다 이상적인 채점을 꿈꾸기도 했다. [그림 4]는 《독일 교육 이야기》라는 책에 실려 있는 독일 어느 학교의 시험 채점 결과지이다.

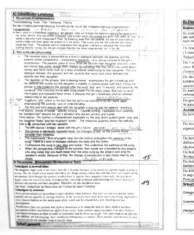

[그림 4] 독일 학교에 다니는 학생이 받아 온 채점표 모습

이 책의 저자이자 학부모였던 박성숙 씨는 이렇게 설명한다.

독일 영어 시험은 저학년에서 보는 몇 번의 문법 시험을 제외하면 거의 이런 유형이다. 그런데 시험도 시험이지만 채점표가 더 입이 벌어진다. 이번 채점표를 보면 15개의 각 문항에 항목별 점수를 기입하고, 내용은 자세한 코멘트를 세 부분으로 나누어 영어로 기술했다. 모든 학생 답안지에 깨알 같은 글씨 크기로 한 페이지 분량의 코멘트를, 그것도 영어로 작성하려면 얼마나 많은 시간이 걸릴지 알 만하다. 독일 교사가 수업 다음으로 가장 공들이는 업무가 채점이다.[1]

이렇게 꼼꼼한 피드백이 돌아간다면 학생들의 글쓰기가 발전하는 데 큰 도움이 될 것 같다. 우리도 이런 방식의 채점을 꿈꾸기는 했다. 그러나 현실적인 문제가 있다. 독일의 학교들은 단기 방학 기간에 교사가 채점을 하는 반면 우리는 정기 고사를 치르고 나면 일주일에서 열흘 남짓 정도 후에 성적 결과가 나와야 한다.

---

1. 박성숙, 《독일 교육 이야기》, 21세기북스, 2010, 128쪽

# 단계형 평점 대신 요소별 채점

그래서 찾아낸 현실적인 방법이 요소별 채점과 대면 피드백이었다. 구체적으로 설명하기 위해 앞에서 제시한 문항에 따른 예시 답안과 채점 기준표를 제시한다.

**[표 2] 예시 답안**

---

　자기가 하는 일이 사회에 어떤 영향을 끼칠 것인지 생각해 볼 수 있어야 좋은 어른이다. 어떤 일을 결정할 때 이 일이 다른 사람들에게 어떤 영향을 끼칠지 판단해 보려는 노력을 하지 않는다면 사회에 위험한 일이 많아질 수 있기 때문이다.

　내가 국어 시간에 쓴 소설에는 기자가 주인공이었다. 한 기업에서 제품에 독극물을 사용한다는 사실을 알았지만, 거대 기업을 상대하는 것이 두려워 알리지 않았다가 많은 사람들이 죽는 것을 보고 반성하고 기자로서의 책임을 각성하면서 사실 보도를 한다.

　나는 이 소설을 쓰면서 나는 어떤 어른이 될 것인가에 대해 생각을 많이 했다. 책임감 있고 좋은 어른이 되기 위해서 생각하고 실천해야겠다고 마음먹었다.

---

예시 답안의 첫 번째 문단은 평가 문항의 조건1을 만족시키는 내용이다. 두 번째 문단은 조건2가 요구하는 바를 담고 있다. 세 번째 문단은 조건3에 해당한다.

**[표 3] 채점 기준표**

| 조건1<br>(10점) | ① ( ) 안을 적절하게 완성하면 5점 부여<br>② 근거를 적절하게 제시하면 5점 부여<br>→ ① 점수와 ② 점수를 합산 |
|---|---|
| 조건2<br>(10점) | • 조건1에서 제시한 특성이 자신의 소설에 어떻게 반영되었는지 구체적으<br>로 서술되어 있으면 10점 부여<br>• 조건1에서 제시한 특성이 자신의 소설에 어떻게 반영되었는지 서술되어<br>있으나 구체적이지 않으면 5점만 부여 |
| 조건3<br>(5점) | 느낀 점이나 생각한 점이 쓰여 있으면 5점 |
| • 위의 각 조건에 해당하는 점수를 합산하되, 글의 흐름이 사연스럽지 않으면 5점 감점<br>• 일반적으로는 맞춤법, 띄어쓰기는 고려하지 않으나, 핵심 어휘에 치명적 오류가 있는 경우 항<br>목당 1점씩 감점 | |

표를 보면 항목마다 질에 따른 등급이 있다기 보다는 요구하는 내용이 있으면 5점을 주는 구조이다. 조건2에서는 질적 차이를 고려하는 것처럼 보일 수도 있다. 하지만 자세히 들여다보면 '내 소설에는 책임감 있는 기자가 나온다.' 정도의 추상적인 서술에는 5점만 부여된다. '이 기자는 한 기업에서 제품에 독극물을 사용한다는 사실을 알았지만, 거대 기업을 상대하는 것이 두려워 알리지 않았다가 많은 사람들이 죽는 것을 보고 반성하고 기자로서의 책임을 각성하면서 사실 보도를 한다.' 정도의 구체적인 서술에는 10점을 주었다.

답안지 몇 장만 함께 채점해 보면 그다지 어렵지 않게 채점이 가능하다는 것을 체험할 것이다. 다음의 답안지를 채점해 보자.

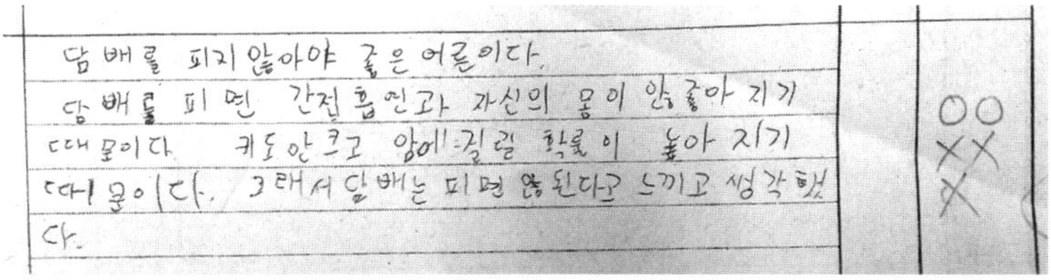

[그림 5] 학생 답안지

> 담배를 피지 않아야 좋은 어른이다. 담배를 피면 간접흡
> 연(피해가 생길 수 있다는 점)과 자신의 몸이 안 좋아지기
> 때문이다. 키도 안 크고 암에 걸릴 확률이 높아지기 때문이
> 다. 그래서 담배는 피면 안 된다고 생각했다.

이 학생의 글은 조건1에 해당하는 내용은 있지만 자신이 창작
한 소설에 관한 내용은 없으므로 조건2와 조건3에 해당하는 항
목에서는 점수를 주지 않았다. 특히 마지막 문장이 조건3에 해당
하는지 고민을 했지만, 답안지 안에서는 소설 내용과 연관된다는
것을 확인할 수가 없어 최종적으로는 조건3에 맞는 요소는 아니
라고 판단했다.

답안지 오른쪽에 연필로 표시된 ○, X는 교사가 채점한 표시이
다. 맨 윗줄은 조건1, 두 번째 줄은 조건2, 세 번째 줄은 조건3에
해당한다. 검토할 때 참고하기 쉽도록 표시해 둔다. 채점자와 검
토자[2]가 다르기 때문에 이렇게 ○, X 표시를 해 두면 검토와 판단

---

2. 〈생각자람 국어교실〉에서는 동학년 교사 2인 또는 3인이 반드시 교차 채점과 교차 검토를
   한다.

이 빨라진다. 답안지를 하나 더 채점해 보자.

　　남을 배려해야 좋은 어른이라고 할 수 있다. 남을 배려하
면 다른 사람들을 먼저 생각하니까 좋은 어른이다. 세월호
도 그렇고 남을 배려하여 다른 사람들을 살린 사람들은 좋
은 어른이라고 할 수 있다. 재난 소설을 쓰면서 남을 배려하
는 어른이 좋은 어른이라고 생각하였다.

이 글을 조건 항목별로 나누어 보면 다음과 같다.

**[표 4] 학생 글을 문항 조건에 맞게 나누어 본 내용**

| 조건1 | ① 남을 배려해야 좋은 어른이라고 할 수 있다.<br>② 남을 배려하면 다른 사람들을 먼저 생각하니까 좋은 어른이다. (예를 들어) 세월호도 그렇고 남을 배려하여 다른 사람들을 살린 사람들은 좋은 어른이라고 할 수 있다. |
|---|---|
| 조건2 | (해당 내용 없음) |
| 조건3 | • 재난 소설을 쓰면서 남을 배려하는 어른이 좋은 어른이라고 생각하였다. |

　　이 글은 조건1과 조건3에 해당하는 부분은 있지만 조건2에 해
당하는 부분이 없다. 그래서 15점으로 매겼다. 질적 차이에 따른
등급은 고려하지 않기 때문에 교사 입장에서는 좀 더 쉽고 빠른
채점이 가능하다.
　　조금 더 생각해 보면 조건1의 ②에 해당하는 부분이 그리 훌륭
하게 설명된 것도 아니고 조건3에 해당하는 부분은 조건1에 쓴

내용을 단순 반복한 것처럼 보인다. 그래도 〈생각자람 국어교실〉에서는 질적 차이를 고려하여 등급을 따로 나누지 않고 요구하는 내용이 있으면 무조건 항목당 5점을 준다. 학생들 입장에서는 후하고 너그러운 방식의 채점이다. 이것이 가능하도록 문항 자체에서 글쓰기 조건이 잘 구조화되어 있다.

그래서 이 방식은 단점이 있다. 아이들에게 구체적이고 발전적인 피드백은 되지 않는다는 것이다. 요구하는 내용이 있는지 없는지를 판단할 뿐, 잘 썼는지 잘 쓰지 못했는지는 가리지 않기 때문이다.

〈생각자람 국어교실〉에서는 이 점을 대면 피드백 방식으로 보완한다. 학생들이 자신이 쓴 글을 교사와 함께 보면서 직접 피드백을 받는 것이다. 이때 교사는 시험 채점과 다르게 질적 측면의 피드백을 한다. 이 질적 피드백은 성적에 반영되지 않아서 학생들 입장에서는 부담이 없지만, 교사도 학생들도 글쓰기 수준과 상태를 진단하고 각자의 발전 과제를 상정해 보는 데 유익하다.

피드백 시기는 시험 직후가 가장 좋다. 요소별 채점을 하면 2~3일이면 채점이 끝나기 때문에 정기 고사 직후의 수업 시간에 학생들의 답안지(복사본)를 가지고 들어가는 것이 가능하다. 나는 정기 고사가 끝난 후의 첫 번째 시간을 정기 고사와 그동안의 수업에 대한 평가서를 작성하는 시간으로 진행한다. 시험 내용 중에서 학급 전체 학생들에게 공통적으로 피드백할 내용이 있으면 먼저 한꺼번에 설명한다. 그리고 학생들에게 시험 및 수업 평

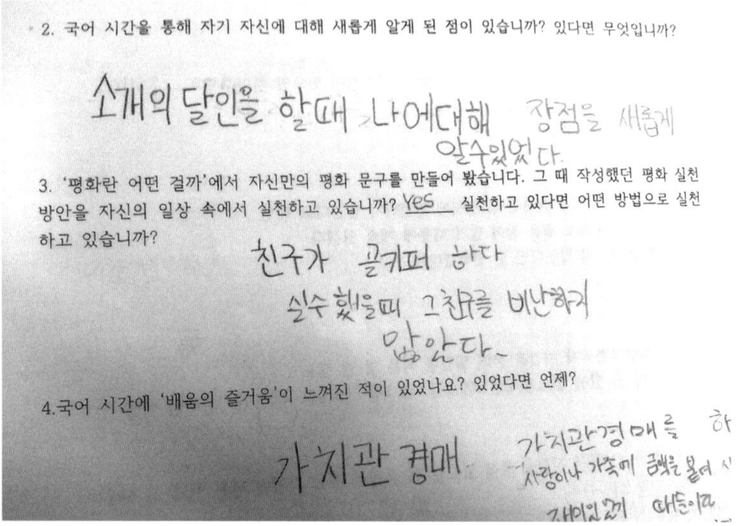

2. 국어 시간을 통해 자기 자신에 대해 새롭게 알게 된 점이 있습니까? 있다면 무엇입니까?

소개의 달인을 할때 나에대해 장점을 새롭게 알수있었다.

3. '평화란 어떤 걸까'에서 자신만의 평화 문구를 만들어 봤습니다. 그 때 작성했던 평화 실천 방안을 자신의 일상 속에서 실천하고 있습니까? Yes 실천하고 있다면 어떤 방법으로 실천하고 있습니까?

친구가 골키퍼 하다 실수 했을때 그친구를 비난하게 않았다.

4. 국어 시간에 '배움의 즐거움'이 느껴진 적이 있었나요? 있었다면 언제?

가치관 경매 가치관경매를 하 사랑이나 가족에 금액을 올려 서 재미있고 대단이다

[그림 6] 주제 프로젝트 수업 '평화란 어떤 걸까?' 를 진행하고 난 후에 작성한 수업 평가서 사례. 수업 시간에 정의 내렸던 평화를 어떻게 실천하고 있는지 자기평가하고 있다.

가서 양식을 나눠 주고 작성할 시간을 준다.

수업 평가서는 자기평가서로 사용하기도 한다. 확인이 필요한 성취기준에 관한 문항을 제작하여 수업 평가서에 넣어 학생들이 자신의 성취기준 달성 정도를 말로 표현하게 한다. 필요에 따라 몇 개의 중요한 성취기준만 가지고 평가서를 작성하게 할 수도 있고 배운 단원 전체를 가지고 평가하게 할 수도 있다. 이 자료는 교사의 수업에 대해 피드백을 받는 데도 아주 유의미한 자료가 된다.

학생들이 시험 및 수업 평가서를 작성하는 동안 교사는 한 명 한 명 학생들과 따로 만나 해당 학생의 서술형 답안지를 함께 보

면서 직접 피드백을 한다. 필요에 따라 학생들의 답안지를 복사해서 들고 들어가기도 한다. 정기 고사 답안지는 학교에 보관되기 때문에 학생들이 자신이 쓴 글을 가져가게 하려면 미리 복사를 해서 배부해야 한다. 학생들이 자신이 쓴 글을 가지고 있어야 질적 측면의 피드백을 할 때 글을 다시 읽어 보면서 내면화할 수 있는 시간을 가질 수 있다.

. 학생들의 글은 생각자람 공책에 누적된다. 수업 시간에 쓴 글, 독서 기록, 시 감상문 등이 모두 모여 있는 공책이다. 이 공책은 학생에게도 교사에게도 학생 글쓰기에 관한 의미 있는 포트폴리오가 된다. 여담이지만 신가중학교의 인근 학원가에서는 중간·기말고사가 다가오면 학생들의 생각자람 공책을 입수하려는 해프닝이 벌어지곤 한다.


## 채점하는 재미

서술형 문항을 채점하다 보면 '할 만합니다' 정도를 넘어서 심지어는 재미가 쏠쏠해 번거로움을 잊게 만들기도 한다. 서술형 문항을 잘 출제하면 원래 의도했던 교육목표에 근접했는지 확인해 보기에도 좋고 학생들 각자의 성취 정도를 파악하기도 좋다. 그리고 한 명 한 명의 살아 있는 목소리를 들을 수 있어서 재미있다. 채점할 때마다 난데없이 답안지에 '음성 지원' 기능이 있는 것 같은 착각이 들 때도 있다. 학생들이 잘 배우고 성장한 모습이 서술형 답안지에서 읽히니 재미를 넘어서 보람과 감동마저 느낀다.

한 문항을 예로 든다. 그런데 평가라는 것이 교육과정과 수업에 연동되기 때문에 평가 문항을 보여 주려면 교육과정 성취기준과 수업에 대해 먼저 말해야 한다. '2935. 학교나 지역 사회에서 일어난 일에 대해 문제해결 방안이나 요구 사항을 담은 글을 쓴다.'는 성취기준으로 건의문 쓰기를 수업한 적이 있다. 교육과정을 분석하면서 교사들이 생각한 수업 기획 의도는 이런 것이었다.

- '건의를 하면 바뀌는구나.'를 경험하기
- 부조리나 불편을 보고 침묵하지 않고 대안을 생각해 보고 제시하는 사람이 되어야겠다고 마음먹기

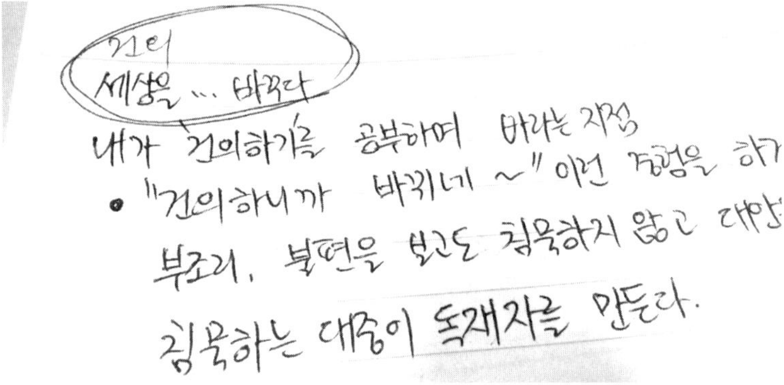

[그림 7] 중학교 2학년 국어 '건의하기' 수업을 구상할 때 했던 메모. 주체적 시민으로 자라는 아이들을 상상했다.

# 건의문 쓰기 수업 흐름

1차시: 건의, 세상을 바꾸다

의정부여자중학교 학생들의 정책 건의로 경기도교육청의 9시 등교 정책이 시작되었다든가 초등학교 학생들의 건의로 살색 대신 살구색이라는 이름을 사용하게 되었다는 사례를 통해 건의로 인해 세상이 더 좋아지는 것을 발견함.

2차시: 건의와 항의는 다르다

건의와 항의에 해당하는 글을 분석하면서 차이점을 느낌.

3차시: 건의는 설득이다

좋은 건의문과 그렇지 않은 건의문을 읽어 보면서 건의문에 들어갈 필수 내용 요소와 건의문이 설득력을 갖추기 위한 조건을 공부함.

4차시: 건의 연습

같은 반 친구에게 건의하는 내용의 쪽지를 보내고 답장을 받아 보면서 건의가 수용되거나 거부되는 상황을 체험함.

5차시: 건의문 쓰기

건의문을 쓸 수 있는 시간을 줌. 단, 이 수업이 이루어지기 전에 전체 학교 구성원과 학부모들에게 다음과 같은 메시지를 보냄.


전체 선생님들께

중학교 국어과 교육과정 중에 '건의문 쓰기'를 배워야 하는 성취기준이 있습니다. 그래서 아이들이 지금 건의문에 대해 직접 실습하고 있습니다. 이 단원을 잘 배워야 나중에 독재에 대해 침묵하지 않는 민주 시민으로 자랄 것이라는 원대한 포부로 시작했으나 여러 선생님께 폐 끼치는 일이 생길 것 같아 미리 사죄 말씀과 간청의 말씀드립니다.

아이들이 현재 건의문을 작성하여 건의를 받는 대상에게 직접 답변을 받아 오는 공부를 하고 있는 중입니다. 그 대상이 부모님이거나 친구인 경우가 많지만, 간혹 선생님께 건의를 하고 있는 경우를 보았습니다. 어떤 선생님께 쓰고 있는지 대상자 전체를 파악하지는 못했으나 담임 선생님이나 교과 선생님, 교장 선생님, 영양사 선생님이 주로 선택되는 것 같았습니다.

학생들이 선생님을 찾아뵙고 "제 건의문 읽어 보시고 답변 좀 달아 주세요."라고 부탁을 드릴 수 있습니다. 혹여 거기 적힌 내용이 조금 마음 불편하실 수 있습니다. 그러시더라도 공부하기 위해서 실습 중이라고 이해해 주시고 '건의를 들어 주고 싶다면 그 이유' 혹은 '건의를 들어 주고 싶지 않다면 그 이유'를 간단히 메모해 주셔서 돌려보내 주시면 정말 감사하겠습니다. 특히 건의문을 쓸 때는 예의를 지켜서 써야 하고 수용 가능하고 공공적인 내용의 대안을 제시해야 한다고 배웠으니까 그런 부분이 취약하면 취약점을 적어 주시면서 건의를 받아들이기 힘들다고 해 주시면 그 아이의 공부에 큰 도움이 될 것입니다.

　다시 한 번 말씀드리지만 그 아이들이 선생님께 불만이 있어서 건의문을 쓰는 것이 아니라 국어 수업의 일환으로 건의문 쓰기를 연습 중이라서 쓴 글입니다. 이 점 생각하셔서 너그럽게 받아 주시기를 간청합니다.


6차시: 건의문 상호 첨삭하기

　건의문 초안을 학생들이 서로 바꿔 읽으면서 공공성, 설득력, 수용 가능성의 측면에 대해 조언함.

7차시: 건의문 완성하기

　친구들의 상호 첨삭을 참고하여 최종적인 건의문을 완성함. 건의 대상에게 건의문을 전달하고 답신을 받는 데는 개인차가 있을 수 있으므로 개인적으로 교사에게 건의의 결과를 전달하기로 함.


　이렇게 수업을 하고 나서 치른 정기 고사에는 다음과 같은 문항을 출제했다.


**[표 5] 건의하기 수업에 해당하는 서술형 평가 문항**

| |
|---|
| 서술형 2. 국어 수업 시간에 했던 건의문 쓰기를 떠올려 다음 조건에 맞게 한 편의 완성된 글을 서술하시오.(40점) |

조건1. 누구에게 어떤 문제 상황 때문에 어떤 내용을 건의 했는지 쓸 것.

조건2. 상대방을 설득하기 위해 어떤 설득 전략을 사용했 는지 구체적으로 쓸 것.

조건3. 상대방이 건의를 들어 주었는지 혹은 들어 주지 않 았는지와 그 이유를 구체적으로 적을 것.

조건4. 조건3과 관련하여 설득에 성공할 수 있었던 (또는 실패하였던) 이유를 구체적으로 분석하여 쓸 것.

조건5. 건의문 쓰기를 하면서 느낀 점이나 생각한 점을 정 리하여 쓸 것.

이 문항에 대해 학생들이 쓴 답안도 함께 읽어 보자.

나는 ○○에게 나를 놀리는 것 때문에 건의문을 썼다. 그 래서 나는 ○○에게 나를 게임 못한다고 놀리지 않으면 좋 겠다고, 놀리지 않으면 더 잘할 것 같다고 하고, 네가 만약 나를 놀리지 않으면 나도 준비물이나 시험에 나올 거 같은 문제들을 알려 주고 같이 사이좋게 지내자고 하였더니 ○○ 이가 건의문을 보고 그 내용을 읽어 보더니 미안하다고 이 젠 그러지 않겠다고 하였다. 내가 왜 그런 생각을 했냐고 말 했더니 내가 이렇게 받아들일 줄은 몰랐다고 하였다. (중략) 이 건의문을 쓰고 느낀 점은 진심을 담아서 상대방에게 표 현하면 상대방도 알아 줄 것이라는 것을 느꼈다.

이 아이의 건의가 받아들여져서 참 다행이다. 특히 의사 표현을 한다는 것이 얼마나 중요하고 효과적인지를 체험해서 다행이다.

그러나 절반 정도의 학생들은 실패를 경험했다. 다양한 이유로 건의가 수용되지 않았다. 아래 글도 그렇다.

급식실 선생님께 급식실에 컵이 없어서 물 마시기가 불편하니 물컵을 주면 좋겠다고 건의를 했다. 선생님을 설득하기 위해서 나는 문제 상황과 해결 방안의 장점을 연결하여서 장점이 더 돋보이게 하였고 글로 설명이 부족하여 이해가 힘들 것 같은 부분을 그림을 이용하여 설명하는 설득 전략을 사용하였다. 결과적으로 급식실 선생님 설득은 실패하였다. 그 이유는 아마도 급식실 선생님의 상황을 배려하지 않아서 그런 것 같다. 나는 건의문에 물컵이 있을 때 학생들의 장점만 생각하고 급식실 선생님의 입장을 헤아리지 못해서 선생님이 공감을 못 하신 것 같다.

건의문 쓰기를 하면서 앞으로 집에서나 학교에서나 불편한 점이 있으면 짜증만 내는 게 아니라 건의문을 써서 해결해야겠다는 생각이 들었다.

이 학생의 건의는 받아들여지지 않았다. 그런데도 이 학생은 다음에 '불편한 점이 있으면 짜증만 내는 것이 아니라 건의문을 써'야겠다고 생각한다. '건의해서 상황을 바꿔야겠다고 결심하는

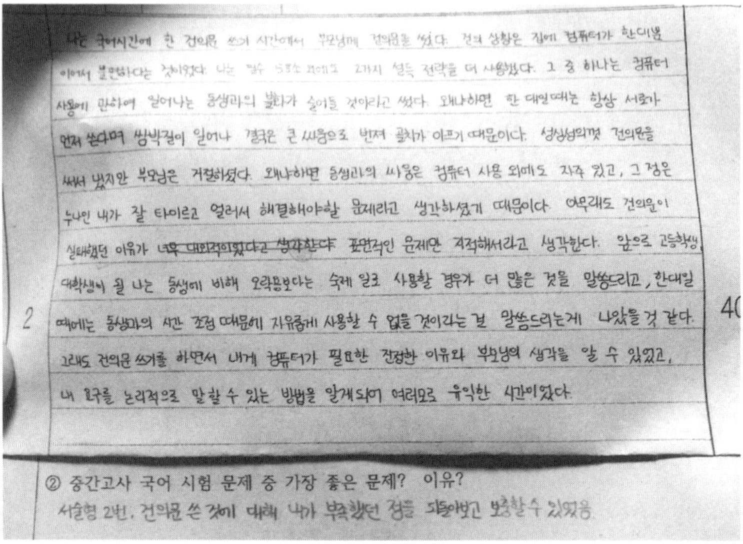
나는 국어시간에 한 건의문 쓰기 시간에서 부모님께 건의문을 썼다. 건의 상황은 집에 컴퓨터가 한대뿐
이여서 불편하다는 것이였다. 나는 필수 5요소 외에도 2가지 설득 전략을 더 사용했다. 그 중 하나는 컴퓨터
사용에 관하여 일어나는 동생과의 불화가 줄어들 것이라고 썼다. 왜냐하면 한 대일때는 항상 서로가
먼저 쓴다며 씽박질이 일어나 결국은 큰 싸움으로 번져 골치가 아프기 때문이다. 성심성의껏 건의문을
써서 냈지만 부모님은 거절하셨다. 왜냐하면 동생과의 싸움은 컴퓨터 사용 외에도 자주 있고, 그 점은
누나인 내가 잘 타이르고 얼러서 해결해야할 문제라고 생각하셨기 때문이다. 아무래도 건의문이
실패했던 이유가 ~~너무 대외적이었다고 생각한다~~ 표면적인 문제만 지적해서라고 생각한다. 앞으로 고등학생,
대학생이 될 나는 동생에 비해 오락용보다는 숙제 일로 사용할 경우가 더 많은 것을 말씀드리고, 한대일
2 때에는 동생과의 시간 조절 때문에 자유롭게 사용할 수 없을 것이라는 걸 말씀드리는게 나았을 것 같다. 40
그래도 건의문 쓰기를 하면서 내게 컴퓨터가 필요한 진정한 이유와 부모님의 생각을 알 수 있었고,
내 요구를 논리적으로 말할 수 있는 방법을 알게되어 여러모로 유익한 시간이었다.

② 중간고사 국어 시험 문제 중 가장 좋은 문제? 이유?
서술형 2번, 건의문 쓴 것에 대해 내가 부족했던 점을 되돌아보고 보충할 수 있었음

[그림 8] '건의문 쓰기' 단원을 공부하고 본 시험지와 그 시험 후 작성한 시험 평가서. 건의문 쓴 것에 대해 '내'가 부족했던 점을 되돌아보고 보충할 수 있었다고 평가하고 있다.

장면'은 교사들이 수업을 기획했던 당시의 교육목표 중의 하나였다. 그것을 확인할 수 있었다. 만약 평가 문항이 선다형이었다면 이 지점을 결코 확인할 수 없었을 것이다. 건의문은 본질적으로 설득하는 글이기 때문에 1개 차시 정도를 할애하여 설득이 성공하거나 실패한 이유를 성찰하는 수업을 하는 것이 좋다. 평가 문항이 바로 그런 수업의 역할을 한 것이다. 학생들도 이 문항을 풀면서 자신의 건의문을 분석할 수 있었다.

## 서술형은 서술형답게

학생들이 이런 글쓰기를 힘들어 할 것이라는 지레짐작 때문에 서술형 문항 출제를 포기하는 교사들도 있다. 학생들의 거부 반응은 교사를 위축시킨다. 물론 5개의 선택지 중에서 하나를 고르는 유형의 문제보다 학생들의 품이 많이 들기는 한다. 그렇다고 학생들이 서술형 문항을 이유 없이 무작정 싫어하지는 않는다. 학생들이 접하는 서술형 문항 중에는 의미 없이 학생들을 괴롭히기만 하는 문항도 있다. 선다형으로 출제해도 될 만한 문항을 굳이 서술형으로 내서 긴 암기형 문항이 되는 경우가 그렇다.

하지만 수업과 시험이 학생들에게 의미 있는 배움의 시간이 될 수 있도록 서술형 문항을 제작한다면 큰 거부감 없이 시험을 치른다. 오히려 성장의 기쁨을 느끼기도 한다.

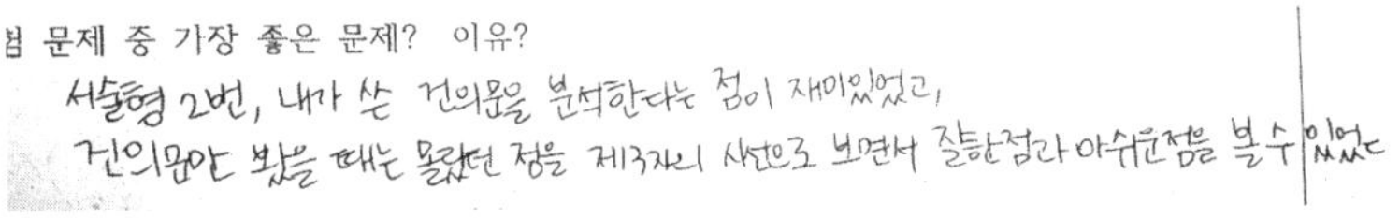

╚ 문제 중 가장 좋은 문제? 이유?
　서술형 2번, 내가 쓴 건의문을 분석한다는 점이 재미있었고,
　건의문안 봤을 때는 몰랐던 점들 제3자의 시선으로 보면서 잘했는갈라 아쉬운점들 볼 수 있었다

[그림 9] 시험 문항에 대해 학생들이 평가서를 작성한 내용 일부

## 지필 시험 무용론

이렇게 서술형 평가 문항을 고민해서 출제할 때는 중간고사와

기말고사 둘 다를 보아야 하는 상황이었다.[3] 서술형 채점에 걸리는 시간을 고려하여 중간고사 때에만 서술형 평가 문항을 출제하고 기말고사 때에는 선택형 문항만 출제하는 교과도 많았지만 우리 학교 국어 교과는 정기 고사 때마다 매번 서술형 평가 문항을 75점씩 배치하는 것을 선택했다. 아이들에게 정기적으로 글쓰기를 해 볼 수 있도록 기회를 주자는 생각 때문이었다. 하나의 프로젝트가 끝날 때마다 그 프로젝트를 되돌아보고 정리할 수 있는 글쓰기를 한다면 학생들로서도 배움을 정리하는 데 좋을 것 같이서였다. 당시 평가 종류에 따른 반영 비율은 다음의 [표 6]과 같았다.

**[표 6] 신가중학교 국어과 전체 학년 평가 유형별 반영 비율**

| 유형 | 반영 비율 | 세부 내용 |
|---|---|---|
| 지필형 정기 고사 (40%) | 중간고사 20% | 선다형 5문제: 총 25점<br>서술형 1~3문제: 총 75점 |
| | 기말고사 20% | 선다형 5문제: 총 25점<br>서술형 1~3문제: 총 75점 |
| 수행평가 (60%) | 포트폴리오 30% | 매 수업 시간 학습활동을 관찰한 자료를 누적하여 평가 |
| | 5분 독서[4] 20% | 수업 시작 5분 동안 책 읽기 활동 여부를 누적하여 평가 |
| | 시 감상 공책[5] 10% | 매주 시를 읽고 감상문을 작성하여 평가 |

---

3. 학기 초에 구성원들의 합의 내용이 그랬다. 모든 학교가 그런 것은 아니다. 학교 내에서 의결하여 중간고사 없이 기말고사만 보거나 기말고사 없이 중간고사만 보는 교사나 학교도 많다.

4. 부록1 참고

5. 부록2 참고

중간·기말고사가 가진 힘 때문인지 학생들은 서술형 답안지에 매우 정성껏 글을 쓰기는 한다. 하지만 시험을 치르면 치를수록 일제식 정기 고사가 꼭 필요한가라는 회의가 든다. 정기 고사 형식이 아니어도 수행평가로도 충분히 글쓰기를 하고 피드백을 해 줄 수 있기 때문이다.

지금까지 함께 보았던 서술형 평가 문항을 떠올려 보아도 수업 시간을 활용해 글쓰기를 하고 다음 시간에는 동료 피드백, 그다음 시간에는 교사 피드백 시간으로 삼아도 충분히 운영할 수 있을 것 같다. 선택형 문항도 그렇다. 지금까지 〈생각자람 국어교실〉에서는 정기 고사 때마다 5개의 선택형 문항도 함께 치렀는데, 주로 문법 영역의 성취도를 확인하는 용도였다. 그런 용도라면 다음과 같은 방법으로도 가능할 것 같다. 이해를 돕기 위해 학생들이 쓴 가상 수업 일기를 제시한다.

오늘은 선생님께서 쪽지 시험을 보겠다고 하신 날이라서 살짝 긴장이 되었다. 수업 시간이 시작되자 선생님께서 쪽지 시험지를 나눠 주셨다. 백지였다. 선생님께서는 5분 독서를 하는 책 아무 데나 펼쳐서 첫 문장을 적으라고 하셨다. 다 적고 나니 짝꿍과 바꾸라고 하셨다. 자신이 받은 종이에 적힌 문장을 지난 주에 배운 품사 개념과 특성을 떠올리며 분류해 보라고 하셨다. 그동안 공부했던 활동지를 참고해도 된다고 하셨다. 잘되는 곳도 있었고 애매한 데도 있었다. 시간이 지나고 선생님께서 모둠 친구들과 애매한 단어를 의논해도 좋다고 하셔서 친구들과 함께 다시 분석해 보았다. 선생님께서는 모둠 안에서 해결이 안 되는 단어는 칠판에 나와서 적으라고 하셨다. 칠판에 적힌 문제는 반 전체 아이들과 선생님까지 함께 분석을 했다.

끝종이 칠 때 선생님께서는 쪽지 시험지를 걷어 가셨다. 다음 수업 시간에 선생님께서는 다수의 학생들이 '-이다'를 형용사로 적어 놓았는데 학교 문법에서는 조사로 분류하고 있다고 말씀해 주셨고 그 이유를 설명해 주셨다.

이 수업은 자유학기제 기간에 이루어졌다. 자유학기제를 경험했을 때 가장 좋았던 것은 중간·기말고사 같은 정기 고사가 없다는 점이다. 정기 고사가 없기 때문에 이처럼 평가를 수시로 교사의 판단이나 필요에 맞게 할 수 있었다. 학생들에게는 평가 시간이 곧 학습 시간이고, 자신의 앎에 대해서도 충분히 피드백을 받을 수 있다. 교사 입장에서도 학생들의 배움이 어디까지 와 있고 어디에서 막혀 있는지 질적으로 파악하기가 좋다.

또는 다음과 같은 방식[6]의 수행평가도 좋을 듯하다. 이 역시 가상 수업 일기로 제시하겠다.

---

6. 이는 각화중학교 과학 교사 김혜주 선생님이 하는 면접식 수행평가에서 아이디어를 얻었다. 김혜주 선생님은 과학에서 회로에 관한 성취기준을 대면식 시험으로 평가했다. 나는 그동안 이런 방식은 개인 학습지도나 개인 피드백 방식으로만 사용했는데, 김혜주 선생님은 정기적 수행평가 방식으로 사용하고 있었다.

오늘은 선생님께서 품사에 대해 시험을 본다고 하셨다. 이번 시험은 '면접시험'이다. 원하는 사람부터 교탁 앞으로 가서 선생님을 만나면 된다. 선생님은 들고 계시는 책을 아무 데나 펼치신다. 그리고 그 페이지에 있는 문장 하나를 가리키신다. 그 문장의 품사 분석을 하면 된다. 잘 분석해 내면 '통과'를 받는다. 반복되는 오류가 발견되는 친구들에게는 선생님께서 어떤 부분을 다시 공부해 오라고 돌려보내신다. 두 번까지 면접시험을 다시 볼 수 있다. 아직 자신이 없는 친구들은 이미 시험을 통과한 친구들과 같이 헷갈리는 부분을 공부하고 있다. 나도 관형사와 형용사가 헷갈려서 1차 면접시험에서는 떨어졌지만 짝꿍이랑 다시 공부하고 나서 둘 사이의 차이점을 잘 이해했고 2차 도전 때 통과했다. 기분 좋다.

물론 자유학기제인지라 딱 떨어지는 점수를 통지하지 않아도 되기 때문에 학생들의 성취에 초점을 맞춰 평가를 하는 것이 가능했다. 그러나 다양한 평가를 해 보면서 아이들 사이에 협조적인 관계가 형성되도록 수업을 해 왔다면 100% 수행평가로 해도 평가가 가능하겠다는 확신을 얻었다. 올 4월에는 관련 훈령도 다음과 같이 개정되어서 행정적 가능성까지 확보되었다.

초등학교와 중학교의 과목 특성상 수업 활동과 연계하여

수행평가만으로 평가가 필요한 경우와 고등학교의 전문교
과 실기과목 등 특수한 경우는 시·도 교육청의 학업성적
관리 시행지침에 의거하여 학교별 학교 학업성적 관리규정
으로 정하여 수행평가만으로 실시할 수 있다.[7]

그런데 이렇게 수행평가의 비중을 늘리려고 했을 때는 생각해
봐야 할 점이 있다. 중학교에 다니는 우리 큰아이에게 '수행평가'
하면 뭐가 떠오르는지 물었더니 '숙제'나 '검사'가 떠오른다고 말
한다. 우잉?

## 수행평가는 과제물 평가?

많은 학교에서 1학기 수행평가 결과가 나와야 하는 시기가 6월
말이나 7월 초이다. 중학교에서는 수행평가라는 이름으로 보고서
쓰기 같은 과제를 내주는 과목이 다수인데 과제물이나 활동 결과
물 제출 기한이 이 즈음인 경우가 많다. 과제를 내주는 교사 입장
에서는 하나의 숙제일 뿐이지만 여러 과목이 겹치다 보면 학생들
에게는 6월 말에 숙제 폭탄이 내리는 폭력적인 상황이 펼쳐진다.
교사 입장에서도 과제 검사를 해야 하니까 "수행평가는 업무 과
중을 부른다."는 어려움을 호소한다.

---

7. 교육부, 〈학교생활기록 작성 및 관리지침〉, 교육부 훈령 제169호, 2016. 4. 5., 43쪽

수행평가에 반드시 과제가 필요하다면 교과 선생님들 사이에 내용과 시기를 공유해야 한다. 그래야 과제가 중복되는 것을 막을 수도 있고 시기도 조정해서 학생들에게 과제 폭탄을 안겨 주지 않을 수 있다. 이보다 더 근원적인 문제는 과제물을 내주는 것이 수행평가로서 적합한가 하는 점이다.

> 수행평가는 교과 담당 교사가 학습자들의 학습과제 수행 과정 및 결과를 직접 관찰하고 그 관찰 결과를 전문적으로 판단하는 평가 방법이다.[8]

이러한 정의에 의하면 과제 평가가 수행평가의 일부가 될 수는 있지만 과정을 평가했다고 보기는 어렵다. 최악의 경우 학습자 본인이 과제를 하지 않는 부작용이 나타나기도 한다.

중간고사나 기말고사가 엄청난 힘을 발휘하는 현재 상황에서는 수행평가가 과정 평가의 기능을 담당하면 도입 목적에 맞는 평가가 될 수 있다. 현재 학생들이 수행평가라고 받는 많은 과제가 과연 의미 있는 과정 평가인지 다시 살펴봐야 한다.

---

8. 교육부, 〈학교생활기록 작성 및 관리지침〉, 교육부 훈령 제169호, 2016. 4. 5., 45쪽

# 수행평가 쪼개기

그래서 〈생각자람 국어교실〉에서는 수행평가는 수업 시간에 한다는 원칙을 세워 두었다. 매 수업 시간마다 교사는 학습자들이 그 단원에서 해야 할 학습 과제나 도달해야 할 성취기준을 근거로 학생들의 학습 수준을 파악하여 3단 평정을 하는 방법을 사용한다. 물론 모둠 활동 위주의 수업이기 때문에 이런 관찰 평가가 가능하고, 참여를 안 하거나 성취가 미흡한 학생들을 일대일로 돌보는 것도 가능하다.

이런 평가 방식에 대해서 어떤 사람들은 수업 시간마다 평가를 받는 상황이 되니 학생들로서는 숨이 막히겠다는 염려를 하기도 한다. 내가 겪어 본 바로는 '매시간'이 아니라 하나의 성취기준에 따른 세부 단계별로 평가를 하게 된다.

명일중학교의 김선희 선생님은 이런 방법을 '수행평가 쪼개기'라고 부른다. 다음은 김선희 선생님이 학생 평가에 관한 강의를 하던 중 제시한 수행평가 사례들[9]이다. 강사는 청중들에게 이런 평가들이 왜 학생에게 폭력적인지 생각해 보라고 했다.

> ▸ 국어 수행평가 - 수업 중 '자기소개 하기'를 3분 발표로 10
>   점 점수 부여

---

9. 광주중등평가연구회가 주관해 2016년 8월 8일 광주교육지원센터에서 이루어진 '과정 중심 학생 평가'에 대한 강의 내용 일부 인용

▸ 기술 수행평가 - '쇼핑백을 활용한 소품 만들기' 3시간 수업 후 결과물로 점수 부여

▸ 국어 수행평가 - 수업 중 1시간 동안 '진로 관련 글쓰기'를 실시한 후 10점 부여

▸ 국어 수행평가 - 수업 중 1시간 동안 6권의 책 내용에 대해 지필 평가 20문항 실시

이 사례들에는 공통점이 있다. 어떤 학습활동에 대한 결과만 평가한다는 것이다. 이에 반해 김선희 선생님은 자신의 수업에서는 수행 과정의 단계를 잘게 쪼개 평가한다고 했다. 예를 들어 '주장하기'를 평가한다면 자료 준비 단계, 내용 생성 단계, 내용 구성 단계, 내용 표현 단계, 발표 단계를 각각 평가하는 것이다. 각 평가는 자기평가, 동료평가, 교사평가 등 적절한 방법을 사용한다. 노트북에 담겨 있는 수행평가 소료를 교실에 들고 들어가 평가 때마다 입력하기 때문에 과중한 업무가 되지 않는다.

〈생각자람 국어교실〉에서도 이와 유사한 방식을 사용하지만 차이점도 있다. 〈생각자람 국어교실〉에서는 3단 평정법(○, △, X)을 사용하여 학습활동에 참여하는 것 자체를 높게 평가하려는 특성이 드러난다. 반면 김선희 선생님의 국어 교실에서는 좀 더 정밀한 단계로 평정하여 학습의 질적 차이가 더 구별된다. 이는 〈생각자람 국어교실〉보다 김선희 선생님의 교실에서 동료평가 방식이 더 자주 사용되는 데에서도 기인하는 현상 같다. 아이들

## 수행평가 기록

| 번호 | 분자료문제 | 교고문제 | 채점제 | 태도 | 발표 | 시간 | 기발음가 | 1차평가 | 2차평가 | 발상업어 | 거래스통 | 표줄가 | 계 | 수행 |
|---|---|---|---|---|---|---|---|---|---|---|---|---|---|---|
| 1 | 5 | 2 | | 2 | 1 | 1 | | 1 | 2 | 4 | | 5 | 3 | 21 | 7 |
| 2 | 6 | 2 | | | 1 | 1 | 1 | 1 | 1 | 4 | 1 | | 4 | 19 | 6 |
| 3 | 1 | 1 | | 3 | 1 | | 1 | 1 | 3 | 4 | | 3 | 4 | 21 | 7 |
| 4 | 10 | 4 | | 4 | 1 | | 1 | 1 | 1 | 3 | | 5 | 5 | 25 | 8 |
| 5 | 4 | 2 | 2 | 5 | 1 | | 1 | 2 | 4 | | 4 | 5 | 26 | 8 |
| 6 | 3 | 1 | | 3 | 1 | 1 | 1 | 2 | 5 | 1 | 5 | 5 | 24 | 8 |
| 7 | 1 | 1 | 1 | 4 | 1 | | 1 | 3 | | 4 | 5 | 20 | 6 |
| 8 | 9 | 3 | | 3 | 1 | 1 | 2 | 4 | | 5 | 4 | 22 | 8 |
| 9 | 7 | 3 | | 3 | 1 | 1 | 1 | 2 | 4 | | 5 | 5 | 25 | 8 |
| 10 | 2 | 1 | | 2 | 1 | 1 | 1 | 1 | 4 | 1 | 4 | 3 | 20 | 6 |
| 11 | 3 | 1 | | 2 | 1 | 1 | 1 | 3 | 4 | | 5 | 5 | 23 | 7 |
| 12 | 4 | 2 | | 3 | 1 | 1 | 1 | 1 | | 5 | 5 | 22 | 7 |
| 13 | 4 | 2 | | 4 | 1 | 1 | 2 | 4 | | 5 | 5 | 24 | 8 |
| 14 | 8 | 3 | 2 | 5 | 1 | 1 | 1 | 2 | 5 | 1 | 5 | 5 | 31 | 10 |
| 15 | | 0 | | 2 | | 1 | 1 | 3 | | 2 | 9 | 3 |

[그림 10] 김선희 선생님의 수행평가 기록

이 친구들의 작품을 평가하는 모습을 보면 어른들이 예상하는 것보다 더 객관적이고 날카롭다.

김선희 선생님은 학생들이 힘들다고 반발하는 경우는 못 봤다고 했다. 〈생각자람 국어교실〉에서도 그러하기 때문에 강사의 말에 공감할 수 있었다. 그도 그럴 것이 수업과 평가가 따로 분리되어 있지 않기 때문에 '시험 보고 있다.', '이 시험 하나로 한 학기가 결정 난다.'와 같은 과도한 긴장감이 없고 일상적인 일로 받아들인다는 것이다. 게다가 자신이 어떤 점에서 부족한지 수업 시간에 고스란히 드러나기 때문에 마음만 먹으면 교사나 친구들에게 구체적인 도움을 요청할 수도 있다. 그렇지 않은 경우에도 자신이 어떤 수준에 있는지 수업 시간에 바로바로 피드백이 되기 때문에 점수를 비교적 선명하게 예측할 수 있다. 따라서 차후 성적에 대해 반발하는 경우가 거의 없다. 또 부족한 점을 만회할 기회가 충분히 주어지기 때문에 오히려 편안하게 느낀다.

## '수업-평가-기록'의 일치

교육과정과 수업과 평가가 일관성 있게 흘러왔다면 남은 것은 기록의 문제이다. 교육과정, 수업, 평가가 분리되지 않고 긴밀하게 밀착되어 진행되었더라도 이에 대한 기록이 그렇지 않다면 교육 주체들 간에 신뢰할 수 있는 의사소통이 이루어지기 어렵다. 그래서 기록의 문제도 늘 우리들의 고민거리다.

현재 중학교의 성적 통지 방법은 과목별 성취 수준을 5단계(A, B, C, D, E)로 고지하는 방식이다. 가령 아이가 B를 받았다면 학부모 입장에서는 B라는 등급 역시 80점이라는 숫자에 못지않게 추상적이다. 아이가 어떤 부분에서 강점을 보이고 어떤 부분에서 어려움을 겪는지 알 수 없기 때문이다. 이를 보완하기 위해 〈생각자람 국어교실〉에서는 학생생활기록부의 '교과세부능력 및 특기사항'를 최대한 이용한다. 수업 시간에 관찰한 내용을 위주로 교과세부능력 및 특기사항란에 아래와 같은 문장 정도로 학생들에 관한 사항을 적는다.

- 말하기나 쓰기 상황에서 근거를 충분히 들어 주장을 펼치고 설득력을 높이는 면이 탁월함.
- 말하기 상황에서 자신감이 있으며 청중을 잘 설득할 만한 성량과 몸짓을 사용할 줄 앎.
- 모둠 활동을 할 때 친구들의 사고를 이끌어 주는 질문을 던질 줄 알고, 적절한 설명을 해서 모둠원들이 학습에 몰입할 수 있도록 하는 모습을 자주 보임.
- 음운 체계표를 공부하고 난 후에 자신의 발음을 교정해 내는 적용력을 보임.
- 영상 언어에 대해 공부할 때 집중력과 흥미를 드러내었고, 화면 구성이 주제와 잘 어울리는지에 대해서 감수성과 판단력을 보임.
- 정답이 있는 상황보다 자신의 생각을 피력하는 상황에서 돋보이고 생기 있게 공부함. 생각이 많고 발상이 풍부한 학습자여서 시간 제한이 있는 상황보다는 충분히 생각할 수 있도록 시간과 여유를 가지고 공부할 때 큰 성취를 보임.

대부분의 수업이 탐구 활동 위주로 진행되고 서술형 평가를 통해 구체적인 정보를 얻기 때문에 학생들의 특징이나 장점을 발견하고 기록하기가 강의식 수업을 할 때보다 훨씬 쉬웠다.

물론 이런 방식으로도 아쉬움은 남는다. 나는 교사이기도 하지만 학부모이기도 해서 학부모의 입장에서 다음과 같은 정보가 궁금하다. 둘째 아이의 수학 공부를 예로 들겠다. 둘째 아이가 수학을 공부할 때 혼합 계산을 유독 어려워하는 것을 발견했다. 무엇 때문에 어려워하는지 잘 살펴보니 괄호 처리를 잘 못하는 것이 원인이었다. 괄호 속의 계산식을 먼저 처리하지 않기 때문에 전체 계산식이 정확하게 나오지 않았다.

그 즈음에 받아 본 아이의 성적표에는 아이가 어려움을 겪는 부분의 내용은 없고 '도형과 그래프를 잘 이해합니다.'라는 내용만 적혀 있었다. 이런 상황이라면 학부모 입장에서는 '도형과 그래프를 잘 이해합니다. 연산 영역에서는 혼합 계산을 할 때 괄호를 처리하는 순서에 대한 복습이 필요합니다.'와 같은 구체적이고 세부적인 정보를 받아 보고 싶다. 그래야 아이를 도와주기가 더 좋기 때문이다.

물론 교사 입장에서는 생활기록부에 학생들에 관한 부정적 정보를 기술하는 것은 어려운 일이다. 그래서 생활기록부 기록과 성적 통지용 기록을 분리해야 하는 것은 아닐까 고민도 한다. 중요한 것은 우리 교사들이 평가와 기록의 존재 이유를 잃지 않아야 한다는 것이다. 교육 혁신을 고민하는 선생님들께서 평가 혁신을 함께 고민[10]하는 것도 그 때문일 것이다.

평가와 기록의 목적은 무엇이어야 할까? 교육의 본래 목적이 학생들의 성장이라면 당연히 평가와 기록의 목적도 학생들의 성

---

10. 김해경 외, 《성장과 발달을 돕는 초등 평가 혁신》, 맘에드림, 2016

장과 발달이어야 한다. 이 고민을 하면서 떠올리는 장면은 이렇다. 학생의 '교육과정-수업-평가' 상황이 잘 기록된 자료를 가지고 학생과 학부모와 교사가 회의를 한다. 그 자료를 바탕으로 학생은 자신의 학업을 보충하거나 발전시킬 계획을 세우고, 교사와 학부모는 그 과정에서 어떻게 아이를 도와줄 수 있을지 의논한다. 충실한 기록은 충실한 피드백을 가능하게 할 것이다.

기록의 본의를 살리기 위해 몇몇 학교에서는 '성장 참조형 통지표'를 사용한다. 기존의 통지표가 성취기준 중심이었다면 성장 참조형 통지표는 영역별로 학생 개개인의 성장 과정을 알려 준다는 특징이 있다. 학부모 입장에서는 자녀에 대한 상세한 정보를 알 수 있다는 장점이 있지만 교사 입장에서는 업무 부담이 크다는 단점이 있다.[11]

이런 고민을 하는 와중에 이것저것 찾아보다 발견한 좋은 기록 양식 몇 개를 소개하고자 한다.

첫 번째, 비봉초등학교 신은희 선생님께서 사용하는 자기평가서 일부([표 7])를 살펴보자.[12]

---

11. 정창규 · 강대일, 《평가란 무엇인가》, 에듀니티, 2016, 282~284쪽
12. 한국교육연구네트워크, 《일제고사를 넘어서》, 살림터, 2011, 227쪽에서 부분 인용

**[표 7] 신은희 선생님이 사용하는 학생 '자기평가서'**

나를 진단한다

〈학기 말 자기평가서〉 이름: ○○○

국어: 말하기와 쓰기는 부족하다. 하지만 듣기는 잘 들을 자신 있다. 그리고 난 교과서 읽기는 좋아한다. 하지만 책읽기는 귀찮고 싫다.

수학: 덧셈과 뺄셈과 분수, 약수, 배수 등 많은 것이 자신 있다. 하지만 통분, 무늬 만들기 등은 너무 어려워서 잘할 자신이 별로 없다.

사회: 문화재와 역사 등에 흥미를 갖기 시작했다. 옛날에 조상들은 무엇을 하고 살았는지도 잘 알고 싶다.

과학: 거울과 렌즈는 헷갈리기 쉬워 잘 이해하기가 어렵다. 하지만 식물, 동물, 용해를 알아보는 건 자신이 있다.

미술: 아직 명도와 채도가 구별이 잘 안 된다. 그리고 붓으로 색칠하는 것을 좋아한다.

영어: 난 영어를 좋아한다. 영어를 읽는 것도 좋아하고, 쓰는 것도 좋아한다. 그리고 아직 동사, be 동사 등이 어려워 구별을 잘 못하고 있다.

학생이 스스로 무엇에 흥미를 느끼고 있는지, 무엇을 어려워하는지 밝힌 기록들은 상당한 구체성을 가지고 있다. 경쟁을 위한 도구로 사용하지 않고 학생들의 성장과 수업 피드백을 위한 자료로 사용한다면 퍽 유의미한 기록 자료가 될 것 같다.

두 번째는 명일중학교 김선희 선생님께서 학부모에게 보낼 때 사용하는 통지표인 '국어 성장 편지' 사례[13]이다. 일부만 인용한다.

국어 성장 편지 (1학년 ○반 ○번 ○○○)

안녕하세요? 저는 명일중학교 1학년 국어 교과를 담당하고 있는 교사 김선희입니다. 이번 학기에 학생이 수업 시간에 보여 준 학습 상황에 대

---

13. 김선희, 〈역량을 개발하는 수업, 과정 중심의 수행평가〉, 《광주중등평가연구회 연수 자료집》, 2016

해 교사가 관찰하고 느낀 점을 보내 드립니다. 부모님께서 자녀들의 학습 과정을 이해하시는 데 도움을 드리고자 수업 중의 태도와 학습활동 내역을 기록하였습니다. 이 성장 편지는 학생 이해의 자료로만 활용해 주시고 자녀의 학습과 관련된 의견이나 궁금한 사항은 문의해 주시면 성의껏 답변해 드리겠습니다.

명일중학교 국어과 교사 김선희 드림

※ 학생의 자기평가는 '메가테스트 **샘의 논술교실'에 올린 내용입니다. 자녀의 맞춤법, 띄어쓰기 상태 파악을 위해 수정하지 않은 상태로 기록하였습니다.

## 1. 학생의 학습내용 성취

교사 평가[14]

- 설명문 쓰기에서 선정한 내용을 체계적으로 조직하여 통일성 있게 설명문을 잘 쓸 수 있으며 우수작으로 선정됨.

- 주 1회 실시하는 칼럼 요약에서 5회 중 5회 제출하였으며 요약 능력이 뛰어나고 완성도가 매우 높음.

- 국어와 가정이 만나 이루어진 융합 수업 '영양교사 되기 프로젝트'에서 모둠원들과 협력하며 좋은 분위기를 형성하고 즐겁게 활동함.

- 문법 단원에서 제시된 단어의 짜임새를 예를 들어 구체적으로 설명할 수 있으며 음운 체계의 개념을 국어 화자 입장에서 예를 들어 구체적으로 설명할 수 있음.

---

14. 교사가 학생의 학습내용 성취에 대해 평가하는 글이다.

자기평가[15]

● 설명문 쓰기 활동하면서 느낀 점:

설명문을 실제로 쓰는 것은 처음이라서 내가 잘 쓸 수 있을지 걱정도 되었다. 하지만 실제로 써보니 생각보다 쓰기도 쉬웠고, 많은 자료들을 조사하면서 평상시 내가 관심이 많았던 분야에 대해 더 자세히 알게 되어서 좋았다. 오히려 조사한 자료가 너무 많아서 글자수를 맞추기 위해 요약하는 데 더 힘이 많이 들었다. 어쨌든 나에게 좋은 경험이 된 활동이고, 다행히 우수작으로 뽑혀서 매우 뿌듯했다.

● 영양교사 되기 프로젝트 활동하면서 느낀 점:

영양교사 되기 프로젝트를 한다고 들었을 때, 진짜 영양교사처럼 식단을 짜고 요리도 하는 것이 기대가 되었다. 하지만 칼로리와 영양소를 모두 생각해서하는 게 쉽지 않을 것 같아서 걱정도 되었다. 하지만 실제로 활동을 해보니 재미도 있었고, 내가 만든 식단을 학생들이 먹는다고 생각하니 뿌듯하기도 했다. 실제로 요리할 때 내가 생각한 대로 맛있게 요리가 되지는 않아서 아쉽기도 했다.

● 문법 단원(형태소, 음운)을 공부하면서 느낀 점:

중학교에 입학하기 전에는 이렇게 교과서에서 문법을 배운 적이 별로 없었는데, 이렇게 교과서에서 문법을 배

---

15. 학생이 스스로 자신의 학습내용 성취를 평가하는 글이다.

우게 되니 생각보다 어렵기도 하고 신기하기도 했다. 국어는 다른 과목들에 비해 그다지 어렵지 않은 과목이라고 생각했었는데, 그것이 큰 착각이었음을 확실히 깨닫게 되었다. 외워야 할 것도 꽤 많고, 실제로 문제들을 풀어보니 너무 헷갈려서 시험 점수가 많이 걱정되기까지 했다. 그래도 처음으로 국어 문법을 배워 보니 새로운 경험을 한 것 같아서 좋았고, 지금까지 배운 문법과 앞으로 배우게 될 문법을 열심히 공부해야겠다는 생각이 들었다.

## 2. 이런 활동을 했어요[16]

● 설명문 쓰기

지구온난화, 이대로 괜찮은가

최근 독일의 한 사진작가 커스틴 랑엔베거가 SNS에 올린 사진이 화제가 되고 있다. 이 사진은 앙상하게 말라 빙하조각 위에 위태롭게 서있는 북극곰의 모습을 담고 있다. 이 사진은 지구온난화가 지구에 어떤 영향을 미치고 있는지 보여주는 사진이다. 그렇다면 이런 재앙을 만들어내는 지구온난화가 무엇인지, 어떤 피해를 끼치는지, 어떻게 막을 수 있는지 알아보자.

지구온난화는 지나치게 많은 양의 온실가스가 일으키는 현상인데, 온실가스 배출의 가장 큰 원인은 화석연료의 사

---

16. 평가 과제로 학생이 쓴 글들이 나온다.

용이다. 산업혁명 이후 많은 화석연료의 사용은 대기 중 온실가스 농도를 30% 이상 증가시켰다. 더불어 쓰레기의 증가도 기후변화의 원인이다. 쓰레기를 분해하는 과정에서 메탄이 발생하는데, 이는 톤당 온실효과가 이산화탄소보다 더 강력하다. 산림의 무분별한 벌목도 온실가스를 흡수하는 능력을 감소시켜 지구온난화를 일으킨다.

그렇다면 지구온난화는 어떤 영향을 미칠까? 지구온난화는 우리 생활 뿐만 아니라 지구, 생태계 등에 광범위하게 영향을 미친다. 먼저 지구의 기온변화가 가장 큰 피해이다. 지구 평균온도는 지난 100년간 0.74도 상승하였고, 최근의 10년은 기상관측 이래로 가장 더운 10년이었다. 지구의 연평균 기온이 계속 상승하면서 해수면도 상승해 투발루라는 섬은 점점 사라지고 방글라데시는 더이상 농사를 지을 수 없게 되었다.

두 번째로 지구온난화는 한반도에 변화를 일으키고 있다. 지구 평균의 2배에 달하는 온도변화로 우리나라가 아열대화 되고 있다. 이로 인해 우리나라에 일어난 대표적 현상이 스콜성 강수이다. 이뿐만 아니라 우리나라의 겨울은 점점 사라지고 사막이 생길 것이며, 태풍과 가뭄 등 자연재해의 강도가 증가할 것으로 예상되고 있다. 그리고 해수면의 수위가 높아짐에 따라 우리나라를 포함한 저지대의 내륙은 바다에 잠겨 우리나라 지형에도 변화가 생길 것이다.

지구 온난화 현상을 막기 위해 세계는 어떤 노력을 하고 있을까? 먼저 1992년 6월 유엔환경개발회의에서 기후변화협약을 채택하였고, 1997년 12월 교토의정서를 채택하여 2005년 2월 발효시켰다. 기후변화협약은 대기 중 온실가스의 농도를 안정화시키는 것을 목적으로 하는 것으로, 192개국이 동의한 상태이다. 교토의정서는 온실가스 감축에 대한 법적 구속력이 있는 국제협약이다.

지구온난화를 예방하기 위해 우리가 할 수 있는 일들은 무엇이 있을까? 가장 근본적인 해결방법은 온실가스를 줄이는 것이다. 온실가스를 줄이기 위해 할 수 있는 일은 실내온도 유지, 친환경 제품 사용, 물 절약, 쓰레기 재활용, 대중교통 이용, 나무 가꾸기 등이 있다. 이 중 몇 가지만 실천해도 온실가스의 배출을 줄여 지구온난화를 방지하는데 도움을 줄 수 있다.

"우리가 북극곰들을 구해줄 수는 없지만 우리의 작은 행동이 좋은 변화를 가져올 수는 있다." 앞에서 얘기한 사진작가 커스틴 랑엔베거의 말이다. 우리가 직접 북극곰들을 구조할 수는 없어도 간접적으로 도울 수는 있다. 더 이상의 피해를 막기 위해서 우리 모두 지구온난화 방지를 위해 노력해야 할 때이다.

● '영양교사 되기 프로젝트' 자기소개서

1. 지원 동기와 영양교사가 된 후의 계획을 중심으로 서울 특별시교육청이 지원자를 선발해야 하는 이유에 대하여 기술하여 주십시오.(300자)

　　현재 우리나라의 청소년들이 먹는 음식 중 대부분은 패스트 푸드, 불량 식품 등 건강에 좋지 않은 음식입니다. 그렇기 때문에 저는 학교에서라도 맛있고 건강에도 좋은 음식을 먹게 해주고 싶었고, 그것을 실제로 실천하기 위해 지원하게 되었습니다. 저는 영양교사가 되어 급식을 통해 편식을 없애고 음식을 골고루 먹게 해주고 싶습니다. 저는 영양교사가 되어 청소년들이 어떤 음식이든 골고루 먹을 수 있게 맛있고 건강한 식단을 만들어 아이들의 건강을 책임질 자신이 있고, 꼭 실천할 수 있었으면 좋겠습니다.

2. 대학교 재학 중에 지적 호기심을 가지고 학업 능력을 향상시키기 위해 노력한 내용을 기술하여 주십시오. (300자)

　　영양교사가 되어 청소년들의 건강을 책임지기 위해 영양교사 자격증을 취득하기 위해 노력하였습니다. 그리고 실제 청소년들이 한 끼에 어떤 영양소를 섭취해야 하고, 어느 정도의 양의 음식을 먹어야 하는지 알아야 더 훌륭한 영양교사가 될 수 있기 때문에 여러 권의 서적과 조사 결과 등을 읽어보았습니다. 더 좋은 영양교사가 되기 위해 오늘날 청소년들이 어떤 음식을 먹는지, 그 음식들의 문제점은 무엇인지 알아보기 위해 여러 기사를 읽어보았습니다. 실제로 영양교사가 된다면 더 훌륭한 영양교사가 되기 위해 공부를 멈추지 않을 것입니다.

김선희 선생님의 성장 편지에는 교사의 평가 기록과 학생의 자기평가 기록이 함께 적혀 있고 학생이 쓴 글이 첨부되기 때문에 학부모들에게는 무척 상세한 정보가 제공되는 편이다. 내가 학부모라도 이런 편지를 받으면 감동을 받을 것 같고 자녀와 학습 상황에 대해 대화하기도 좋을 것 같다.

이런 편지를 매번 보내는 것이 힘들지는 않는가에 대한 청중의 질문에 김선희 선생님은 그렇지 않다고 답했다. 학생들의 글과 자기평가문은 운영하고 있는 인터넷 웹사이트에서 가져다 사용하기 때문에 이 기록을 위해 따로 타이핑을 한다거나 하는 업무 부담은 과하지 않다고 했다. 평범한 교사들도 학생들의 작품을 지속적으로 탑재하는 웹사이트를 운영한다면 어렵지 않게 해 볼 수 있을 것 같다. 다만 이런 통지 양식이 전체 교과에 다 적용된다면 통지 분량이 꽤 많아지는 것이 단점이다.

세 번째는 좋은교사운동의 김진우 대표가 제안한 '친절한 성적표'이다. 친절한 성적표 모형은 [표 8]과 같다.

**[표 8] 김진우 대표가 제안한 '친절한 성적표' 사례[17]**

| 과목 | 평가 영역<br>(코드 번호) | 평가 방법 | 성취도 | | 세부<br>특기사항 |
|------|------|------|------|------|------|
| | | | 1차 | 2차 | |
| 도덕 | 독해 능력(01) | 활동지 평가 | C | A | 학기 초 수업에 대한<br>흥미가 약했으나<br>후반부로 갈수록<br>적극적인 태도로<br>수업에 참여하고<br>보고서 작성과 발표<br>능력이 향상을 보임 |
| | 개념 이해(02) | 지필 평가 | D | C | |
| | 논리적 사고 능력(03) | 활동지 질문 평가 | C | A | |
| | 창의적 사고 능력(04) | 질문과 토론 | C | A | |
| | 지적 호기심(05) | 수업 태도 관찰 | C | A | |
| | 작문 능력(06) | 논술문 작성 | C | B | |
| | 발표 능력(07) | 토론, 발표 | C | A | |
| | 디자인 능력(08) | | — | — | |
| | 책임감(09) | 보고서 작성 | C | A | |
| | 협업 능력(10) | 모둠 토론 | B | A | |
| | 실천성(11) | | — | — | |

이 성적표는 어떤 영역을 어떤 방법으로 평가했는지와 2회에 걸친 성취도가 나와 있다. 친절한 성적표 모형은 먼저 성취 향상도를 나타낼 수 있다는 점이 장점이다. 1차에서는 C를 받았던 학생이 2차에서는 A를 받았다는 것이 드러나기 때문이다. 게다가 전 교과가 성취 영역과 코드를 동일하게 사용한다면 이 학생의 특징과 장점은 더욱 선명하게 드러날 것이다. 예를 들어 어떤 학생이 한 과목이 아니라 많은 과목의 '협업 능력' 영역에서 높은 성

17. 김진우, 〈자유학기제의 수업과 평가 혁신을 위해 친절한 성적표를 제안한다〉, 《자유학기제의 올바른 정착 모색을 위한 토론회 ③ 자료집 - 자유학기제를 통한 수업·평가의 개선과 확산 가능성을 살핀다》, 사교육걱정없는세상, 2016, 15쪽

취를 보인다면 이는 이 학생에게서 안정적으로 보이는 특성이라고 해석할 수 있기 때문이다. 게다가 교사의 작문 실력이 과하게 요구되지 않으면서도 유의미한 정보들이 제공되고 있다는 장점이 있다. 다만 이 통지 양식이 일반화되려면 어떤 영역을 평가 대상으로 삼을지에 대해 합의가 선행되어야 한다. 학교 구성원들 사이에 이것이 합의된다면 학교 현장에서 널리 사용될 만한 기록 양식이라고 본다.

## 남겨진 숙제

비교적 실천 사례 위주로 작성되었던 앞선 장들과는 달리 이번 장에서는 아직 실천해 보지 않은 것도 말씀드렸다. 교육 현장 여러 곳에서 의미 있는 변화[18]가 보이기도 하지만 아직은 전반적으로 평가와 기록에 대한 고민이 깊고 갈 길도 멀다.

모든 사회 구성원들이 학생들을 돕기 위한 마음을 가지고 있다면 기록에 관한 고민은 어렵지 않을 것이다. 하지만 우리 사회에서 평가와 기록은 너무나 쉽게 진학에 관련된 욕망이나 경쟁 상황과 연결된다. 시험과 관련된 일이 일으킬 수 있는 온갖 부정적이고 병폐적인 면을 교사 스스로 자각하고 있고 그것에 대해 학

---

18. 2016학년도 광주광역시교육청의 1정 교사연수 국어, 영어, 수학 과목의 평가에서는 선다형 문항을 사용하지 않고 모둠 프로젝트 과제나 논술형 문항을 사용했다. 교사들부터 이런 평가 문항에 익숙해져야 우수한 평가 도구를 제작할 수 있는 역량을 기르기가 좋을 것이다.

생들에게 미안한 마음을 갖고 있다면 평가나 기록을 본래의 목적대로 사용하려고 노력해야 한다. 평가나 기록의 목적은 분명하게 학생의 성장에 초점이 맞추어져야 한다.

우선은 통지용 기록이 아니더라도 학생의 성장을 돕기 위해 교사 자신이 참고하고 학생들과 상담할 자료로 사용할 수 있는 기록을 남기는 것부터 실천했으면 좋겠다. 이런 경험과 기록과 고민이 누적되고 공유되다 보면 앞서 소개한 자료들처럼 비교적 일반화될 수 있는 방법들도 나올 것이라고 생각한다. 시험과 기록이 학생들로 하여금 '너는 경쟁 상황에서 어디쯤 위치하고 있는가?'를 알리는 기제가 아니라 '너는 얼마나 성장하고 있는가?'를 나타내는 기제가 되도록 하는 것이 우리 어른들의 숙제이다.

## 9장

# 닫는 말 —
# 세상을 구하는 신비

## 훌륭한 교사?

어제 한 선생님께서 박사 논문을 쓰는 데 참고한다며 '훌륭한 교사'라는 말을 들었을 때 떠오르는 이미지를 말해 달라는 청을 했다. 그 말을 듣고 보니 수년 사이에 이와 관련한 이미지가 많이 달라졌다는 생각이 들었다.

내가 새내기 교사였을 때만 해도 훌륭한 교사상을 떠올려 보라고 하면 EBS나 대형 학원가에서 당장 영입할 것 같은 명강사의 상이 그려졌다. 그는 엄청난 카리스마와 노련함을 가지고 남들은 범접할 수 없는 경지의 멋진 강의를 한다. 학부모와 학생들에게 큰 지지도 받는다. 자연스럽게 소문이 나서 여러 곳에서 강사로 위촉받고 활동하면서 많은 후배 교사들에게 영감을 준다. 다른 교사들은 '나는 저렇게 못하겠지만 저 사람은 대단하네.'라고 생각한다. 홀로 우뚝 선 영웅 같다.

하지만 지금은 다르다. 훌륭한 교사를 떠올리라고 하면 먼저 협업 능력이 있는 교사가 그려진다. 그는 옆 교사와 틈만 나면 수업 이야기를 한다. 〈대장금〉의 주인공인 장금이 신비의 메모를 참고하듯 그는 누구를 대하든 '내가 모르는 무엇인가가 있을 수 있다.'라는 태도와 겸손이 몸에 배어 있다. 그래서 동교과 교사이든 그렇지 않든 수업에 대해서 의견을 나누는 것이 자연스럽다.

그리고 그들은 탐구하는 자세와 교육과정 리터러시(literacy)를 갖추고 있다. 교육과정을 구성할 줄 안다. 국가 수준 교육과정도 잘 파악하고 있다. 그해에 또는 해당 학년군에서 어떤 영역에, 어떤 성취기준이 있는지 알고 있다. 해당 교육과정과 종적으로 연결되는 전 학년군의 교육과정과 다음 학년군의 교육과정도 연결해서 파악할 수 있다. 횡적으로 연결되는 다른 과목의 교육과정도 함께 파악해 둔다. 아이들이 살아갈 사회에 늘 관심을 두고 그것과 수업을 연결하려고 애쓴다. 그리고 늘 세상에 대해, 학생들에 대해, 교과에 대해, 수업과 교육과정에 대해 공부하고 연구하는 것을 멈추지 않는다. 이제 이런 이미지가 훌륭한 교사의 상으로 그려진다. 누군가를 험담하는 것이 아니라 수업 대화를 하는 교사들이.

# 험담 공동체

교사라는 것이 창피하고 누구에게 알려지는 것이 꺼려지던 때가 있었다. 동료 교사들과 밖에서 밥을 먹을 때면 사전에 선생님이라는 호칭을 절대 쓰지 않기로 하고 서로 '과장님', '김 대리', '사장님', 이렇게 부르자고 해 두었다. 학교 이야기를 꺼내면 만원씩 벌금을 내자고도 했다. 농담으로 하는 얘기지만 실제로 학교 밖에선 학교 이야기를 별로 꺼내지 않았다.

혼자서 자기 학급, 자기 수업을 책임져야만 했던 때 우리들의 대화는 주로 험담이 많았다. 우리는 친목 공동체였지만 가까워질수록 험담 공동체가 되어 가기도 했다. 힘들다며 사회를 탓하고, 관리자들을 탓하고, 옆 교사를 탓하고, 학부모들을 탓하고, 학생들을 탓하면서 서로를 위로했다.

남 탓을 하며 자기 위안을 한다고 해서 교사로서의 효능감이나 자존감이 세워지지는 않았다. 그 누군가를 험담하는 동안은 잠깐 위로가 되기도 했지만, 말하고 나면 많이 지치기도 했다. 분명하게 사실인 남 탓도 있지만 탓을 해야 하는 상황들이 바뀌는 것은 아니었으니까. 큰 사고만 나지 않으면 다행인 하루하루를 살고 있는 느낌. 다른 데에서 하소연하면 욕먹을 테니까 입 다물고 있는 월급쟁이.

# 학습공동체

지난해 우리 학교에서 한 학기를 근무하다 다른 지역으로 가신 김 선생님의 전화를 받았다. 하소연이었다.

"선생님. 여기 학교는 이상해요. 교무실에서 맨날 선생님들이 애들 욕만 해요. 제가 애들 문제로 속상해하면 월급만큼만 일하고 상관하지 말라고 옆 선생님이 코치를 해 줘서 힘이 빠져요. 수업에 관해 상의해도 월급만큼만 일하라고 하면서 응대를 안 해 줘요."

그도 그럴 것이 김 선생님은 우리 학교에서 교사로서의 첫 경력을 쌓았다. 여기서는 학생들에게 문제가 생기면 여러 선생님들이 함께 방법을 찾고 수업이나 생활지도에 관한 사항도 다 함께 의논했다. 혼자서 지는 짐이 아니었다. 그러니 김 선생님은 모든 학교가 첫 학교 같을 것이라고 막연하게 여겼다는 것이다. 하지만 김 선생님이 지금 근무하는 학교는 교사들이 각개전투를 하고 있는 상황인가 보다. 김 선생님께 코치를 해 준다는 분도 그동안 켜켜이 상처가 쌓여 있었구나 하는 생각이 들어 마음이 아팠고, 교직 경력이 짧은 김 선생님도 거기에 오래 있다 보면 천천히 그런 분위기에 물들어 갈 것 같아서 염려도 되었다.

그 전화를 받고 새삼 '내가 더 이상 험담을 하고 있지 않구나. 동료랑 나누는 대화의 대부분이 수업 이야기야.'라는 것을 발견했다. 거창하게 '전문적 학습공동체'라고까지는 말을 못 해도 주위 교사들과 일상적인 학습공동체를 이룬 것이다. 우스운 얘기지만 밖에 나가서 회식을 할 때 상대 선생님께 '김 대리님'이라고 부르지도 않는다.

## 자유롭지만 안전하게

내 교직 경력을 기준으로 하자면 수업을 기획할 때 다음에 나오는 표와 같은 3개 시기를 겪어 보았다. 많은 교사들이 순서에 상관없이 이 세 가지 형태를 경험해 봤을 것 같다.

| 1시기 | | 2시기 | | 3시기 |
|---|---|---|---|---|
| 협의하지 않는 반 떼기, 교과서대로 수업하기 | → | 단원 떼기, 재구성을 하되 혼자 수업 구상하기 | → | 협의하는 반 떼기, 동료 교사와 함께 재구성하기 |

1시기는 각자 다른 반 수업을 들어가면서 서로 협의하지 않는 상태다. 아주 큰 틀만 논의를 하고 각자 방식대로 가르친다. 그러나 평가는 동일하게 해야 하기 때문에 교사는 교육과정 구성에 관한 재량권을 발휘하기 힘들다. 내가 가르치는 반과 동료가 가르치는 반의 평균이 다르게 나오는 것을 원치 않기 때문이다. 그래서 교과서를 따라가며 수업을 하게 된다. 이러다 보니 교사별 평가를 하자는 주장이 무척 설득력 있게 다가온다. 이 시기에 나

는 많이 답답했다. 하고 싶지 않는 내용을 하고 싶지 않은 형태로 수업해야 하는 일이 기운을 많이 뺏어 갔다.

2시기에 그 답답함이 많이 풀렸다. 단원을 나눠 각자 가르치기로 하고 상대방이 맡은 단원에 대해서는 개입하지 않았다. 내가 맡은 단원은 내 마음대로 가르치고 내가 평가 문항을 출제하기 때문에 훨씬 자유로웠다. 교과서에 있는 제재나 순서를 자유롭게 조정할 수도 있었고 교과서에 없는 것들도 다룰 수 있었다.

하지만 나중에 3시기를 겪고서야 2시기에 나타날 수 있는 위험을 알게 되었다. 1시기가 '나'라는 것이 전혀 묻어날 수 없어서 답답했다면, 2시기는 '나'라는 것이 너무 걸러지지 않고 묻어나서 위험했다. 교사가 이를 인지하지 못하면 '학생들이 나를 좋아한다.', '학생들이 나를 멋지게 여긴다.', '학생들이 내 수업을 좋아한다' 하고 느끼는 것을 '학생들이 잘 배운다.'로 혼동할 수 있다. 학생들이 교사의 카리스마에 몰입하는 것과 배울 대상에 몰입하는 것은 다르기 때문이다. 잘 가르치는 교사일수록 이 차이가 외형상으로는 잘 안 느껴질 수도 있지만 내 경우에는 본질적으로 큰 차이가 있다고 느꼈다. 그래서 2시기로 다시는 되돌아가고 싶지 않다.

3시기를 경험하고서야 재량권을 펼치되 아상(我想)에 사로잡히지 않는 길을 보았다. 학생들이 배움에 집중할 수 있는 수업을 구상하는 데 동료의 힘이 아주 크다는 것을 경험했기 때문이다. 동료 교사는 학생들의 눈과 비슷하면서도 합목적적인 방향으로 내 수업을 봐 준다. 동료의 눈은 내가 준비한 수업의 흐름에서 학생들이 어떤 반응을 할지 감을 잡을 수 있도록 해 준다.

상황상 2시기처럼 살아야 할 수도 있을 것이다. 작은 학교라서 교과 협의회를 할 수 없는 상황도 있다. 그런데 학습공동체를 이룬 교사들이 교과나 학년의 벽에 매여 있을 필요가 있을까? 나는 교무 실무사 선생님, 방과 후 코디네이터 선생님, 행정실 식구들에게 수업에 쓸 활동지를 보여 주고 어떻게 해석되는지 물어 봤던 경우에도 학생들의 반응을 예측하는 데 꽤 큰 도움이 되었다.

다른 사람의 고마움을 잘 알게 되었기에 동교과 협의회가 불가능한 상황이라면 옆자리 선생님께 수업에 관한 아이디어를 들려주고 의견을 물을 것이다. 옆자리 선생님께서 하시는 수업에 관심을 가지고 우리 학생들이 어떻게 배울지 상상해 볼 것이다. 서로 연결할 수 있는 지점이 있는지 찾아볼 것이다. 서로의 수업에 대해서 끊임없이 대화할 것이다. 수행평가를 함께 할 수 있는 단원이 있다면 묶어서 해 볼 것이다.

## 이기심 앞에서

이기적인 어떤 사람이 떠오르는가? 동료와 함께 〈생각자람 국어교실〉을 만들었다는 이 책을 읽는 내내 선생님께서 시큰둥하셨다면 아마도 그 때문일 것 같다. 그는 아무리 교육적 가치가 커도 번거로워 보이는 일에는 함께하지 않아서 선생님의 기운을 빠지게 만드는 사람이리라.

이기적인 사람이 곁에 있을 때 우리는 협조하는 마음을 가지기가 힘들다. 그러다 보면 학교 현장이 바뀔 수 있을까 의심스러워진다. 더 나아가 우리 사회가 좋아질 수 있을까 의기소침해지기도 한다.

이기심이 교육 현장을 냉각시켜 갈 때, 그 균열을 깰 수 있는 것은 과연 무엇일까? 나는 이 책을 읽는 선생님이라고 생각한다. 어떻게 그것이 가능할까?

일반적으로 공정한 선택보다는 이기적인 선택을 하는 사람들도 주위 사람들이 협동하는 쪽으로 선택했다는 것을 알게 되면 자신의 선택을 협동하는 쪽으로 바꾼다고 한다.[1]

## 세상을 구하는 신비

흔히 경제학 전공자들은 이기적인 선택을 많이 한다고 알려져 있다. 그런데 경제학 전공자들을 다른 전공자들과 섞어서 실험을 진행하면 무임승차 비율이 높지 않다고 한다. 다른 사람들이 협조와 기여를 선택할 것이라는 기대가 이기적인 선택을 하지 않도

---

1. 박설안 · 최정규, 〈경제학 전공자들의 무임승차: 이기적 선호와 기대〉, 《사회경제평론》 44호, 2014, 53~69쪽

록 막은 것이다.

　　협력에 실패하는 이유는 뭘까? 물론 사람들이 자신의 이익만을 추구하기 때문일 수도 있다. 하지만 실제로는 사람들이 협력 의사를 가지고 있음에도 다른 사람들도 마찬가지라는 사실을 알지 못하기 때문인 경우도 많다. (중략) 만일 후자의 경우라면, 다른 사람들도 협력적인 태도를 지니고 있음을 보여 주는 것만으로도 사회의 협력 수준을 높일 수 있다. 구체적 사례는 여럿 있다. 미국 캘리포니아 샌마코스에서는 에너지 절약 캠페인의 일환으로 요금 고지서에 77%의 이웃들이 이미 에너지 절약에 적극적으로 참가하고 있다고 알려 주었더니, 전기 사용량이 눈에 띄게 감소했다. 스위스 취리히 대학에서는 학생들을 상대로 취약 계층 학생 지원 프로그램에 금전적 기부를 요청했을 때 다른 학생들의 기부 현황 정보를 알려 주는지 여부가 기부 참여율에 유의미한 영향을 줬다.[2]

　그래서 나는 우리부터 시작할 수 있다고 말하는 것이다. 선한 결정을 하도록 만드는 것이 선한 결정을 하는 이웃이라면 우리부터 선한 이웃이 되면 된다. 선한 이웃은 바로 옆의 이기적인 이웃을 선한 이웃으로 만들 수 있는 힘을 가지고 있다.

---

2. 〈인간은 생각만큼 이기적이진 않다〉, 《한겨레》, 2016. 9. 3

신비처럼 묻고 또 묻기 위해 이 책을 읽는 선생님, 장금이처럼 신비에게 배울 수 있는 선생님부터 우리 교육의 희망이 될 수 있다. 선생님의 희망은 그 옆의 선생님의 희망을 불러일으킬 것이고 그러면서 그 밝은 기운이 점점 번져 나가면 되니까.

신가중학교 전입 교사들에게 낭송해 드리는 시를 나누며 글을 마친다.

나 하나 꽃피어[3]

나 하나 꽃피어
풀밭이 달라지겠느냐고
말하지 말아라
네가 꽃피고 나도 꽃피면
결국 풀밭이 온통
꽃밭이 되는 것 아니겠느냐

나 하나 물들어
산이 달라지겠느냐고도
말하지 말아라
내가 물들고 너도 물들면
결국 온 산이 활활
타오르는 것 아니겠느냐

3. 조동화, 《나 하나 꽃피어》, 초록숲, 2013, 45쪽

# 참고문헌

교육부, 〈국어과 교육과정〉, 교육과학기술부 고시 2012-14호 [별책 5], 2012

교육부, 〈2009 개정교육과정에 따른 성취기준·성취수준 – 중학교 국어〉, 2012

교육부, 〈2009 개정교육과정에 따른 중학교 핵심 성취기준의 이해 – 중학교 국어〉, 2012

교육부, 〈학교생활기록 작성 및 관리지침〉, 교육부 훈령 제169호, 2016. 4. 5

김선희, 〈역량을 개발하는 수업, 과정 중심의 수행평가〉, 《광주중등평가연구회 연수 자료집》, 2016

김성천, 《혁신학교란 무엇인가》, 맘에드림, 2011

김은희, 《제5회 호남권 혁신학교 포럼 자료집》, 전라북도교육청, 2016

김진우, 〈자유학기제의 수업과 평가 혁신을 위해 친절한 성적표를 제안한다〉, 《자유학기제의 올바른 정착 모색을 위한 토론회 ③ 자료집 – 자유학기제를 통한 수업·평가의 개선과 확산가능성을 살핀다》, 사교육걱정없는세상, 2016

김태현, 《교사, 수업에서 나를 만나다》, 좋은교사, 2012

김홍중, 〈서바이벌, 생존주의, 그리고 청년 세대: 마음의 사회학의 관점에서〉, 《한국사회학》 제49집 1호, 2015,

김해경 외, 《성장과 발달을 돕는 초등 평가 혁신》, 맘에드림, 2016

디틀린데 바이예, 《프레네 교육학에 기초한 학교 만들기》, 송순재·권순주 옮김, 내일을여는책, 2002

레오 리오니, 《으뜸 헤엄이》, 이명희 옮김, 마루벌, 2000

박설안·최정규, 〈경제학 전공자들의 무임승차: 이기적 선호와 기대〉, 《사회경제평론》 44호, 2014

박성숙, 《독일 교육 이야기》, 21세기북스, 2010

박일관,《혁신학교 2.0》, 에듀니티, 2014

사토 마나부,《학교의 도전》, 손우정 옮김, 우리교육, 2012

사토 마나부,《교사의 도전》, 손우정 옮김, 우리교육, 2013

사토 마나부,《수업이 바뀌면 학교가 바뀐다》, 손우정 옮김, 에듀케어, 2006

신가중학교,〈2016학년도 신가교육과정 운영계획〉, 2016

신민경,〈신가중학교는 어떻게 혁신학교를 시작하게 되었는가〉,《신가 중학교 교직원 신문》, 2015-9호, 2015

신향식,〈'아침독서'로 '학교 붕괴' 위기 극복한 일본 초등학교〉, 오마이 뉴스, 2016. 9. 21 검색(http://www.ohmynews.com/NWS Web/ view/at_pg.aspx?CNTN_CD=A0000885577)

손우정,《배움의 공동체》, 해냄, 2012

아만다 리플리,《무엇이 이 나라 학생들을 똑똑하게 만드는가》, 김희정 옮김, 부키, 2014

앨빈 토플러〈평등·획일화…… 한국교육 미래와 정반대로 가〉,《중앙 일보》, 2007. 9. 20

양승현,〈배움의 공동체〉,《2016 교원 수업 나눔 운동: 참여형 수업과 의 만남》, 광주광역시교육청, 2016

이혁규,《수업-누구나 경험하지만 누구도 잘 모르는》, 교육공동체벗, 2013

이형빈,《교육과정-수업-평가 어떻게 혁신할 것인가》, 맘에드림, 2015

이혜정,《서울대에서는 누가 A+를 받는가》, 다산에듀, 2014

장은정,〈세상의 모든 지혜를 얻는 시간 5분〉,《신가중학교 교직원 신 문》, 2013-2호, 2013

정창규·강대일,《평가란 무엇인가》, 에듀니티, 2016

조동화,《나 하나 꽃피어》, 초록숲, 2013

지울리오 지아니니·레오 리오니,〈Swimmy〉,《레오 리오니의 동물우

화》, 베네딕도미디어, 2004

천정은, 〈신가중은 왜 교실의 책상 배치가 ㄷ자인가〉, 《전입 교사가 신가중에 잘 적응하기 자료집》, 2015

최정규, 〈인간은 생각만큼 이기적이진 않다〉, 《한겨레신문》, 2016. 9. 3

하야시 히로시, 《아침독서 10분이 기적을 만든다》, 한상수 옮김, 청어람미디어, 2005

한홍구, 《역사와 책임》, 한겨레출판, 2015

황선준 · 황레나, 《스칸디 부모는 자녀에게 시간을 선물한다》, 예담프렌드, 2013

한국교육네트워크, 《일제고사를 넘어서》, 살림터, 2011

Carpenter S. K., Wilford M. M., Kornell N., Mullaney K. M., "Appearances can be deceiving: instructor fluency increases perceptions of learning without increasing actual learning", Psychonomic bulletin & review/20 (6), 2013., 1350-1356, PSYCHONOMIC SOCIETY, INC.

Poh, M.Z., Swenson, N.C., Picard, R.W., "A Wearable Sensor for Unobtrusive, Long-term Assessment of Electrodermal Activity", IEEE Transactions on Biomedical Engineering, 2010, 57(5), 1243-1252.

## 부록

### 부록1   5분 독서

　신가중학교 학생들은 수업 시작종이 치면 대부분 책을 꺼내서 읽기 시작한다. 수업하는 교사도 들어와서 책을 읽는다. 5분 동안 독서를 하고 나면 교사가 수업을 시작한다. 처음에 신가중학교에 왔을 때 나는 이 모습에 무척 놀랐다. '이 학생들은 어떻게 수업 시작 무렵 이렇게 아름다운 모습을 하고 있을 수가 있지?' 그래서 '5분 독서'의 내막을 소개하고자 한다.

　한 번은 혹시 내 인상이 무서워서 그런 것인가 생각하고 천사처럼 생긴 선생님께 부탁드려 그분 교실에 들어가 보았다. 그 교실 역시 차분하고 아름다웠다. 어떻게 이 일이 시작되었는지 궁금해져서 수업 짝꿍 선생님께 여쭤 보니, 그 전해에 국어 교사들이 함께 독서 교육 연수를 받고 나서 전체 학생들과 함께 국어 수업 시간마다 5분 독서를 시작했다는 것이다.[1] 나는 그해 무척 황홀한 심정으로 수업 시간마다 5분간의 독서 시간을 즐겼다. 그러다 보니 자연스럽게 다른 교과 선생님들께도 이 책읽기 활동이 얼마나 교실 풍경을 아름답게 하는지 간증(?)하기 시작했고, 몇몇 선생님들께서 시도해 보더니 나처럼 주변 선생님들에게 간증을 하곤 했다. 당시의 간증 분위기를 전하고자 신가중학교 교직원 신문에 실렸던 한 과학 교사의 글[2]을 싣는다.

## 세상의 모든 지혜를 얻는 시간, 5분
### – 5분 독서 간증^ ^

처음엔 반신반의했다. 5분의 시간을 교과 수업에서 빼내면 난 너무 바쁘지 않을까? 할 얘기도 많은데…… 나의 5분 독서는 그렇게 의심과 함께^^ 시작되었다. 5분 동안 독서에 시간을 줘야 한다는 생각에 종 치면 항상 마음이 바빴다. 내 수업 시간을 지켜 내기 위해 빨리 교실로 가게 되는 나를 발견한 것은 일주일쯤 지나서였다. 교실에 들어가면 학생들 일부는 책을 읽고, 학생들 일부는 책을 읽지 않는다. 하지만

---

1. '나'가 '우리'가 되는 아주 효과적인 방법이 '함께 감동 받기'이다. 좋은 강의를 함께 듣거나 좋은 책을 함께 읽고 감동한 경험이 있으면 '나'들은 보다 쉽게 '우리'가 된다. 5분 독서를 한 사람의 국어 교사가 한 학년에서 하는 데 그치지 않고 전체 국어 교사가 함께 시작할 수 있었던 것은 큰 행운이다.

2. 〈신가중학교 교직원 신문〉, 2013년 6월호 2면

내가 함께 책을 읽기 시작하면 어느덧 조용하고 차분한 교실로 변화한다. 책장 넘기는 소리만이 들린다. 차분하다. 그렇게 만들어진 차분한 분위기는 쉬는 시간의 방방 떠 있는 분위기와는 사뭇 다르다. 그래서 수업을 하기에 매우 좋은 상태가 된다. 예전엔 쉬는 시간에 흥분한 에너지를 수업 시간에 격한 에너지로 뿜어 내는 학생이 종종 있었다. 그런 학생들이 사라진 점도 5분 독서를 하고 난 후에 생긴 가장 큰 변화라 하겠다. 작년엔 1학년 학생들 후반 수업을 했었다. 수업 시간을 쉬는 시간처럼 사용하는 몇 명의 학생들에 의해 수업 분위기가 좌지우지당했기 때문에 에너지 소모가 많은 편이었다. 하지만 올해 5분 독서 후 수업은 작년 그 학생들이 아닌 것처럼 너무나 평온하다. 학생들을 바라보는 나의 시선도 변하기 시작하였다. 수업 시간에 딴 이야기만 하는 학생도 자기만의 세계에서 책을 읽고 있다. '아~! 내가 보지 못한 면도 있구나.' 하며 감동한다. 가끔은 이렇게 책을 읽고 있는 학생들에게 지금 내가 하는 수업이 중요한가? 라는 의문이 들고 이렇게 차분히 읽고 있는 흐름을 언제 끊어야 할지 모를 정도로 도서관 같다고 느끼는 경우도 종종 있다. 5분 독서의 단점을 뽑으라면 나에겐 그 점이다. 장점은 꼽을 수 없을 만큼 많다. 수업 시간이 피하고 싶은 시간이 아니라 기다려진다. 그리고 시간에 철저해졌다. 내 수업 시간을 챙기기 위해 종과 함께 시작하기 때문이다. 그리고 학생들이 읽는 책을 바라보며 학생들을 조금씩 이해하게 되었다. 책을 읽지 않지만 교과서라도 봐 주는 학생에게 고마운 눈길 한 번 보내 주고 책을 보며 '아~' 하며 이해가 되는 많은 학생들이 있었다. 또 5분의 짧은 독서를 하니 책이 손에서 놓아지지 않는다. 학생들과 함께 읽은 책이 두 달 동안 4권이 되었다. 5분 독서는 책을 계속 들고 다니게 하는 끈 같은 존재이다. 이전 같았으면 포기했을 것 같은 어려운 책도 금방 몇 구절씩이라도 읽어 나가니 나의 양식이 된다. '지식은 기억으로 아는 것이지만, 지혜는 명상을 통해 얻어진다.' 는 법정 스님의 말씀을 읽고, 5분 독서가 기억을 할 줄 아는 능력이 아니라 통찰하고 전체 그림을 그리는 능력을 학생들에게 키워 줄 수 있지 않을까 생각해 본다. 그런 까닭에 5분 독서를 적극 추천한다.

- 장○○ -

↳ 장○○ 선생님 글을 읽고 양○○ 선생님이 단 댓글: 나는 5분 독서를 2년간 실시하며, 안 읽은 학생들 점수 깎을 생각만 했음을 반성한다. 나는 시작종이 치고 교실 들어가면, '얘들아 책 읽자! 지금부터 10초 주고 안 읽고 있는 사람 점수 깎는다.'라고 했었다. 그러고는 안 읽는 사람 체크하는 데 바빴다. 장샘의 글을 읽고, 내가 먼저 책을 읽었더니 아주 자연스럽게 학생들이 책을 읽는다. 다시 한 번 깨달았다. 교사는 학생을 잡는 사람이 아니라, 학생들을 돕고 함께 성

| | | | | |
|---|---|---|---|---|
| 1 | 수학 | 국어 | 수학 | 역사 | 한문 |
| 2 | 영어 | 한문 | 체육 | 영어 | 수학 |
| 3 | 체육 | 과학(상) | 과학생 | 체육 | 국어 |
| 4 | 과학(이) | 미술 | 스포츠 | 시 | 도덕 |
| 5 | 국어 | 미술 | 기가 | 수학 | 기가 |
| 6 | 역사 | 도덕 | | 진로 | 영어 |
| 7 | | 역사 | | 과학(이) | 자율 |

[그림 1] 한 학생의 부착용 시간표. 5분 독서 교과가 동그라미로 표시되어 있다.

장하는 사람임을……

먼저 경험해 본 교사들의 입소문으로 인해 5분 독서는 신가중학교에서 점점 더 번져 가기 시작했다. 5분 독서를 시작한 지 4년이 지난 지금 과학, 미술, 기술가정, 사회, 도덕, 수학, 한문 등 다양한 교과의 교사들이 5분 독서에 동참하고 있다.

5분 독서를 운영하면서 학생들이 차분해지고 집중을 잘하고 독서를 즐거워하고 있다고 느꼈다. 독해를 힘들어 하던 학생들도 점점 책을 가까이하는 모습을 여러 번 목격했다. 나는 학생들도 실제로 그렇게 느끼고 있는지 궁금했다. 그래서 그해 학년 말 학생 140명을 대상으로 질문 3개를 준비해 설문조사를 해 보았다.

질문 ① 내년에도 5분 독서를 하고 싶나요?

하고 싶다(135명), 안 하고 싶다(5명)

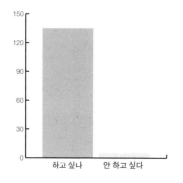

| 왜 하고 싶나요? | 왜 안 하고 싶나요? |
|---|---|
| ○ 그나마 그 시간이라도 책 읽을 시간이 생겨서 좋다(95명)<br>○ 책을 읽으니까 머리가 잘 돌아가는 것 같다(13명)<br>○ 수업 시간이 빨리 간다(27명) | ○ 책 챙기기가 귀찮다(1명)<br>○ 읽는 척만 하고 도장만 받아 가는 애들이 꼴 보기 싫다(4명) |

질문 ② 5분 독서를 할 때와 안 할 때 수업 시간의 질에서 차이가 난다고 생각한 적이 있나요?

차이 난다(110명), 별 차이 없다(30명)

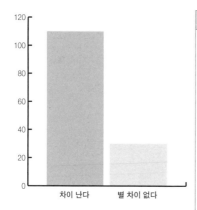

| 어떤 차이를 느끼나요? |
|---|
| ○ 5분 독서를 할 때 수업 시간에 애들이 더 차분하다(69명)<br>○ 5분 독서를 할 때 수업 시간이 빨리 간다(19명)<br>○ 5분 독서를 할 때 수업 시간에 집중이 더 잘되는 것 같다(12명)<br>○ 5분 독서를 하면 수업 시작 종소리를 듣지 못해도 아이들이 책을 읽으니까 수업이 시작했다는 것을 알게 되어서 나도 수업을 얼른 준비하게 된다(8명)<br>○ 5분 독서를 하면 수업 시간에 빈 시간이 생겼을 때 책을 읽을 수 있어서 좋다(1명)<br>○ 5분 독서를 할 때 읽던 책의 다음 내용이 궁금해져서 수업에 집중이 잘 안 될 때가 있다(1명) |

질문 ③ 올해 5분 독서 시간을 통해 몇 권 정도 읽었나요?

| 10권 이상 | 9~8권 | 7~6권 | 5~4권 | 3~2권 | 1권 | 1권 미만 |
|---|---|---|---|---|---|---|
| 12명 | 23명 | 29명 | 34명 | 24명 | 13명 | 5명 |

두 번째 질문의 세부 응답 내용을 보면 학생들 스스로도 5분 독서를 하고 나면 수업 시간에 훨씬 차분해지고 집중이 잘된다는 것을 느끼고 있음을 알 수 있다.

이 5분의 기적은 교육 현장에서 그리 새로운 것은 아니다. 다음 이야기를 보자.[3]

가미히라이 초등학교에서 '아침 독서'를 시작한 것은 지난 1996년. 이 학교는 집단 따돌림과 등교 거부, 기물 파손, 교사에 대한 반항, 수업 불성실 등으로 '학교 붕괴' 위기를 겪었다. 그 당시엔 출입문이나 창문 등 교내 기물을 파손하는 일이 많았다. 지역 주민들에게 수도 없이 "이 학교 학생들은 문제가 많다."는 지적도 받았다. 교사들이 학생 생활지도에 손을 놓은 것은 아니었지만 열심히 해도 잘 되지 않았다. 학교 붕괴 위기 속에서 해결책을 찾던 학교는 아침 독서를 선택했다. 효과가 바로 나타나지는 않았다. 회의를 느끼는 교사들도 일부 있었다. 기적은 아침 독서를 시작한 지 3년째부터 일어났다. 협조하지 않던 학생들이 (중략) 8시 30분이면 놀이와 잡담을 멈추고 (중략) 하루 일과를 차분하게 시작

3. http://www.ohmynews.com/NWS_Web/view/at_pg.aspx?CNTN_CD=A0000885577 일부 인용

하면서 학교 전체의 규율이 잡혔다. (중략) 사리판단을 잘하게 되어 생활도 올바르게 변했고 국어와 수학 성적도 올랐다. 더욱 놀라운 것은 집단 따돌림이 완전히 사라졌다는 점이다. 교사에게 반항하거나 등교를 거부하는 일도 없어지고 수업 참여도도 좋아졌다. 서로 인사도 잘 하고 어려운 일은 도와주는 분위기가 되었다.

이 학교는 하야시 히로시[4]가 시작한 아침 독서 운동을 학교에 적용한 후 기적 같은 변화를 겪었다. 현재 일본은 아침 독서 운동이 활발해서 서점에 아침 독서용 10분 교재들을 판매할 정도이다. 일본의 아침 독서에 관한 책들을 읽으면 '5분 독서'에서도 그와 비슷한 효과를 일으키는 모습을 볼 수 있다.

처음 시작할 때는 교사도 학생도 낯선 문화였기 때문에 국어과 수행평가에 먼저 시도했다. 국어 시간 첫 수업 때 학생들에게 다음과 같이 알렸다. "국어 수업 시간엔 5분 동안 책을 읽고 나서 수업을 시작할 거예요. 읽을 책을 가지고 다니세요. 이 독서를 앞으로 우리들은 5분 독서라고 부를 겁니다. 국어 아닌 다른 교과에서도 혹시 5분 독서를 하겠다고 안내를 하실 수 있습니다. 그 교과 시간에도 시작종이 치면 독서를 하십시오." 그런 다음에

---

4. 하야시 히로시는 1988년 한 여고에서 수업 전 10분 동안 교사와 학생이 함께 책을 읽는 아침 독서를 시작한 뒤 일본 전역에 아침 독서 운동을 확산시킨 장본인이다. 우리나라에 번역된 책은 현재 《아침 독서 10분이 기적을 만든다》, 《아침 독서의 이상과 실천》이다. 신가중학교의 많은 담임교사들도 학급에서 아침 10분을 독서 시간으로 운영한다.

〈독서 누가기록장〉을 배부한다([표 1] 참조).

학기 첫 시간에는 수업에 관한 안내와 더불어 평가가 어떻게 이루어지는지에 대한 안내도 한다. 5분 독서가 수행평가에 어떻게 반영되는지도 설명한다. "여러분이 5분 독서를 하고 있으면 그 수업에 들어오시는 선생님들께서 확인란에 도장을 찍어 주실 거예요. 여기에 찍힌 도장을 모아서 여러분의 이번 학기 국어 과목의 독서 분야 수행평가 점수로 반영합니다."

5분 독서를 수행평가로 넣는 것에 대해 국어 교사들 사이에서 찬반 논란이 일었다. 나는 반대하는 쪽이었다. 학생들이 책을 읽고 있는 시간에 도장을 찍는다고 주위 공기를 흐트러뜨리고 싶지 않았기 때문이다. 하지만 여러 번의 회의 끝에 수행평가에 넣기로 결정했다. 다수의 학생들에게 5분 독서를 빨리 정착시키는 효과가 있었기 때문이다. 교육적인 이유든 미학적인 관점에서든 도장을 찍는 행위를 받아들이지 못한 교사들도 꽤 있었던 것은 사실이다. 한 선생님은 학생들에게 이유를 충분히 설명하고 도장을 찍지 않고 5분 독서를 운영하기도 했다. 학생들은 그 교사의 마음을 충분히 헤아리고 동의해 주었다.

나는 올해 학생 108명에게 '성적에 들어가지 않는다면 5분 독서를 계속하겠느냐?'는 질문의 설문을 했는데, 그중 75명이 '그 자체로 좋은 점이 많기 때문에 계속하겠다.'고 응답했다. 그래서 나는 5분 독서나 아침 독서는 성적에 들어가지 않아도 운영될 수 있는 독서 프로그램이라고 생각한다. 물론 독서 기록을 해야 한

## [표 1] 〈독서 누가기록장〉

★ 독서 누가기록장(1학기) ★

신가중학교의 자랑스러운 나는 (  )학년 (  )반 (  )번 이름 : (        )

| 시간 | 날짜 | 읽은 책 | 읽은 쪽 | 확인 | 시간 | 날짜 | 읽은 책 | 읽은 쪽 | 확인 |
|---|---|---|---|---|---|---|---|---|---|
| 1 | / | | ~ | | 16 | / | | ~ | |
| 2 | / | | ~ | | 17 | / | | ~ | |
| 3 | / | | ~ | | 18 | / | | ~ | |
| 4 | / | | ~ | | 19 | / | | ~ | |
| 5 | / | | ~ | | 20 | / | | ~ | |
| 6 | / | | ~ | | 21 | / | | ~ | |
| 7 | / | | ~ | | 22 | / | | ~ | |
| 8 | / | | ~ | | 23 | / | | ~ | |
| 9 | / | | ~ | | 24 | / | | ~ | |
| 10 | / | | ~ | | 25 | / | | ~ | |
| 11 | / | | ~ | | 26 | / | | ~ | |
| 12 | / | | ~ | | 27 | / | | ~ | |
| 13 | / | | ~ | | 28 | / | | ~ | |
| 14 | / | | ~ | | 29 | / | | ~ | |
| 15 | / | | ~ | | 30 | / | | ~ | |

# ★ 독서 누가기록장(2학기) ★

신가중학교의 자랑스러운, 부끄럽지 않은 나는 ( )학년 ( )반 ( )번 이름 : ( )

| 순서 | 날짜 | 읽은 책 | 읽은 쪽 | 확인 | 순서 | 날짜 | 읽은 책 | 읽은 쪽 | 확인 |
|---|---|---|---|---|---|---|---|---|---|
| 1 | 7/16 | 타라 덩컨 | ~206 | [도장] | 16 | / | 해리 포터 불사조 기사단 | ~217 | [도장] |
| 2 | 7/ | 너무 친한 친구들 | ~43 | [도장] | 17 | / | 투망의 시간 | ~114 | [도장] |
| 3 | 7/ | 너무 친한 친구들 | ~84 | [도장] | 18 | / | 해리 포터 불사조 기사단 | ~265 | |
| 4 | / | 대성당 | ~107 | [도장] | 19 | / | 해리 포터 혼혈 왕자 | ~99 | [도장] |
| 5 | / | 대성당 | ~109 | [도장] | 20 | / | 해리 포터 혼혈 왕자 | ~141 | [도장] |
| 6 | 8/2 | 대성당 | ~130 | [도장] | 21 | / | | ~ | [도장] |
| 7 | 8/ | 대성당 | ~227 | [도장] | 22 | / | | ~ | |
| 8 | 8/ | 대성당 | ~283 | [도장] | 23 | / | | ~ | |
| 9 | 8/ | 투망의 시간 | ~71 | [도장] | 24 | / | | ~ | |
| 10 | 8/ | 위대한 개츠비 | ~63 | [도장] | 25 | / | | ~ | |
| 11 | 8/ | 위대한 개츠비 | ~114 | | 26 | / | | ~ | |
| 12 | 9/ | 투망의 시간 | ~116 | [도장] | 27 | / | | ~ | |
| 13 | 9/ | 위대한 개츠비 | ~82 | [도장] | 28 | / | | ~ | |
| 14 | 9/ | 해리포터 불의 잔 | ~56 | | 29 | / | | ~ | |
| 15 | 9/ | 나는 까마 | ~130 | | 30 | / | | | |

[그림 2] 〈독서 기록장〉에 빼곡히 적힌 책들

다는 의무감이 독서를 방해하지 않아야 한다. 그래서 책 이름과 쪽수를 적지 않아도 그 시간에 독서를 하고 있기만 한다면 도장은 찍어 준다.

하야시 히로시가 주창한 아침 독서 운동에는 네 가지 원칙이 있다. '모두 읽어요, 날마다 읽어요, 좋아하는 책을 읽어요, 그냥 읽기만 해요.'이다. 특히 '좋아하는 책을 읽어요, 그냥 읽기만 해요.'는 학생들이 독서를 즐길 수 있게 하는 아주 중요한 원칙이다. 국어 교사로서도 학부모로서도 내가 경험한 바로는 섣부른 독후감 쓰기 지도는 독서 자체에 대한 흥미를 떨어뜨리는 경우가 아주 많았다. 그래서 신가중학교의 5분 독서 운동도 '그냥 읽기만 해요.'라는 원칙을 고수한다. 다만, 독서로 넓어진 생각을 글쓰기로 다져야 할 필요성 때문에 희망자에 한해 독후감을 쓸 수 있도록 안내하고 있다.

교사들은 처음에 학생들에게 독후 기록을 남기는 양식을 따로 주지 않았다. 그러다 학년 말 교과 협의회에서 독후감의 질에 대해 깊게 논의하게 되었다. 학생들의 독후 기록 형태가 거의 유사하다[5]는 것은 둘째 치고 책을 읽고 오히려 기존에 가지고 있던 잘못된 선입견을 강화하는 글을 쓰는 경우를 종종 보았기 때문이다. '양성 불평등'을 다룬 책을 읽고 '내가 남자라서 다행이다.' 같은 독후감을 쓰는 경우 말이다. 뭔가 긍정적인 틀이 필요하다고 생각했다. 여러 가지를 찾아보다 경기도 남양주시 광동고등학교의 송승훈 선생님께서 고등학생들에게 서평 쓰기를 가르치는 틀을 보고 감탄했다. 송 선생님의 틀을 이용해 학생들에게 독후감

---

5. '읽게 된 동기 1줄 + 줄거리 95% + 느낌 1줄' 로 이루어진 독후감을 말한다.

을 이렇게 써 보자고 다음과 같은 예시 글을 통해 안내했다.

## 《완득이》를 읽고

### 1. 가장 기억에 남는 내용과 그 이유

완득이에게 똥주 선생님이 없었다면 완득이는 지금의 완득이가 될 수 없었을 것 같다. 나도 처음에는 욕이 절반인, 똥주 선생님의 말이 거슬렸는데, 읽어 가다 보니 어느덧 똥주 선생님의 한마디 한마디를 마음에 새기고 있었다. 아마 완득이도 그랬을 거 같다. 내가 책에 밑줄을 쳐 놓은 대목은 거의 똥주 선생님의 말씀이다. "한 번, 한 번이 쪽팔린 거야. 싸가지 없는 놈들이야 남의 약점 가지고 계속 놀려먹는다만, 그런 놈들은 상대 안 하면 돼. 니가 속에 숨겨 놓으려니까, 너 대신 누가 그걸 들추면 상처가 되는 거야. 상처 되기 싫으면 그냥 그렇다고 니 입으로 먼저 말해 버려.", "니 나이 때는 그 뭐가 좆나게 쪽팔린데, 나중에 나이 먹으면 쪽팔려 한 게 더 쪽팔려져."(137쪽) 이 부분을 제일 기억하고 싶다. 정말 그러려나 싶어서 자꾸 생각해 보게 된다. 나도 친구들이 내 약점을 가지고 놀리면 화가 나서 미치겠다. 싫다고 말하면 그것도 쪽팔리니까 말 안 하고 화만 쌓여 간다. 친구들과 사이도 안 좋아지고 너무 화가 나면 주먹질을 해서 싸울 때도 있고 그러면 먼저 때렸다고 나만 혼나고 하는 일이 반복된다. 그래서 똥주 선생님의 이 말을 실천해 보고 싶어졌다.

## 2. 책 내용과 관련된 세상 이야기

이 책을 읽어 보고 나서 외국인 노동자들을 차별하고 핍박하는 한국인들의 사례를 인터넷에서 찾아보고 놀랐다. 외국인 노동자들은 한국인이 받는 돈보다 훨씬 더 적은 돈을 받고 훨씬 더 많은 시간을 일하는 것은 물론 인권도 무시당하는 일이 많았다. 한국 사람들도 옛날에는 일본 사람들에게 많이 무시를 당해 봤다고 하는데 왜 그것을 그대로 하는 것일까? 같은 한국 사람으로서 부끄럽다.

## 3. 책 내용과 관련된 내 이야기 or 내 주변 이야기

생각해 보니까 내 주위에 외국인 노동자가 없으니까 나는 그 사람들을 무시하지 않았다고 생각했는데 나도 반에서 힘센 아이에게는 함부로 못 하지만 좀 약한 아이에게는 말을 조심하지 않고 대충 행동할 때가 있었던 거 같다. 이런 마음과 이런 행동이 외국인 노동자라고 함부로 대하는 나쁜 한국 사장들과 비슷할 거 같아서 좀 반성이 된다. 어떤 사람이든 함부로 대하는 것은 나쁜 거다. 앞으로는 그러지 않아야겠다.

## 4. 나의 변화 or 내가 배운 점

《완득이》(김려령 지음, 창비)를 읽고 외국인 노동자들의 현실을 찾아보고 관심을 가지게 되었으며 사회적 약자에 대해 존중과 배려가 필요하다는 것을 깨닫고 자기 주변의 사람부터 존중해야겠다고 결심함.

독후 기록의 틀을 이렇게 바꾸고 나서 학생들의 글이 훨씬 깊이가 있고 긍정적으로 변화된 것을 느꼈다. 이 네 가지 항목을 엮어서 한 편의 완성된 글로 다듬게 만들고 싶은 욕망도 생겼지만

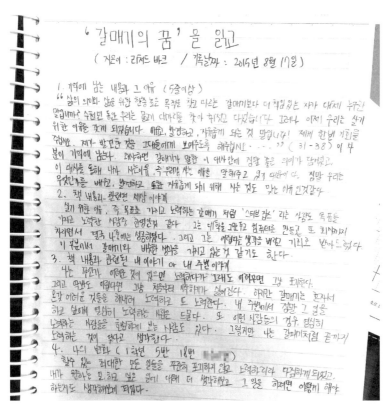

[그림 3] 리차드 바크의 《갈매기의 꿈》을 읽고 쓴 독서 기록

꾹 참았다. 아직은 '독서는 즐거운 것'이라는 것에 초점을 맞추어야 하기 때문이다. 독서 토론이나 독후 기록 쓰기 교육이 필요하다고 판단되면 전체 학생을 대상으로 수업 시간에 실시하였으나 일상적인 독서를 반드시 기록으로 남기기를 강요하지는 않았다.

**시(詩) 읽는 중학생**

신가중학교에서는 교육과정 편제상 한 주에 국어 수업을 4시간 혹은 5시간 배치하고 있다. 학년 초 교육과정을 분석해 보고 일주일에 1시간 정도는 독서 시간으로 따로 편제하고 나머지 3차시만 운영해도 해당 학년군의 성취기준을 다 다룰 수 있겠다고 판단했다. 나머지 한 차시를 독서 시간으로 운영하고자 고민할 때 한 교사가 시집 읽는 시간으로 하자고 제안했고, 우리 모두는 동의했다. 시의 언어가 내면화된다면 이보다 더 아름다운 언어교육, 감성 교육, 인성 교육은 없다고 생각했기 때문이다.

먼저 학생들에게 오리엔테이션 시간에 왜 시를 읽기로 했는지 설명하고 시집을 한 권씩 사 가지고 다닐 것을 청했다. 그럴 수 없는 학생들을 고려해서 도서관에도 상당수 비치해 두었고 교사들도 여러 권 구매하였다. 그래서 신가중학교 학생들의 가방이나 책상 속에는 대부분 시집이 한 권씩 들어 있다. 다음은 시 수업 시간을 안내한 학습지이다.[6]

매주 화요일 우리는 시를 읽습니다.

매주 화요일에 쓰는 〈시 공책〉은 시집을 읽으면서, 마음에 드는 시를 찾아 옮기고, 그 소감을 꾸준히 기록해 나가는

---

6. 이 학습지는 시 읽는 수업을 전국에 널리 퍼트린 이상대 선생님(서울 삼정중학교 교장)이 쓴 시 수업 안내문과 신가중학교 교사들이 작성한 수행평가 안내문, 그리고 학생이 작성한 시 감상문을 보태어 만들었다.

'나만의 시 공책' 입니다. 처음에는 다소 낯설고 어려워도, 꾸준하게 좋은 시를 찾아 읽다 보면, 점차 시가 친근하게 느껴지고 즐거운 마음으로 시를 만날 수 있게 됩니다.(책에서 읽은 좋은 구절도 좋습니다.)

시를 읽으면서 우리는 위로와 격려의 손길을 만나기도 하고, 새로운 세상의 이치를 깨닫기도 합니다. 용서와 화해를 배우고, 때로는 똑바로 살라는 꾸짖음을 대하며 그간의 삶을 되돌아보기도 합니다. 그래서 시를 읽는 동안 우리는 달라집니다. 마음의 가장 깊은 소리를 듣기 때문입니다. '삶이 시에게 말을 건네고, 시가 삶에 답하는' 이 따뜻한 공감의 잔치가 시 공책을 통해 이루어지기를 간절히 기대해 봅니다.

〈시 공책〉은 이렇게

① 시집을 읽다가 마음에 드는 시가 있으면 원문을 그대로 옮깁니다.

② 그런 뒤에 아래, 혹은 옆면에 시 감상문을 적습니다. 시 감상은 시가 마음에 든 이유를 구체적으로 쓰되, 자신의 생활 경험을 곁들여 쓰는 형식으로 전개합니다.

③ 일주일에 한두 편 정도를 꾸준히 기록합니다. 한꺼번에 몰아서 쓰면 진심이 담기지 않습니다.

④ 꼭 시집이 아니라도 인터넷이나 잡지에서 읽은 시도 괜찮습니다.

추천 시집

※ 어떤 시집을 사야 할지 막막한 친구들을 위해 추천합
니다. 각자 아래 시집 가운데 2권 정도를 사서 수업 시
간에 가지고 옵니다. 물론 집에 있는 시집을 가져와도
되고, 책나루(도서관)에서 대여해도 되며, 다 읽으면 옆
친구와 바꿔 읽어도 됩니다.

○ 꼭 읽어야 할 한국 명시 100 《갈대는 속으로 조용히 울
고 있었다》, 신경림, 글로세움

○ 《딸아, 외로울 때는 시를 읽으렴》1 · 2, 신현림, 걷는나무

○ 《사랑하라, 한번도 상처받지 않은 것처럼》, 류시화 엮
음, 오래된 미래

○ 《시가 내게로 왔다》1, 김용택, 마음산책

○ 《빛깔이 있는 현대시 교실》, 김상욱, 창비

○ 《부모와 자녀가 꼭 함께 읽어야 할 시》, 도종환 엮음,
나무생각

○ 《국어시간에 시읽기》1 · 2, 전국국어교사모임, 나라말

○ 《다시는 헤어지지 말자, 꽃이여》, 정호승 외, 랜덤하우
스중앙

○ 《님의 침묵》, 한용운, 청목사


〈시 공책〉 쓰기, 수행평가에 대해 안내합니다.
① 감상문은 8줄 이상 작성하세요.

② 한 시간에 시 한 편을 쓰고 감상을 적을 경우, 기본 점수 80점을 받게 됩니다.

③ 시 수업 시간에 시집을 안 가져오면 1점이 감점됩니다.

④ 시 수업 시간에 시 감상을 쓰지 않으면 2점이 감점됩니다.

⑤ 시 수업 시간에 한 편을 더 쓰거나 집에서 써 오는 경우 한 편당 2점씩 가산됩니다.(단 일주일에 세 편 이상은 인정되지 않습니다. 분량이 매우 긴 시를 작성한 경우도 2점 가산됩니다.)

⑥ 시 감상문 쓰기를 마치면 조용히 시집이나 책을 읽고 있다가, 친구들과 함께 시 감상에 대해 공유하는 시간을 갖습니다.


**학생들의 시 감상문 사례**


산산조각

정호승

룸비니에서 사 온 흙으로 만든 부처님이
마룻바닥에 떨어져 산산조각이 났다
팔은 팔대로 다리는 다리대로
목은 목대로 발가락은 발가락대로
산산조각이 나 얼른 허리를 굽히고

무릎을 꿇고 서랍 속에 넣어 두었던
순간접착제를 꺼내 붙였다
그때 늘 부서지지 않으려고 노력하는
불쌍한 내 머리를 다정히 쓰다듬어 주시면서
부처님이 말씀하셨다


산산조각이 나면 산산조각을 얻을 수 있지
산산조각이 나면 산산조각으로 살아갈 수 있지


○ 감상

시험을 못 봤다. 공부를 한다고 했는데, 정말 이상하게도
성적이 안 나왔다. 지금 보니까 아는 문제도 틀린 것 같다.
중학교 3학년 올라와서 본 첫 시험이기 때문에 꼭 잘 보고
싶었는데, 정말 속상하고 슬펐다. 엄마한테 말씀드렸더니
역시나 엄마는 네가 공부를 안 해 놓고 무슨 핑계냐고 하신
다. 공부하는 걸 본 적이 없단다. 나는 정말 공부했다고!!!!!!
공부한 만큼 성적이 안 나온 것도 억울해 죽겠는데, 엄마까
지 나를 안 믿어 주니 마음이 갈기갈기 찢긴 것 같다. 이 시
처럼 내가 산산조각 난 것 같다.

그런데 이 시를 읽고 나니, 진짜 누군가 내 머리를 쓰다듬
으며 산산조각이 나면 산산조각을 얻을 수 있다고 말해 준
것 같아 좀 마음이 풀린다. 이번 시험을 못 봤지만, 이번 시

힘 못 봐서 실망하는 나를 쫌 추스르면 다음에 잘 보겠지.

우리 엄마도 이렇게 말해 주면 얼마나 좋을까. 힘든 일이 있어도, 그 일을 통해 뭔가 얻을 수 있을 거라고, 또 그렇게 힘든 채로도 견디고 살아가는 거라고. 내 옆에 그렇게 말해 주는 어른이 있다면 얼마나 좋을까. 시로라도 위안을 얻었으니 됐다.

시 수업 시간은 주로 다음과 같은 흐름으로 운영했다.

> — 시집을 천천히 읽기
> — 옮겨 적고 싶은 시를 발견하면 시를 음미하며 옮겨 적기
> — 그 시에 대한 감상문 쓰기([그림 4] 참고)
> — 모둠 친구들과 감상문을 바꿔 읽고 댓글 달기

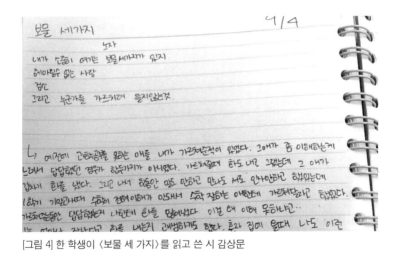

[그림 4] 한 학생이 〈보물 세 가지〉를 읽고 쓴 시 감상문

시작한 지 한 달도 안 되어 중학생들이 시를 잘 읽을 수 있을까 염려하던 마음은 기우라는 것을 알 수 있었다. 학생들은 시를 즐겁게 읽고 시를 통해 자기 마음도 잘 들여다보았다. 교사들도 학생들의 시 감상문을 읽으면서 그 학생에 대해 더 깊이 알게 되고 이해하게 되었다. 말썽쟁이인 줄만 알았던 학생의 글에서 속 깊은 생각들이 묻어날 때, 밝게만 보이던 학생의 글에서 남모를 아픔을 읽었을 때, 평소에는 말 없던 친구가 꾹꾹 눌러 자기 생각을 표현할 때, 시를 잘 이해할 수 있을까 싶은 학생이 그림으로 시를 표현해 낸 것을 보았을 때, 이런 순간들이 시 수업 시간의 큰 매력이다. 이런 극적인 순간들 외에도 학생들이 자기 자신과 마주한다는 점에서 그리고 자신 너머를 상상해 볼 수 있다는 점에서 참 아름다운 시간이다. 다음은 한 학생이 고른 시와 그 시에 대한 감상문이다.

학생이 고른 시와 감상문

단 한순간만이라도
　　　　　　D. 포페

한순간만이라도
당신과
내가
바뀌었으면 좋겠어요

그래야 당신도

알게 될 테니까요

내가

당신을

얼마나 사랑하는지


감상

나는 단 하루라도 좋으니깐 엄마가 나랑 바뀌었으면 좋겠다. 학교 갔다가 학원 갔다가 하면 얼마나 피곤한지 엄마가 알았으면 좋겠다. 학교에서 7교시 하고 학원에서 2시간 하다가 집에 가면 엄마가 바로 들어오는데 오면서 항상 공부하냐고 묻는다. 그래서 별로 안 한다고 하면 뭐라 하는데 그때마다 진짜 힘들다. 화자도 상대방이 자신을 알아 주길 원하는 사람인 것 같다. 그래서 그런 사람을 저렇게 만들어서 쓴 거 같다. 저런 상황이 생기면 좋겠다.


이 감상문을 쓴 학생의 모둠에는 다음과 같은 감상문을 쓴 학생도 있었다.


〈엄마는 그래도 되는 줄 알았습니다〉라는 시를 읽고 나서 나는 엄마한테 '너무 당연히 군 게 있나?'라는 생각을 하게 되었다. 생각해 보니 엄마가 일도 하시는데 집안일도 하시는 것이 생각이 났다. 엄마가 집을 청소하는 것이 당연하다고 생각했다. 하지만 여름방학 동안 용돈이 떨어져서 집안일을 도우면 용돈을 받기로 하였는데 방학 동안 하는 것이 너무나도 힘이 들었던 기억이 든다. 하지만 방학에라도 도와주어서 고맙다고 엄마는 청소기와 걸레질만 해 줘도 엄청난 힘을 얻는다고 고마워하신다. "빨리 좀 자라, 빨리 좀 씻어라."고 잔소리하시는 것이 몸이 지치시니까 하고 이해가 되었다. 그래서 앞으로도 집안일을 조금이라도 도와드리기로 했다. 이 시의 화자도 아마 이런 것을 깨달은 것이 아닐까 싶다.

이렇게 학생들은 시를 읽으면서 자기 자신을 들여다보고 주위 사람들을 들여다보고 세상을 들여다보았다. 신가중학교 학생들은 재학하는 3년 내내 시 수업을 듣는다. 교사는 매 학기 추천 시집을 바꿔 가면서 안내한다. 교사들은 청소년들이 공감할 만한 시집을 추천하려고 애썼다. 학생들에게 특히 큰 사랑을 받은 시인들은 박성우 시인과 이장근 시인이었다.

시 수업을 하다 보니 문제점도 나타났다. 첫 번째는 학년이 올라갈수록 시에 흥미를 잃는 학생들이 나타난다는 것이다. 이런 학생들에게는 흥미를 느낄 만한 새로운 시집을 만날 수 있도록 도와 줄 필요가 있다. 그리고 시와 관련된 성취기준과 연결하여 시를 깊이 들여다보도록 심화된 수업을 구성해야 한다. 두 번째는 수행평가에 반영되는 항목이다 보니 시를 음미하기보다는 점수를 받기 위해 길이가 짧은 시만을 고르고 성의 없는 감상문을 써 내는 학생들이 있다는 것이다. 학생들이 시를 좋아해 시어를 내면화했으면 좋겠다는 생각으로 시작했던 수업이라 이런 현상이 몹시 속상했다. 처음 설정했던 점수 부여 방법이 학생들을 이렇게 유도한 측면은 없는지 꼼꼼하게 따져 보고 개선책을 찾고 있는 중이다.

자유학기제 운영 학기에는 주당 시수가 줄어들기 때문에 시 수업을 할 수 있는 시간을 확보하기 힘들다. 우리 지역은 많은 학교가 1학년 2학기에 자유학기제를 운영하는데 〈생각자람 국어교실〉에서는 자유학기제 선택 과목에 '나도 시인이다' 반을 설치했다. 시 읽기에 흥미를 느껴 계속하고 싶은 학생들을 염두에 두고 만든 반이었는데, 나중에 보니 수강 신청 기간에 원하는 과목을 신청하지 못해 반강제로 수강한 학생도 꽤 되었다. 원치 않는 과목이었지만 1학기에 이미 시 수업을 경험했기 때문에 비교적 편안하게 적응하는 눈치였다.

'나도 시인이다' 반은 기존에 하던 시 감상에 창작 과정을 보태어 교육과정을 설계했다. 학생들이 쓴 자작시들을 모아 시집으로 묶어 보려고 기획했다.

## [표 2] 자유학기제 선택 과목 '나도 시인이다' 반 운영 계획표

| 차시 | 교시 | 내 용 | 준비물 |
|---|---|---|---|
| 1 | 6교시 | • 오리엔테이션<br>• '시 퀴즈' 풀기 | 학생: 생각자람 공책, 시집, 필기구 |
| | 7교시 | • 시 읽기 – 감상 쓰기 - 댓글 달기 | |
| 2 | 6교시 | • 학생 시 낭송<br>• 시 읽기 – 감상 쓰기 - 댓글 달기 | 시 낭송 PPT |
| | 7교시 | • 관조 활동 ①<br>• 자작시 창작 ① | |
| 3 | 6교시 | • 학생 시 낭송<br>• 시 읽기 – 감상 쓰기 - 댓글 달기 | 시 낭송 PPT |
| | 7교시 | • 관조 활동 ②<br>• 자작시 창작 ② | |
| 4 | 6교시 | • 학생 시 낭송<br>• 자작시 돌려 읽기 - 댓글 달기 - 자작시 고쳐 쓰기 | 시 낭송 PPT |
| | 7교시 | • 관조 활동 ③<br>• 자작시 창작 ③ | |
| 5 | 6교시 | • 학생 시 낭송<br>• 자작시 돌려 읽기 - 댓글 달기 - 자작시 고쳐 쓰기 | 시 낭송 PPT |
| | 7교시 | • 관조 활동 ④<br>• 자작시 창작 ④<br>• 자신의 대표 시 결정하기 | |
| 6 | 6교시 | • 자작시 전체 공유 - 자작시 고치기 | 교사 : 색연필, 네임펜 |
| | 7교시 | • 시집 제목과 표지 결정하는 회의<br>• 시화 그리기 | |
| 7 | 6교시 | • 슈링클스로 '간직하고 싶은 시구 펜던트' 제작하기 | 교사: 오븐, 슈링클스, 끈, 가위, 펀칭, 색연필, 네임펜<br>학생: 시구, 도안 준비 |
| | 7교시 | • 수업 후기 작성하기 | |

[표 2]에서 '관조 활동'이란 교정 이곳저곳을 거닐다가 마음을 잡아 끄는 대상을 만나면 고요한 마음으로 바라보는 일을 말한다.

다음은 관조 활동 시간에 강당에 가서 탁구 치는 학생들을 바라보던 한 여학생이 쓴 시이다.

탁구공

신○○(1-8)

학교 수업이 끝났다.
학교 끝났으니 수학학원 가.
-탁
학교에서 수학학원까지
말처럼 달려간다.


수학학원이 끝났다.
수학 끝났으니 영어학원 가.
-탁
수학학원에서 영어학원까지
개처럼 뛰어간다.


영어학원이 끝났다.
영어 끝났으니 숙제해!
-탁
영어학원에서 내 방까지
달팽이처럼 기어간다.

책을 덮었다.

탁구공이 탁구대 밖으로 툭-

나의 하루가 끝났다.

탁구 경기가 끝났다.

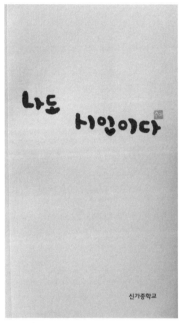

[그림 5] 학생들의 시를 엮은 시집

학생들이 쓴 200여 편의 시들을 묶어 학기 말에 시집을 만들고 학생들과 한 권씩 나눠 가졌다.

학생들이 쓴 시는 참 사랑스럽다. 우리 학교는 계절이 바뀔 때마다 교문에 좋은 시구를 플래카드로 만들어 걸어 두곤 했는데,

올여름엔 학생들의 시집인 《나도 시인이다》에서 고른 시구를 내걸었다.

　　나에게 희망은

　　내가 원하는 것을 하는 것이다

　　나는 그렇게 생각한다

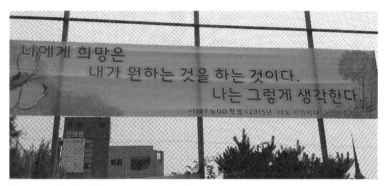

[그림 6] 학생이 쓴 시로 만든 교문 앞 플래카드

'이 책에서 보이는 오류는 모두 저자의 책임입니다.'

어릴 때는 많은 논문이나 책에서 이 문구를 보았으므로 출판물에 으레 실리는 관용구라고 생각했습니다. 그러나 지금은 제가 쓴 어떤 글보다도 이 문장이 가장 꾹꾹 눌러서 쓴 말입니다. 제 부족한 글쓰기가 혹여 혁신학교에, 신가중학교에, '배움의 공동체'에, 〈생각자람 국어교실〉에 뜻하지 않는 누를 끼칠까 염려하느라 많이 주저하였습니다. 이 책에서 무엇인가 잘못이 보인다면 그것은 모두 저의 불찰입니다.

이런 조심스러운 마음에도 이 책이 어느 누군가에게 도움이 된다면 치하를 받아야 할 분들이 따로 계십니다.

이 책이 세상에 나올 수 있게 된 데에는 많은 사람들의 애정이 작용하였습니다. 먼저 이 책을 처음 구상하셨던 이형빈 선생님과 그 구상에 응답한 명상실 와인팀에게 먼저 감사와 원망(?)을 표합니다. 이분들의 상상력이 아니었다면 일이 시작되지도 않았을 것입니다. 우리 집에서 담근 과실주의 25% 지분을 주장할 권리를 드립니다.

이형빈 선생님의 구상에 기름을 부은 나의 솔메님! '학교는 어떻게 변할 수 있는가?'라는 개인적인 연구 주제에 대해서 한 가지 발견한 것이 있습니다. 다른 혁신학교를 겪어 보지 않아서 일반화시켜 말할 수 없었지만 최소한 신가중학교에서 그것은 '교사의 자발성을 불러일으키는 리더십'이었습니다. 선생님께는 그것이 있었습니다. 선생님과 함께 있는 사람들은 자신의 능력과 자발성을 발휘할 수 있는 따뜻한 가능성 안에 놓이곤 합니다. 저도 제 가능성과 장점을 최대치로 봐 주는 선생님과 함께 있으면서 점점 자라 갔습니다.

제 수업 짝꿍이셨던 양승현 선생님, 문숙영 선생님, 오지성 선생님, 지수현 선생님, 장현주 선생님, 정수희 선생님, 심경숙 선생님, 함께했던 모든 시간들이 감사합니다. 선생님들께 정말 많이 배웠습니다. 신민경 선생님과 장은정 선생님. 선생님들의 글을 쓸 수 있게 허락해 주셔서 감사합니다. 책으로 써서 남기라는 제안에 모종의 책임감을 느낀 것은 아마도 선생님들의 실천과 동료성에 대한 제 존경심 때문이었을 것입니다. 결국 이 책은 선생님들과 함께했던 실천이 담겨 있을 뿐입니다.

〈생각자람 국어교실〉의 모든 학생들에게 고마움과 우정을 전합니다. 그대들과 함께 배워 가는 시간들이 소중했습니다. 우리 모두 헤엄이와 깜장 물고기들처럼 각자의 자리에서 최선을 다하면서 또 함께 삽시다. 여러분들을 항상 응원하겠습니다. 특히 주영이와 혜린이에게 고맙습니다. 교사의 도전에 힘을 주는 학생이었습니다. 또 다른 혜린이에게 늘 설레는 마음으로 혜린이의 글을 읽었으며 앞으로 쓸 글도 기대하고 있다고 전합니다.

자랑스러운 공대생 천정연 박사님께 깊은 고마움을 전합니다. 공대 출신이 원고를 보는 눈은 기하학적 · 물리학적으로 참 정확해서 놀랐습니다. 이공계 박사님의 날카로운 눈이 아니었으면 이 책에는 오류가 많았을 것이고 글은 불친절했을 것이며 멋진 그래픽 자료도 없었을 것입니다.

김은희 선생님의 그림, 송경애 선생님의 글씨가 이 책에 실려 있습니다. 학교 내부 자료에 그칠 뻔한 원고를 출판해 볼 수 있도록 권해 주시고 그 과정을 여러 모로 도와주신 김은희 선생님, 송경애 선생님, 이민선 선생님, 감사합니다. 올해 선생님들을 만난 것이 저의 큰 복입니다. 선생님들과 나눴던 많은 담소와 토론의 순간들이 참 귀했습니다.

교사로서의 정체성을 가질 수 있도록 해 주신 스승님들께 감사드리고 싶습니다. 그분들은 저를 제자로 생각하지 못하실 수도 있지만 제게 그분들은 늘 스승이십니다. 사토 마나부 선생님, 손우정 교수님. 이 책에 담긴 대부분의 철학과 실천은 다 두 분께 배운 것입니다. 배운 것을 제대로 소화하지 못한 제 언어가 두 분의 가르침을 오해하게 만들까 봐 그것이 고민입니다. 더 공부하는 교사가 되겠습니다.

한국언론재단 광주사무소의 김경희 간사님께 감사드립니

다. 교사 연수를 이보다 더 알차게 기획하는 분을 본 적이 없습니다. 저 또한 김경희 간사님이 마련하신 연수들에서 많이 자랐습니다. 훌륭한 교사를 알아보시고 훌륭한 교사를 귀하게 대해 주시는 간사님이 호남 교육계의 숨은 공헌자임을 저는 알고 있습니다.

전국에서 만난 훌륭한 선생님들께도 영감을 받았습니다. 박일관 선생님, 송승훈 선생님, 박영하 선생님, 김선희 선생님, 김태현 선생님. 선생님들께 많이 배웠습니다. 특히 한 분 한 분 모두 보석 같은, 배움의 공동체 전국 운영진 선생님들과 첫수저 연구회 선생님들께 감사의 마음을 전합니다. 〈생각자람 국어교실〉에는 선생님들의 수업이나 강의를 듣고 난후에 영감을 받아 디자인해 본 수업들이 많았습니다. 배움을 나눠 주셔서 감사합니다.

학교 혁신을 실천해 온 전국의 수많은 교사들에게 감사합니다. 혁신학교에 근무하면서 교사로 사는 것에 보람과 설렘을 가지게 되었습니다. 그래서 학교 혁신에 헌신한 분들에게 늘 빚진 마음과 감사한 마음으로 살고 있습니다. 특히 신가중학교를 혁신학교로 일궈 내신 여러 선생님들께 감사합니다. 교육은 시스템이 아니라 사람이 하는 일이라 구성원들이 바뀌는 앞으로의 신가중학교에도 어떤 변화들이 생기겠지만 여기서 배운 가치들만큼은 늘 간직하겠습니다.

출판하지 않겠다고 움츠러들 때마다 저를 여러 모로 달래고(?) 격려하여 책을 만들어 내신 신윤철 주간님께 감사의 마음을 전합니다. 주간님의 꼼꼼함, 섬세함, 안목, 구성력, 독자의 눈을 가늠해 보는 상상력, 차분함, 꾸준함에 제가 많이 기댔습니다. 고맙습니다.

10을 말하고 싶으면 8로 눌러서 표현하라고 말해 주었던 피터! 참 적확한 조언이었습니다. 그대의 말은 다 나에게 약이고 음악이 된다는 것을 기억해 주기를. 따뜻하되 정의로운 나의 에너지원 수형! 네 질문들이 생각을 정리하는 데 도움이 많이 되었단다. 내 수다 친구 단우! 네 조잘거림이 참 좋아. 네가 해 주는 이야기가 세상에서 제일 재미있다. 글을 쓴다고 쏟아내는 예민함을 다 받아 주고 긴 시간 동안 응원해 준 가족에게 고마움과 미안함의 포옹을 보냅니다. 이 많은 고마움들에도 불구하고 어머니가 아니셨다면 이 책은 못 나왔을 것입니다. 성실함과 책임감이 무엇인지 몸소 보이셨으므로 저도 익힐 수 있었습니다. 글쓰기에 몰입하면 다른 일들은 잊어버리는지라 구멍이 많이 났던 제 일상을 덮어 주셨던, 큰 스승이자 우산이신 어머니께 이 책을 바칩니다.

저자 드림

삶과 교육을 바꾸는
맘에드림 출판사 교육 도서

## 수업을 살리는 교육과정

서우철 외 지음 / 값 16,500원

최근 교육과정을 재구성하는 논의가 활발한 가운데, 이 책에서는 개별 교과목과 교과서의 형식에 얽매이지 않고 아이들의 발달을 고려하여 주제를 중심으로 교육과정을 재구성하여 통합적으로 운영하는 방법과 구체적인 실천 사례를 설명하고 있다.

## 어! 교육과정? 아하! 교육과정 재구성!

박현숙 · 이경숙 지음 / 값 16,500원

교육과정 재구성을 고민하는 교사를 위한 현장 지침서. 이 책은 저자들이 학교현장에서 교육과정 재구성이라는 화두를 고민하고, 실행한 사례들이 담겨져 있다. 주제통합수업, 교과 통합수업, 범교과 주제 학습, 교과 체험학습, 프로젝트 수업 등을 세밀하게 소개하면서 교육과정 재구성 작업의 노하우를 펼쳐 보인다.

## 리셋, 교육과정 재구성

서울신은초등학교 교육과정연구회 모임 지음 / 값 16,000원

서울형 혁신학교인 서울신은초등학교 교사들이 1학년부터 6학년까지 모든 학년의 교육과정을 재구성하고 실천한 경험을 모두 담았다. 진정한 학습이란 몸과 마음을 통해 경험함으로써, 생각이나 감정을 다른 사람과 주고받음으로써, 과거 경험을 새로운 지식으로 다시 생각함으로써 실현된다는 점을 잘 보여주고 있다.

## 교과를 꽃피게 하는 독서 수업

시흥 혁신교육지구 중등 독서교육 연구회 지음 / 값 16,500원

이 책은 지난 5년 동안 진행된 혁신교육지구 사업의 일환으로 학교에서 고군분투하며 독서교육을 이끌어왔던 독서지도사들이 실천 경험을 엮어낸 것으로 청소년기 학생들에게 장래 진로, 사랑, 우정, 삶의 지혜를 찾는 데 도움을 주는 독서교육을 잘 보여주고 있다.

### 교육과정-수업-평가 어떻게 혁신할 것인가

이형빈 지음 / 값 15,500원

이 책은 교육과정 사회학자 번스타인이 제시한 '재맥락화'의
관점에 따라 저자가 일반 학교와 혁신학교 수업을 현장에서
면밀하게 관찰하고 심층 인터뷰와 설문조사를 통한 연구를
바탕으로, 교실을 민주적이고 평등한 구조로 바꾸기 위해
교육과정-수업-평가를 어떻게 혁신해야 하는지 설명한다.

### 교실 속 생태 환경 이야기

김광철 지음 / 값 15,000원

아이들이 자연과 친해지고 즐길 수 있도록 교육하는 것은
쉬운 일이 아니다. 특히 도시에서는 더욱 어렵다. 그래서 이
책은 도시 지역 학교에서도 쉽게 실천에 옮길 수 있는 다양한
생태·환경교육을 폭넓게 다루고 있다. 이 책에서 저자는 계절에
따라 할 수 있는 20가지 환경교육 프로그램을 제시한다.

### 이제는 깊이 읽기

양효준 지음 / 값 15,000원

아이들은 교과서에 수록된 작품이나 이야기 전체를 읽지 못한
상태에서 단편적인 지문만 읽고 이해를 해야 하기 때문에 책을
읽으면서 생각하고 공감할 수 있는 기회와 흥미를 찾을 수 없게
된다. 이 책은 이러한 문제를 개선하기 위해서 한 권이라도 책
전체를 꾸준히 읽어가는 방법인 '깊이 읽기'를 대안으로 소개한다.

### 인성의 기초가 되는 초등 인문학 수업

정철희 지음 / 값 15,500원

이 책은 아이들의 올바른 인성교육을 위한 새로운 방법으로써
인문학 수업을 제시하고 있다. 이 책에서 설명하고 있는 인문학
수업은 교사가 신화, 문학, 영화, 그림, 역사적 인물의 일대기
등에서 이야기를 찾아 아이들에게 제시하고, 토의와 토론을 통해
자신의 생각을 발전시키는 수업이다.

## 땀샘 최진수의 초등 글쓰기
최진수 지음 / 값 17,000원

글쓰기가 아이들에게 필요한 중요한 것이 되려면 먼저 솔직하게 써야 한다. 모르는 것은 '모른다', 잘못은 '잘못이다', 싫은 것은 '싫다'고 솔직하게 드러낼 때 글쓰기는 아이가 성장하는 디딤돌이 될 수 있다. 지도하는 사람과 지도받는 사람이 따로 있는 것이 아니라 함께 쓰고, 함께 나누면서 서로 성장을 돕는 것이다.

## 성장과 발달을 돕는 초등 평가 혁신
김해경 · 손유미 · 신은희 · 오정희,
이선애 · 최혜영 · 한희정 · 홍순희 지음 / 값 15,500원

이 책은 혁신학교에서 평가를 실천해온, 현장 교사 8명의 지혜와 경험을 모아놓은 것이다. 이 책을 통해 평가는 시험이 아니며 교육과정과 수업의 연장으로서 아이들의 잠재력을 측정하고 적절한 조언을 제공한다는 원래의 목표를 회복할 수 있을 것이다.

## 에코 산책 생태 교육
안만홍 지음 / 값 16,500원

오늘날 인류가 에너지와 자원을 대량으로 소비하는 생활양식은 자연을 파괴하고 수많은 환경 문제를 야기하고 있다. 이 책은 그러한 생태 교육을 위해 필요한 내용을 다루고 있다. 아이들이 지구 환경을 다시 복원하기 위해서 갖춰야 할 것은 오감을 통해 스스로 자연을 느끼고, 자연의 소중함을 배우는 것이다.

## 뮤지컬 씨, 학교는 처음이시죠?
박찬수 · 김준성 지음 / 값 12,000원

각고의 노력으로 학교 뮤지컬을 개척한 경험과 노하우를 소개한 책. 뮤지컬은 학생들의 삶을 보다 풍요롭게 만듦으로써 학교교육 위기의 대안으로 크게 주목받고 있다. 현장에서 바로 적용하고 고민할 수 있는 현재진행형의 살아 있는 지식이 담겨 있다.

### 평가의 재발견

고영희 · 윤지영 · 이루다 · 이성국 · 이승미 · 정영찬
감수 및 지도_허숙(경인교육대학교 명예 교수) / 값 16,000원

이 책은 진정한 교육평가란 무엇인가를 다룬다. 교육평가란
교사의 가르침을 포함하여 교육목표에 이르기까지 교육 활동
전반을 대상으로 평가하는 것이다. 각자 최대한의 학업성취를
이루도록 학생의 발달을 돕는 것이 이 책의 목적이다.

### 나쌤의 재미와 의미가 있는 수업

나승빈 지음 / 값 21,000원

이 책의 저자는 '재미'와 '의미'를 길잡이 삼아 수업의 길을 뚜벅뚜벅
걸어가고 있다. 책 속에서 제안하는 다양한 재미있는 활동들을
통해 학생들을 좀 더 적극적으로 배움의 세계로 초대하고,
학생들은 자유롭게 생각을 펼쳐나갈 것이다. 아울러 그러한
생각들은 깊이 있는 토론을 통해 의미 있게 확장해나갈 것이다.

### 하브루타로 교과 수업을 디자인하다

이성일 지음 / 값 14,500원

다양한 과목별 하브루타 수업 사례를 담은 책. 각 교과 수업에
활용할 수 있도록 한 하브루타 맞춤 수업 안내서다. 책 속에는 실재
교실에서 하브루타를 적용한 수업 사례들이 교과목 별로 실려
있다. 각 사례마다 상세한 절차와 활동지를 담아서 누구나 수업에
바로 적용하고 쉽게 따라할 수 있도록 했다.

### 수업심리학을 만나다

윤상준 지음 / 값 15,000원

이 책은 학생 중심 수업을 만들어갈 때 학생들 각자의 내면, 즉
심리적 특성을 고려하지 않으면 절반의 성공밖에 거둘 수 없음을
조언한다. 아울러 교사들이 수업심리학의 관점에서 교육과정과
수업, 평가를 바라봄으로써 진정한 의미의 학생 중심 수업을
실현할 수 있도록 열린 시각을 갖게 해줄 것이다.

### 하브루타 수업 디자인
김보연 · 교요나 · 신명 지음 / 값 16,000원

저자들은 이 책에서 하브루타를 하나의 유행이 아니라 시대의 흐름으로 보면서, 하브루타가 문화로 자리 잡아야 한다고 주장한다. 이 책은 질문과 대화가 인간의 모든 지적 활동에서 핵심적인 역할을 한다는 저자들의 믿음을 바탕으로 집필되었다. 아울러 학교생활뿐 아니라 가정에서도 하브루타를 실천하기 위한 재미있고 다양한 방법들을 제시한다.

### 프로젝트 수업으로 배움에 답을 하다
김 일 · 조한상 · 김지연 지음 / 16,500원

이 책은 중학교와 고등학교 교육에서 프로젝트 수업을 적용해서 실천한 내용을 담고 있다. 교육과정을 재구성하고, 성취기준에 따라 다양한 방식으로 평가하고, 마지막으로 학생부에 기록을 남기는 방법까지 실제 사례를 통해 상세히 설명한다.

### 초등 온작품 읽기
로고독서연구소 지음 / 값 15,500원

한 학기에 책 한 권을 읽는 수업을 통해 아이들에게 하나의 작품을 온전히 읽음으로써 깊게 성찰할 수 있는 기회를 제공해줄 수 있다. 이 책은 온작품 읽기를 통해 학생 중심, 활동 중심의 수업을 어떻게 디자인해야 하는지와 함께 다양한 독서 수업 방법을 상세히 설명해준다.

### 초등 상담 새로 고침
심경섭 · 김태승 · 박수진 · 손희정 · 김성희 · 김진희 · 남민정 · 박창열 지음 / 값 16,000원

학교 현장에서 아이들의 부적응이나 문제행동을 고민하지 않는 교사는 거의 없다. 이 책은 이러한 문제에 대한 해결책을 찾는 교사의 상담 지혜를 다룬다. 특히 문제 상황에 따른 원인을 분석하고 명확한 가이드라인을 제시한다. 이는 교실 현장에서 발생하는 거의 모든 문제 상황에 적용될 수 있다.

### 교사의 말하기

이용환 · 정애순 지음 / 값 15,000원

이 책은 말하기 기술을 연마하기에 앞서 말하고자 하는 상대에
주목해야 함을 강조한다. 그리고 무심코 내뱉은 말 한 마디로
학생들이 얼마나 큰 상처를 입을 수 있는지 경계한다. 아울러
교사의 말이 학생을 성장시키고 나아가 교사 자신까지 성장시키는
엄청난 힘을 발휘한다는 것을 강조한다.

### 생각하는 교실, 철학하는 아이들

한국 철학적 탐구공동체 연구회 지음 / 값 16,000원

공동체의 유지와 발전을 위해서는 합리적일 뿐만 아니라 합당한
판단을 할 수 있는 시민이 필요하다. 이것은 구성원들의 고차원적
사고와 숙의를 통해서만 달성될 수 있다. 철학함은 생각과 숙의의
기반이 된다. 이 책은 모든 학교 수업을 통해 아이들이 철학하는
역량을 어떻게 키울 수 있는지를 보여준다.

## 독자 여러분의 소중한 원고를 기다립니다

맘에드림 출판사는 독자 여러분의 소중한 원고를 기다리고
있습니다. 원고가 있으신 분은 momdreampub@naver.com으로
원고의 간단한 소개와 연락처를 보내주시면 빠른 시간에 검토해
연락을 드리겠습니다.

당신의
**교육과정-수업-평가를**
응원합니다